本书是 2022 年度浙江省哲学社会科学规划年度重点课题"数字经济下新生代农民工职业迁徙能力动态演进及提升策略研究（课题编号：22NDJC040Z）"的研究成果，本书得到浙江省哲学社会科学规划年度重点课题"数字经济下新生代农民工职业迁徙能力动态演进及提升策略研究（课题编号：22NDJC040Z）"，以及 2024 年度教育部人文社会科学研究规划基金项目"新生代农民工数智化职业迁徙能力框架体系、动态演进及提升策略研究（课题编号：24YJA840002）"的资助。本书获宁波职业技术学院港航数字供应链研究中心资助。

数字经济下
新生代农民工职业迁徙能力
动态演进及提升策略研究

崔娜 著

中国财经出版传媒集团

经济科学出版社
Economic Science Press

北京

图书在版编目（CIP）数据

数字经济下新生代农民工职业迁徙能力动态演进及提升策略研究／崔娜著． -- 北京：经济科学出版社，2025.1. -- ISBN 978 - 7 - 5218 - 6578 - 3

Ⅰ.D669.2

中国国家版本馆 CIP 数据核字第 20246QW297 号

责任编辑：李　雪　袁　溦
责任校对：刘　昕
责任印制：邱　天

数字经济下新生代农民工职业迁徙能力动态演进及提升策略研究
SHUZI JINGJI XIA XINSHENGDAI NONGMINGONG ZHIYE QIANXI NENGLI
DONGTAI YANJIN JI TISHENG CELÜE YANJIU
崔　娜　著
经济科学出版社出版、发行　新华书店经销
社址：北京市海淀区阜成路甲 28 号　邮编：100142
总编部电话：010 - 88191217　发行部电话：010 - 88191522
网址：www. esp. com. cn
电子邮箱：esp@ esp. com. cn
天猫网店：经济科学出版社旗舰店
网址：http://jjkxcbs. tmall. com
固安华明印业有限公司印装
710 × 1000　16 开　22 印张　290000 字
2025 年 1 月第 1 版　2025 年 1 月第 1 次印刷
ISBN 978 - 7 - 5218 - 6578 - 3　定价：112.00 元
（图书出现印装问题，本社负责调换。电话：010 - 88191545）
（版权所有　侵权必究　打击盗版　举报热线：010 - 88191661
QQ：2242791300　营销中心电话：010 - 88191537
电子邮箱：dbts@ esp. com. cn）

就业是最基本的民生。党的二十大报告提出，实施就业优先战略，强化就业优先政策，使人人都有通过勤奋劳动实现自身发展的机会（许汉泽，2023）。要达成更为全面且高质量的就业目标，关键在于精准聚焦并有效服务于重点就业群体。农民工是重要的就业群体，确保近 3 亿名农民工高质量就业，事关广大农民工切身利益和民生福祉。

我国数字经济迅猛崛起，产生了新就业形态，即依托共享经济平台的灵活就业模式。平台灵活就业等新就业形态越来越成为劳动力市场常见的就业方式，以外卖服务、网约车、直播电商、全媒体运营、线上客服等为代表的新就业形态劳动群体规模越来越大，出生于 1980 年及以后的新生代农民工占据平台灵活就业群体的大部分。新就业形态改变了传统的就业方式，就业市场竞争更加激烈，工作不稳定，职业迁徙更加频繁。虽然新就业形态的涌现对于促进就业发挥着重要作用，但不容忽视的是，数字经济时代下依托平台经济的灵活就业模式对新生代农民工的职业发展以及其职业能力带来巨大的冲击和影响，新生代农民工不具备零工经济带来的频繁的职业和角色转换所需要的职业迁徙能力。同时，新就业形态对劳动力的需求由低技能劳动者转变为具有较高技能和专业知识的劳动者，新兴产业对劳动力的需求则更加强调创新能力和技术技能。

基于此，本书探讨如何既能提升新生代农民工的职业迁徙能力，又能促进数字经济高质量发展问题，从而促进新生代农民工共享经济社会发展成果。上述问题的解决对于制定具有针对性的新生代农民工职业迁徙能力提升策略，促进贫困劳动力就业脱贫具有重要的意义。本书聚焦于"数字经济下新生代农民工职业迁徙能力提升"这一核心议题，旨在深入探讨零工经济对新生代农民工职业发展的影响，并为其职业迁徙能力的提升提供理论支撑和实践指导。

本书中涉及的二手资料、文献和研究数据主要来源于两个方面，一是关于平台灵活用工的相关政策文件、调查报告和学术论文，这些二手资料来源于我国中央政府及各级地方政府的官方网站、权威学术数据库（知网、万方等）和第三方机构发布的报告。二是研究数据来源于国家统计局农民工监测调查数据、国家统计局等年度数据，以及本课题组成员开展实地调研所获取的数据。

全书共分为十一章，划分为四个部分，每个部分都围绕核心议题进行了深入的研究和探讨。

第一部分（第 1 章至第 2 章）主要阐述了本书的研究背景、意义、思路及方法，并对零工经济、新就业形态以及职业能力的国内外研究现状进行了系统回顾和评述。通过这一部分的阐述，我们明确了研究的起点和理论基础，为后续深入研究打下基础。

　　第二部分（第3章）深入剖析了数字经济下新用工模式的时代背景。我们详细探讨了零工经济的催生、劳动过程的基本特点以及所面临的机遇与挑战。这一部分的研究为我们理解新生代农民工在数字经济下的职业发展提供了重要的时代背景。

　　第三部分（第4章至第9章）是本书的核心内容，我们针对平台型灵活用工的新生代农民工群体进行了深入的特征分析，包括其职业发展现状以及职业迁徙能力提升所面临的主要障碍。在此基础上，我们提出了基于供需耦合的新生代农民工职业迁徙能力结构模型，并通过实证研究对该模型进行了验证和分析。同时，我们还探讨了新生代农民工职业迁徙能力的动态演进过程，以及影响其能力提升意愿的各种因素。这一部分的研究为我们提供了丰富的实证数据和深入的理论分析，是本书的重要贡献。

　　第四部分（第10章至第11章）则围绕新生代农民工职业迁徙能力的提升路径展开了深入研究。我们提出了包括内部和外部在内的多维度提升策略，并对未来的研究方向进行了展望。这一部分的研究为我们提供了具有实践意义的策略建议和研究展望。

　　综上所述，本书通过四个部分的深入研究，得出了以下研究结论：数字经济下新生代农民工的职业迁徙能力提升是一个复杂而多维的过程，需要政府、企业以及社会各界共同努力，为其提供全方位的支持和帮助。同时，本书也发现了新生代农民工在职业发展中所面临的主要障碍和挑战，并提出了相应的解决策略和建议。希望本书的研究成果能够为推动新生代农民工的职业成长和社会进步贡献一份力量。

　　目前，对于新就业形态背景下新生代农民工职业迁徙能力提升等相关问题的认识和研究仍处于初级阶段。鉴于研究水平和视角的局限性，本书在编撰过程中难免存在一些不足之处，敬请读者谅解。笔者深知，任何一项研究都难以做到尽善尽美，尤其是在这样一个复杂且不断发展的领域。因此，恳请读者能够谅解本书可能存在的疏漏和不完善之处。

在本书的编撰过程中，参考并使用了大量同行的研究成果。笔者已尽最大努力注明所有引用的出处，以确保对原作者的尊重和知识产权的保护。然而，由于研究资料的繁杂和引用规范的细微差别，疏漏之处在所难免。对于任何未注明或注明不当的引用，笔者深表歉意，并愿意在后续版本中进行修正和完善。在此，要特别感谢所有为本书提供研究成果和资料的同行们。正是站在你们的研究基础上，本书才得以更深入地探讨新就业形态和新生代农民工职业能力的问题。同时，也要感谢所有参与本书编撰和审校的人员，你们的辛勤付出和无私奉献使得本书得以顺利出版。期待在未来的研究中，能够继续深化对新就业形态和新生代农民工职业能力相关问题的认识，为推动这一领域的发展做出更大的贡献。同时，也欢迎广大读者和同行提出宝贵的意见和建议，共同推动相关研究的进步和完善。

本书作为研究新生代农民工职业能力方面的专著，可以为应用型本科、高职院校的继续教育和成人教育机构的教学科研工作提供资料，也可以为灵活用工研究机构、政府管理部门和社会培训机构的工作提供参考。

崔　娜

2025 年 1 月

## CONTENTS  ▷
## 目　　录

# 第1章 绪 论

## 1.1 研究背景

随着消费升级、互联网技术和数字经济的快速发展，一种新的用工方式正在流行，这就是"零工"。这种经济形态也被称为"零工经济"。[①] 零工经济，指由工作量不多的自由职业者构成的经济领域，可自由选择工作时间、有多个雇主，会利用网站或应用程序灵活切换工作，进而提供短周期劳务。[②] 零工经济改变了就业市场和工作方式，大量的全职工作消失，未来的就业市场将呈现职业类别变得越来越模糊，出现大量自由职业者，同时为多个雇主从事多项工作的态势。[③] 灵活就业受到越来越多劳动者的青睐。[④] 数字经济下平台型灵活就业

---

① 丁守海，夏璋煦. 新经济下灵活就业的内涵变迁与规制原则 [J]. 江海学刊，2022 (9): 32 – 35.

② 金菊，苏红，廉永生. 新就业形态文献研究综述 [J]. 商业经济，2021 (1): 145 – 147.

③ 张成刚. 共享经济平台劳动者就业及劳动关系现状——基于北京市多平台的调查研究 [J]. 中国劳动关系学报，2018 (6): 61 – 70.

④ 杨伟国，吴清军，张建国，等. 中国灵活用工发展报告（2022）多元化用工的效率、灵活性与合规 [M]. 北京：社会科学文献出版社，2021: 95.

人员已经成为一个庞大且迅速增长的新就业形态劳动群体。①

经国家信息中心初步估算，2021 年我国共享经济市场规模约为 36881 亿元，共享经济发展催生出大量新就业形态，这些具有较高包容性和灵活性的新就业创造大量灵活就业岗位，如网约车司机、外卖骑手、视频博主等。根据观研报告网发布的《中国共享经济行业发展趋势研究与未来投资预测报告（2022—2029 年）》数据，2017—2020 年我国共享经济平台企业员工数由 556 万人增长至 631 万人，共享经济参与人数由 7 亿人增长至 8.3 亿人，共享经济市场规模由 2.08 亿元增长至 3.38 亿元。

2015 年 10 月党的十八届五中全会首次提出"新就业形态"的概念，指出要"加强对灵活就业、新就业形态的支持"。党的二十大报告强调，要"支持和规范发展新就业形态""加强灵活就业和新就业形态劳动者权益保障"。随着企业雇主灵活用工需求的涌现和劳动者对灵活用工方式接受度的提高，灵活用工市场规模得以飞速发展，首都经贸大学发布的《社会化共享用工理论与实践研究白皮书》数据显示，2017—2024 年我国灵活用工市场规模由 3081 亿元增长到 17251 亿元，7 年平均增速为 26.6%，2024 年我国灵活用工市场规模将突破 1.7 万亿，我国灵活就业人数规模已经突破 2 亿。在这 2 亿的数字劳工中，庞大的新生代农民工群体占据相当比例。所谓新生代农民工，即非本地户籍但长期在城市就业的农民群体。根据人社部发布的《2020 年北京市外来新生代农民工监测报告》，新生代农民工成为数字平台型灵活就业者的比例达到 50.1%，新生代农民工占比大幅度提高。这就意味着，我国新生代农民工依托互联网的新就业形式实现了就业，有效缓解了我国"就业难、用工难"两大问题。

---

① 孔茗，李好男，梁正强，等. 零工模式：个体在智慧时代的可持续发展之道 [J]. 清华管理评论，2020（4）：62－70.

　　《中共中央关于制定国民经济和社会发展第十四个五年规划和二〇三五年远景目标的建议》阐明了要"完善新型城镇化战略,提升城镇化发展质量",实现这一目标的根本就是加快推进农业转移市民化进程。党的二十大报告提出,实施就业优先战略,强化就业优先政策,加强困难群体就业兜底帮扶,进一步强调要确保农民工高质量就业。2023 年,我国农民工总数约达 2.9 亿人,其中,1980 年及之后出生的新生代农民工已成为主力军,占比超过一半,他们是推动社会主义现代化建设不可或缺的重要力量。因此在推进农村劳动力转移和农村剩余劳动力流动过程中,要提升农民工的就业能力、就业质量从而缓解失业问题,最终促进劳动力就业脱贫以及推进农民工市民化。

　　《国务院关于推行终身职业技能培训制度的意见》以及《新生代农民工职业技能提升计划(2019—2022 年)》《关于培育数字经济新业态支持多渠道灵活就业的意见》等多项政策性文件高度重视新生代农民工的就业问题以及提升新生代农民工的职业能力。浙江省平台型灵活就业者成为一个庞大且迅速增长的新就业形态群体,其中新生代农民工占据大部分。数字经济时代下依托平台经济的新的零工就业模式对新生代农民工的职业发展以及其职业能力带来巨大的冲击和影响,且面临的一个重大的问题就是"职业迁徙能力欠缺",从而陷入职业发展困境。零工经济背景下,就业市场竞争更加激烈,工作不稳定,职业者在多个不同职业之间广泛迁徙,这就要求职业者在变化的环境中重新获取职业所需的新技能与新知识,要具有专业能力以外的能力,就是职业迁徙能力。[1] 职业迁徙能力在职业者未来的发展中起着关键性作用,是职业者的综合职业能力。[2] 零工经济发展带来了新的机遇和挑战,零工经济发展所带来的诸多问题以及如何强化零工群

---

① 金广. 新职业生涯时代职业核心能力初探 [J]. 创新创业, 2020 (4): 173 – 174.
② 王星. 零工技能:劳动者"选择的自由"的关键 [J]. 圆桌, 2020 (7): 29 – 31.

体的社会保护以助力其安心提高技能，从而推进零工经济可持续的高质量发展成为未来研究的热点问题。上述问题的解决对于制定具有针对性的新生代农民工职业迁徙能力提升策略，促进贫困劳动力就业脱贫具有重要的意义。

## 1.2 研究意义

为了推动新型城镇化建设，提高城镇化水平，深化非农业经济的发展，着力推动数字经济和零工经济高质量发展，新生代农民工高质量就业问题成为亟须要在理论上探索和实践中加以解决的问题。众多学者从不同视角提出了相应的建议和意见，面对具有中国特色的城乡二元社会结构体制下的新生代农民工高质量就业问题，在参照西方发达国家做法的同时更要结合中国特色。在当前数字经济时代背景下，针对新生代农民工提出职业迁徙能力提升策略，对于解决其高质量就业问题具有重要的理论与实践双重意义。

### 1.2.1 理论意义

第一，丰富和发展了农民工职业能力理论。尽管以往的研究者从不同研究视角和学科背景对新生代农民工职业能力开发开展过较深入的研究，但在职业迁徙能力方面研究较少，此研究有助于职业能力结构要素逐渐丰富扩展。

第二，证实了职业迁徙能力动态演进的理论假设。新生代农民工的职业发展呈现出一个分阶段、逐步推进且不断成长的过程，其所必需掌握的职业迁徙能力在职业发展过程中持续变化，展现出一种动态且不断发展的特性，这些理论问题不解决，会制约新生代农民工职业能力开发的进展和认识，因此开展这方面的研究有重要的学术价值。

第三，对现存的理论提供了新的支持。对新生代农民工职业迁徙能力发展的规律研究，对于完善数字经济理论、职业成长理论、农民工职业能力开发理论、农民工职业教育与职业培训理论以及农民工就业和社会保障理论具有重要的学术价值，可以作为一项有意义的开创性工作。

### 1.2.2 实践意义

第一，提升就业能力，缓解失业问题。有利于提升新生代农民工就业能力，缓解结构性失业问题。

第二，开发职业迁徙能力，提升就业质量。本书根据新生代农民工职业发展阶段，分析其职业迁徙能力在这一过程中的动态演进路径，并据此提出系统化开发新生代农民工职业迁徙能力的相应政策启示，服务于提升农民工就业能力、就业质量以及劳动力就业脱贫实践。

第三，加强职业迁徙能力培训，对于推动互联网平台型企业实现高质量发展具有重要的政治意义。在推动数字经济高质量发展的背景下，加强新生代农民工职业迁徙能力培训并带动农民工技能素质全面提升，不仅能发挥我国人力资源优势和质量，而且能充分发挥农民工在互联网平台型企业高质量发展中的积极作用，具有重要的政治意义。

## 1.3 研究思路及方法

### 1.3.1 研究方法

本书在方法论上采取了双管齐下的策略，既重视严谨的规范分析，又兼顾扎实的实证分析，同时融合了定性的深入洞察与定量的精确度量。通过运用规范的文献分析法，本书系统而全面地回顾并整理了国内外在该领域的最新研究成果与理论架构，旨在构建一个既具理论深度又具实践指导意义的综合分析框架，同时运用实证分析法对收集到的数据进行深入分析并推导结论，具体研究方法如下。

（1）文献分析法。通过对文献的回顾研究，总结国内外学者和机构对职业能力、农民工职业能力开发以及动态职业能力所做的研究成果，主要包括能力概念、职业能力、职业能力结构研究的发展历程、国内外关于能力概念的界定、国内外关于职业能力结构要素、农民工职业能力开发的内涵研究、机理机制研究和政策研究等的探讨，从中发现可以值得借鉴和进一步深入研究的领域，奠定本文研究的理论基础。

（2）访谈法。新生代农民工职业迁徙能力培养是一个注重实践应用的研究课题，需要通过实际调查来深入探究。本书计划对零工经济领域的专家、网络平台型企业的人力资源主管人员，以及从事灵活用工的新生代农民工进行访谈，获取关于新生代农民工动态职业迁徙能力现状的感知与评价。同时，在咨询相关专家的意见后修改实证调查的调查问卷，以提高问卷调查的专业性。

（3）扎根理论研究方法。通过扎根理论，对访谈内容以及网络平台型企业的招聘广告信息进行探索性研究，构建了供给侧和需求侧不同视阈下的新生代农民工动态职业迁徙能力结构模型。对供需两端新生代农民工动态职业迁徙能力结构要素进行耦合分析、提炼整合，建构了基于供需耦合的优化的新生代农民工动态职业迁徙能力结构理论模型。

（4）统计分析法。本书致力于探究新生代农民工动态职业迁徙能力的维度，采用科学实证的方法进行深入研究。研究始于理论假设的建立，这些假设中的指标并非单纯抽象思辨的产物，而是基于经验事实（包括文献回顾与深度访谈）提炼而来，这一过程本身就是归纳法这一科学方法的体现。随后，通过发放调查问卷收集数据，并运用SPSS 和 AMOS 软件进行数据分析，包括效度与信度分析、因子分析以及回归分析，最终揭示了新生代农民工动态职业迁徙能力的结构和关键维度。除此之外，通过二元 Logit 模型检验探测新生代农民工职业成长过程中的职业迁徙能力动态演进路径，揭示了职业迁徙能力对职业成长的影响。

（5）问卷调查法。针对科研机构的专家和管理人员、网络型平台企业人力资源主管、从事灵活用工的新生代农民工等不同群体发放"零工经济背景下新生代农民工动态职业迁徙能力调查问卷"，搜集相关数据，并对数据进行对比分析，总结规律，为构建理论模型奠定基础。

## 1.3.2 研究思路

首先，通过零工经济对新生代农民工就业的影响机理研究，提出由于职业迁徙能力缺失导致新生代农民工面临就业困境，并进一步影响新生代农民工的职业成长，提出本研究的理论假设。在此研究问题的基础上，通过搜集相关文献和资料梳理国内外关于新生代农民工职业发展，职业能力结构以及职业能力开发的研究，建立新生代农民工职业迁徙能力、职业迁徙能力动态演进的理论框架。其次，通过质性和实证研究相结合的方法有效地总结归纳出职业迁徙能力结构的构成要素，以及职业迁徙能力动态演进路径及其规律分析。最后，基于以上研究结果，提出提升新生代农民工职业迁徙能力及促进其职业成长的有效机制及相应的政策启示。

# 1.4　研　究　创　新

本书中研究的创新之处如下所示：

（1）新的研究视角。目前新生代农民职业能力的研究文献鲜有从零工经济视角来分析新生代农民工职业迁徙能力以及职业迁徙能力的动态演进，突破了之前理论研究的视野空白。

（2）研究方法的集成应用。关于新生代农民工动态职业迁徙能力的研究层面有限，现有文献关于职业能力研究多以理论抽象为主，过于笼统和单一。本课题综合数据挖掘、扎根理论、实证分析、演进路径研究等多种方法于动态职业迁徙能力研究领域，形成对现有文献的有益补充。

（3）新的学术观点。已有的国内文献在吸收西方研究的基础上对职业能力的内涵进行本土化修正和完善，鲜有根据中国国情和中国特色的新生代农民工实证研究基础提出职业迁徙能力内涵和进行职业迁徙能力结构研究。已有国内文献都是借鉴西方研究成果，或者在吸收西方研究的基础上对农民工职业发展轨迹进行完善，鲜有根据中国国情和中国特色的新生代农民工质性研究基础得出新生代农民工职业发展轨迹。

# 第2章 理 论 基 础

## 2.1 零工经济国内外研究现状及评述

依托数字经济的零工经济模式已经在许多国家兴起并逐渐成熟，零工经济作为新的工作形式引起国内外学者的关注，国内外相关研究的文献逐渐增多。相关研究主要涉及两个方面：一是零工经济的内涵界定、特性梳理。二是零工经济下就业群体的"马太效应"、工作风险、人力资源管理难题及社会稳定隐患等发展问题。[①] 2018 年 6 月 12日，时任总理李克强在湖南考察时强调，要发展"互联网＋民生"，积极培育和引导分享经济、零工经济等新业态健康发展，既大力拓展就业岗位，又满足多样化消费升级需求。零工经济发展带来了新的机遇和挑战，零工经济发展所带来的诸多问题以及如何强化零工群体的社会保护以助力其安心提高技能，从而推进零工经济可持续的高质量发展成为未来研究的热点问题。[②]

---

① 龚卓. LY 公司基于零工经济的蓝领工人招聘体系优化研究［D］. 长沙：中南大学，2022.

② 王星. 零工技能：劳动者"选择的自由"的关键［J］. 圆桌，2020（7）：29－31.

### 2.1.1 零工经济内涵研究

零工经济是英文"gig economy"的翻译词，其中"gig"多指临时性工作、兼职的意思。关于零工经济的概念界定，目前尚未有统一的观点。[①] 国内外学者认为零工经济是一种新模式，是新型劳动方式。张夏恒（2020）提出，零工经济有狭义与广义之分。[②]狭义上，它特指利用互联网或数字技术为临时、零散、短期工作提供供需匹配的经济模式，强调平台作为中介在劳工匹配中的关键作用。广义而言，零工经济涵盖了由工作量较少的自由职业者构成的经济领域，这既包含线下的供需匹配，也涉及通过互联网平台或数字应用实现的按需工作。广义概念具有更广泛的内涵，它不仅包含数字经济、互联网经济或共享经济下由平台或应用催生的新劳工形式，还纳入了传统的线下劳工形式，既体现了新技术带来的变革，也未排除传统经济模式下的劳工形态，展现出更大的包容性。[③]

### 2.1.2 零工经济特性研究

张夏恒（2020）指出零工经济既包括从传统模式延续过来的显著特征，又包括新背景下出现的显著特征。[④]传统模式延续的显著特征包括临时性、短期性、非固定性；新出现的显著特征包括互联网技术性、平台性和按需匹配性。郑祁和杨伟国（2019）指出，零工经济以网络平台媒介的使用为关键节点，可划分为"传统零工经济"与

---

①②④ 张夏恒. 零工经济发展问题研究［J］. 数字经济，2020（8）：46－53.
③ 郝建彬. 数字经济释放中国就业新红利［J］. 中国就业，2018（9）：7－9.

"新零工经济"两大类。① 互联网的普及促使新零工经济的用工模式对传统雇佣模式构成了显著挑战。他们从六个维度描绘了新零工经济的特征，具体包括工作的碎片化、合作的远程化、工时的弹性化、企业管理的平台化、人力资本的内外整合化以及劳动力的技能化。

### 2.1.3　零工经济发展问题研究

郑祁、杨伟国（2019）指出现有文献在探讨新零工经济用工模式时，往往侧重于其带来的优势和机遇，而对于该模式引发的一系列问题则涉猎较少②，实际上，这种新型用工模式在带来机遇的同时，也伴随着诸多挑战：工作碎片化导致工作机会的不连贯性；远程合作模式下，个人与企业的隐私保护成为新的难题；工时弹性化则可能牺牲工作安全和产品质量；管理平台化趋势使得员工难以享受企业传统的社保和福利；人力资本的内外整合给企业的人力资源管理带来了新的挑战；而劳动者技能化的趋势则加剧了不同技能水平零工之间的收入差距导致两极化。③ 张夏恒（2020）指出零工经济的发展往往伴随着劳动群体中的"马太效应"现象④，这一效应通常体现为社会两极化的加剧，即强者越发强大，而弱者则更加弱势。此外，零工经济平台有可能加剧社会收入不平等的趋势，具体而言，收入较高或家庭背景较优越的群体可能通过这些平台进一步挤压低收入、低技能、低学历的劳动群体的生存空间。⑤ 零工经济的兴起无法规避其固有特性所带来的劳动群体工作风险，同时还可能引发人力资源管理方面的挑战，并可能成为孕育社会不稳定因素及现象的温床。

---

①②③　郑祁，杨伟国. 零工经济前沿研究述评［J］. 中国人力资源开发，2019（5）：106 – 115.

④　张夏恒. 零工经济发展问题研究［J］. 数字经济，2020（8）：46 – 53.

⑤　朱菲. 平台经济灵活就业人员劳动权益保护问题研究［D］. 青岛：青岛科技大学，2022.

## 2.2　新就业形态研究

近年来，得益于移动互联网、大数据、云计算等信息技术的广泛应用，以及新兴产业、新型业态、创新模式（"三新"经济）的蓬勃兴起，传统的就业制度、就业形态与就业观念等均经历了迅速变迁，催生了一系列区别于标准雇佣模式及传统非正规就业模式的新型就业形态。[①] 国内外学者分别从新就业形态的内涵、类型、特征和影响等方面进行分析，阐述国内外新就业形态的最新研究理论，为我国新就业形态的发展提供理论支撑。

### 2.2.1　关于新就业形态内涵的研究

国外学者在探讨新就业形态时，主要围绕"非典型雇佣"这一概念进行界定，以此作为与传统雇佣模式相区分的基础。[②] 他们指出，非典型雇佣模式下的就业者，在工作时长、工作地点以及工作内容等方面，往往表现出较高的不确定性。布莱恩·阿瑟（W. Brian Arthur, 2014）在其著作《技术的本质》中阐述，技术进步转化为现实生产力的过程，会催生新的产业模式，进而推动产业结构的变革。[③] 随之，就业结构亦会适应产业结构的变化而调整，这一动态过程中，新产业与新业态应运而生，劳动力在这些新兴领域中就业，形成了与传统就

---

① 金菊，苏红，廉永生. 新就业形态文献研究综述［J］. 商业经济，2021（1）：145 - 147.

② 郝建彬. 数字经济释放中国就业新红利［J］. 中国就业，2018（9）：7 - 9.

③ 王圣元，陈万明，赵彤. 零工经济：新经济时代的灵活就业生态系统［M］. 南京：东南大学出版社，2018：78.

业模式相异的新就业形态。①

　　国内对新就业形态的理解，则侧重于其作为新技术、新科技发展产物的属性。新技术与新科技的进步促进了新业态与新产业的兴起，进而引发了就业模式与就业结构的转变。对于新就业形态的内涵，首都经济贸易大学中国新就业形态研究中心执行主任张成刚教授（2018）从两个核心维度进行了深入剖析。从生产力维度来看，新就业形态描绘了劳动者与智能化、数字化生产资料之间灵活协作的工作模式；而从生产关系维度来审视，新就业形态则是指劳动力利用互联网技术，在工作时间和工作地点上展现出更高灵活性的就业模式。②

## 2.2.2　关于新就业形态类型的研究

　　美国经济学家迈克尔·莫里斯与亚历山大·维克尔（Michael D. S. Morris，Alexander Vekker，2001）在研究中，从雇主视角对临时用工进行了更为细致的划分，将其区分为两种主要模式：一种是由雇主直接进行的招聘与雇用；另一种则是借助第三方劳务派遣机构来实现的用工配置。③ 从雇员的角度出发，非全日制劳动者群体可以被划分为临时就业与派遣就业两大类别。进一步地，这两个类别又可以细分为"经常从事兼职工作"的劳动者，以及"非经常从事兼职工作"的劳动者两类。④ 张成刚（2019）指出，随着互联网信息技术的广泛普及以及共享经济的蓬勃发展，新就业形态的类型日益多样化，总体

---

　　① 李晋宏. 职业锚、职业特征与工作满意感之间的关系研究 [D]. 杭州：浙江大学，2006.

　　② 张成刚. 新就业形态的类别特征与发展策略 [J]. 学习与实践，2018（6）：14 – 20.

　　③ Michael D S Morris，Alexander Vekker. An alternative look at temporary workers，their choices，and the growth in temporary employment [J]. Journal of Labor Research，2001，12（2）：373 – 390.

　　④ Thomas Nardone. Part-time employment：Reasons，demographics，and trends [J]. Journal of Labor Research，1995，16（3）：275 – 291.

上可归纳为创业式就业者、自由职业者以及多重职业者这三大类。①

## 2.2.3 关于新就业形态特征的研究

西方国家中的"非典型雇佣"就业方式，其核心特征体现在工作时间的高度灵活性、工作地点的不固定性以及合同关系的模糊性上，这些特性与传统就业模式相比存在显著差异。"非典型雇佣关系"相较于传统雇佣关系，展现出以下独特属性：首先，新就业形态的从业者与其受雇组织之间虽存在合同关系，但这种关系并不具体明确；其次，这种受雇关系建立在不确定的时间、地点和工作方式上，赋予了从业者比传统雇佣关系更大的自由度；最后，在劳动合同方面，传统雇佣关系通常涉及全日制的工作时间安排，而新就业形态下的工作时间则具有不确定性，二者之间构成了一种既不同于传统雇佣关系，又区别于纯粹市场交易关系和层级管理关系的新型雇佣关系。②

国内学者则强调，新就业形态是在信息技术手段广泛应用的背景下兴起的，主要以服务业和智能产业为主导，借助技术手段的远程操控能力，新就业形态的从业者能够享受到灵活的工作安排，包括自主决定工作时间、地点和工作模式。这一变化使得雇主与雇员之间的劳动关系变得更加灵活多变，并呈现出碎片化的趋势。③ 王娟（2019）进一步指出，新就业形态的"新"是相对于传统就业方式而言的，这种"新"主要体现在劳动关系的弱化、增强弹性以及多样化上。④

---

① 张成刚. 问题与对策：我国新就业形态发展中的公共政策研究 [J]. 中国人力资源开发，2019，36（2）：74 – 82.

② 郝建彬. 数字经济释放中国就业新红利 [J]. 中国就业，2018（9）：7 – 9.

③ 金菊，苏红，廉永生. 新就业形态文献研究综述 [J]. 商业经济，2021（1）：145 – 147.

④ 王娟. 高质量发展背景下的新就业形态：内涵、影响及发展对策 [J]. 学术交流，2019（3）：131 – 141.

## 2.2.4　关于新就业形态影响的研究

国外学者针对新就业形态的影响，主要从宏观与微观两个维度进行深入探讨。从宏观层面看，研究认为新就业形态作为一种创新的劳动力资源配置模式，有效拓宽了就业渠道，在缓解就业压力方面发挥着重要作用。[①] 同时，凭借其灵活的就业方式，新就业形态极大地促进了劳动力的流动，优化了劳动力市场的资源要素配置效率，增强了劳动力市场的弹性，确保了劳动力的充足供应。从微观层面分析，新就业形态的灵活性使得雇主能够更容易地根据员工的个性化需求制定激励政策，从而更好地满足员工需求，更灵活地应对复杂多变的市场环境。[②] 这使得企业能够根据市场变化及时调整运营策略，保持可持续发展，并提升企业绩效。[③] 然而，也有学者持不同观点，他们认为新就业形态并未给劳动者及整个社会带来显著效益，反而因雇佣关系的模糊性而更易引发劳动纠纷。[④]

近几年，国内学者对新就业形态的影响展开深入研究，张成刚（2018）指出，新就业形态的发展对现行法律法规和政府监管构成了较大挑战。它在增加就业岗位、提升就业质量的同时，也导致新就业形态从业者与雇佣平台之间的劳动关系出现新情况，部分从业者的社会保障需求难以得到满足。但不可否认的是，新就业形态的发展是生

---

① 王圣元，陈万明，赵彤. 零工经济：新经济时代的灵活就业生态系统 [M]. 南京：东南大学出版社，2018：78.

② 王星. 零工技能：劳动者"选择的自由"的关键 [J]. 圆桌，2020 (7)：29 - 31.

③ Borgmann A. Technology and the character of contemporary life：A philosophy inquiry [M]. London：The University of Chicago Press，1984：42.

④ HERR E L. Counseling for personal flexibility in a global economy [J]. Educational and Vocational Guidance，1992，53：5 - 16.

产力变革的必然结果，也是未来劳动力市场创造就业岗位的重要源泉。[①] 王娟（2019）则认为，新就业形态的出现对于实现高质量就业和充分就业具有重要意义，但它也对失业统计和传统劳动关系带来了新的挑战。[②]

# 2.3 职业能力国内外研究现状

近年来，国内外研究学者们从多角度、多层次对职业能力进行了分析，通过对相关文献的整理和分析来看，对于职业能力的研究集中分为职业能力内涵的研究、职业能力模型的研究和职业能力培养的研究这三个层面，以下分别从这三个方面进行阐述。

## 2.3.1 国内外职业能力内涵的相关研究

德国在职业能力内涵研究领域的显著贡献，体现在"关键能力"概念的提出及其后续发展上。[③] 众多德国学者对这一概念进行了深入研究与拓展，逐渐形成了行动导向的职业能力观。这种观念强调，职业能力是基于综合性的知识与技能学习，能够处理实际工作情境中各种问题的能力，它由专业能力、方法能力、社会能力和个性能力共同构成，形成了一个完备的能力结构整体。[④]

---

① 张成刚. 共享经济平台劳动者就业及劳动关系现状——基于北京市多平台的调查研究 ［J］. 中国劳动关系学报，2018（6）：61－70.

② 王娟. 高质量发展背景下的新就业形态：内涵、影响及发展对策 ［J］. 学术交流，2019（3）：131－141.

③ 韩小红. 提升山东高职市场营销专业职业核心竞争力的路径研究 ［J］. 中国市场，2016（31）.

④ 吴晓义. "情境—达标"式职业能力开发模式研究 ［D］. 长春：东北师范大学，2006.

在美国，职业能力通常被称为"基本技能"或"一般技能"。[①] 其含义涵盖了在合理调配时间与经费的基础上，确定事务目标与计划的能力，获取并处理信息的能力，团队协作与沟通的能力，以及选择技术并实施技能的能力。[②] 具备社会化思维的技术知识能力被视为高技能型人才职业能力的显著标志。[③]

在澳大利亚，职业能力则被称作"关键资格"。[④] 这一概念特别强调了职业能力内涵中实践性学习的重要性，以及工作与生活的联结效应。职业能力被视为使劳动者能够在不同职业之间动态迁移的通用性技能系列和能力框架。它不仅是构建终身教育体系的重要条件，也为劳动者的未来职业适应奠定了坚实的基础。[⑤]

我国众多学者对职业能力的概念及其内涵进行了深入探讨与界定。他们认为，职业能力是指"个体在特定职业活动或情境中，通过类化迁移与整合所学知识、技能和态度，所形成的能够完成一定职业任务的综合能力。"[⑥] 同时，学者们指出，职业能力的基本属性包括应用性、层次性（或复合性）、专门性（或方向性）、个体性（差异性）以及可变性（动态性）。这些属性共同构成了职业能力作为人在社会中谋生和发展所必需的基本的、适应万变的、终身受用的能力的核心特征。[⑦] 从职业教育实践的角度出发，学者们进一步构建了学习者职业能力的层级化内涵，这一内涵包括基本能力层、专业能力层和特定

---

① 张学英. 新时期产业工人技能形成：农民工的视角 [M]. 天津：南开大学出版社，2023：67.

② 邓泽民，陈庆合，刘文卿. 职业能力的概念、特征及其形成规律的研究 [J]. 煤炭高等教育，2002（2）：104 – 107.

③④ 张弛. 基于企业视角的高技能人才职业能力培养研究 [D]. 天津：天津大学，2014.

⑤ 韩小红. 提升山东高职市场营销专业职业核心竞争力的路径研究 [J]. 中国市场，2016（31）.

⑥ 陈庆合，侯金柱，李忠. 论能力本位教育与职业能力的形成 [J]. 职教论坛，2003（16）：4.

⑦ 朱谈莹. 刍论零工经济下人力资源管理面临的挑战与对策——以外卖行业劳动者为例 [J]. 商讯，2021（3）：194 – 196.

能力层三个层次。① 职业能力被视为学校形态的现代职业教育的核心培养标准，它代表着现代社会中的劳动者通过学习所获得的生存、发展、变革和反思的综合能力。② 此外，职业能力的内涵与价值已经从单纯的就业便利化提升到终身教育与个人发展的诉求化层面。这一转变过程中，渐进性被视为职业能力的重要特征之一。③

## 2.3.2 国内外职业能力模型的相关研究

德国在职业能力结构研究方面，将职业能力视为职业行动能力的体现，并将其结构划分为四个核心部分，即专业能力、方法能力、社会能力和个性能力。④ 进入 20 世纪 90 年代后，职业能力结构性理论的发展进一步扩展，将参与能力也纳入了能力结构的范畴。⑤ 根据姜大源教授对德国职业能力结构的深入研究，我们可以从横向和纵向两个维度来解构职业能力的结构。在横向维度上，职业能力包括专业能力、方法能力和社会能力；而在纵向维度上，则涵盖了基本职业能力和综合职业能力。⑥

美国在职业能力结构研究方面的显著成果，是基于职业生涯发展规划的职业能力结构研究。⑦ SCANS 报告明确指出，青年劳动者的职

① 郑爱翔，蒋宏成，刘艳，等. 基于混合研究方法的新生代农民工职业能力结构维度研究 [J]. 农村教育，2022，43（7）：59-65.
② 郑爱翔，张红芳. 新生代农民工职业能力开发与就业风险应对 [J]. 河北师范大学学报教育科学版，2023，25（3）：67-74.
③ 张元. 职业院校学生职业能力的获得及其培养 [J]. 高等教育究，2008（7）：68-71.
④ 张驰. 基于企业视角的高技能人才职业能力培养研究 [D]. 天津：天津大学，2014.
⑤ 韩小红. 提升山东高职市场营销专业职业核心竞争力的路径研究 [J]. 中国市场，2016（31）.
⑥ 姜大源. 当代德国职业教育主流教学思想研究——理论、实践与创新 [M]. 北京：清华大学出版社，2007：24-26，95-99.
⑦ 黄建荣，李国梁. 新生代农民工职业发展的自我干预策略：困境与能力培育 [J]. 学术论坛，2017（5）.

业能力应具备三项基本素养和五项基本能力，共计八大类能力构成的能力系统。[①]

澳大利亚在职业能力结构研究方面的特色是提出了能力标准框架，并在此基础上进一步提出了关键能力结构。这一关键能力结构由多个项目组成，包括组织处理信息的能力、交流思想的能力、实施并管理活动的能力、人际协作的共事能力、应用数学的能力、处理问题的能力、学习并应用科学技术的能力、理性思维的能力以及觉解文化的能力。[②]

英国则制定了大学毕业生职业技能与能力框架，并将其作为国家标准开始全面实施。这一职业技能与能力框架由主要的能力和广泛的能力项目构成。其中，主要能力包括数字运用能力、交流能力、信息技术能力以及人际合作能力；而广泛能力则包括提高自我学习和增进绩效的能力以及解决问题的能力。[③]

基于德国职业能力结构的研究成果，姜大源教授对职业关键能力结构进行了解构，划分为专业能力、方法能力和社会能力，并特别强调了这些能力在应对劳动组织和职业岗位更迭等动态情况中的核心作用。[④] 蒋乃平（2001）则提出了职业能力的"四因素、两层级"理论，他认为职业能力由专业能力、方法能力、社会能力和实践能力四种要素构成，这些要素可进一步区分为基本从业能力层级和跨职业能力（或关键能力）层级。[⑤] 李怀康（2007）则提出了职业核心能力的八模块理论，并构建了冰山层次型、模块集合型和树干支撑型三种形

---

① 姜大源. 当代德国职业教育主流教学思想研究——理论、实践与创新 [M]. 北京：清华大学出版社，2007：24 – 26，95 – 99.

② 张弛. 基于企业视角的高技能人才职业能力培养研究 [D]. 天津：天津大学，2014.

③ 杨黎明. 关于学生职业能力的发展 [J]. 职教论坛，2011（3）：4 – 15.

④ 姜大源. 当代德国职业教育主流教学思想研究——理论、实践与创新 [M]. 北京：清华大学出版社，2007：24 – 26，95 – 99.

⑤ 蒋乃平. 对综合职业能力内涵的再思考 [J]. 职业技术教育，2001（10）：18 – 20.

象化的能力模型，用以阐述能力结构的内部联系和性质。[①] 宋国学（2008）从可雇佣性的视角出发，对大学生职业能力结构模型进行了深入研究，其研究堪称职业能力实证研究的典范。[②] 毛新年（2009）则针对高职院校学生的职业能力现状，提出了职业能力构成要素的新观点，认为主要包括学习能力、人际交往能力和实践能力。[③]

### 2.3.3　国内外职业能力培养的相关研究

德国的职业能力培养深植于其传统的"双元制"人才培养模式，该模式强调职业教育与实践的紧密结合。能力本位教育模式（compe-tence-based education，cbe）在职业能力培养方面展现出显著成效，对高等职业教育和培训领域产生了深远的影响。英国的职业能力培养体系则植根于传统的学徒制和继续教育系统，以国家职业资格证书制度（national vocational qualifications，nvqs）为指引，其中，"三明治"合作教学模式与"现代学徒制"是其具有代表性的培养模式。[④] 澳大利亚在职业能力培养方面的典型模式是技术与继续教育（technical and further education，tafe），这是一种在国家职业资格证书体系框架下系统化的能力培养模式。

我国的研究机构和学者在职业能力形成与培养方面的研究，多从心理学和教育学的视角出发，深入解析知识、能力和态度等基本元素在情境化过程中与职业工作相结合的内化生成机理。他们结合教育实践规律，提出了多层次的培养方案。邓泽民、陈庆合、刘文卿（2002）

---

① 李怀康. 职业核心能力开发报告 [J]. 天津职业大学学报，2007（1）：4-8.
② 宋国学. 基于可雇佣性视角的大学生职业能力结构及其维度研究 [J]. 中国软科学，2008（12）：129-138.
③ 毛新年. 刍议高职院校大学生职业能力培养 [J]. 中国高教研究，2009（9）：90-91.
④ 张弛. 基于企业视角的高技能人才职业能力培养研究 [D]. 天津：天津大学，2014.

主张，职业能力的培养应依据学生的认知结构，合理规划教学程序和课程内容，着重培养学生的学习技巧和知识迁移意识，并通过职业仿真环境中的工作任务实习和实训来提升学生的职业能力水平。[①] 姜大源（2005）则基于人的全面发展的职业能力观和整合论观点，为面向未来的职业教育发展提供了路径选择。[②] 吴晓义（2006）在其博士学位论文中，首次系统性地提出了"情境—达标"式职业能力开发模式，在教育学术领域中首次详尽地阐述了职业能力培养的理论与实践。[③] 陈智慧（2010）认为，职业能力的培养是行动能力的发展过程，高等职业院校应构建以职业能力为导向的课程体系，实现专业课程与文化课程的相辅相成，尤其要注重文化课程对职业能力的熏陶作用。[④]

### 2.3.4 动态职业能力研究

动态职业能力起源于动态能力的概念。[⑤] 动态能力是指为适应外部环境变化而构建、整合或重构胜任力的能力，它是一种重要的战略能力。[⑥] 具体而言，动态能力是延展、调节或创造常规能力的能力，属于更高层次的创造能力。[⑦] 早期的研究者普遍认为，动态能力属于适应性机制的范畴，并包含定位、路径和过程三个核心维度。[⑧] 在此理

---

① 邓泽民，陈庆合，刘文卿. 职业能力的概念、特征及其形成规律的研究 [J]. 煤炭高等教育，2002（2）：104 – 107.

② 姜大源. 当代德国职业教育主流教学思想研究——理论、实践与创新 [M]. 北京：清华大学出版社，2007：24 – 26，95 – 99.

③ 吴晓义. "情境—达标"式职业能力开发模式研究 [D]. 长春：东北师范大学，2006.

④ 陈智慧. 基于职业能力发展的高职教育文化基础课的改革 [J]. 中国高教研究，2010（10）：92 – 93.

⑤ 郑爱翔，李肖夫. 新生代农民工市民化进程中职业能力动态演进 [J]. 华南农业大学学报（社会科学版），2019（1）：33 – 43.

⑥⑧ Teece D J, Pisano G, Shuen A. Dynamic capabilities and Strategic Management [J]. Strategic Management Journal, 1997, (18): 509 – 533.

⑦ Winter S G. The Satisfying Principle in Capability Learning [J]. Strategic Management Journal, 2000, 21 (3): 981 – 996.

论框架下，后续学者形成了两种截然不同的观点。一种观点基于能力本身对动态能力结构进行划分，认为动态能力是能够快速、灵活地适应环境变化的能力，这包括整合资源的能力、重新配置资源的能力以及获取与释放资源的能力。① 通过深度访谈法，研究者进一步将动态能力归纳为资源整合能力、学习能力和资源重构能力三个维度。② 在此基础上，有学者提出动态能力应包含学习能力、重构能力、整合能力和协作能力四个维度。③另一种观点则认为，动态能力是知识和能力耦合的产物，并从知识基础观的视角对动态职业能力的结构进行研究。研究发现，动态能力具有三维结构，包括知识创造和吸收能力、知识整合能力以及知识重新配置的能力。④ 部分学者通过不同情境下的动态能力研究，设计了包含知识创造能力、知识整合能力和知识重构能力的能力结构。⑤还有学者通过抽样调查的方法研究动态能力的形成问题，将动态能力划分为知识编码、知识衔接和经验积累三个维度。⑥

# 2.4 新生代农民工职业发展研究

研究学者普遍发现新生代农民工在职业发展上面临着诸多困境，

①③⑤ Prieto I M, Revilla E, Rodríguez – Prado B. Building Dynamic Capabilities in Product Development: How do Contextual Antecedents Matter? [J]. Scandinavian Journal of Management, 2009, 25 (3): 313 – 326.

② LY Wu. Applicability of the Resource-based and Dynamic-capability Views Under Environmental Volatility [J]. Journal of Business Research, 2010, 63 (1): 27 – 31.

④ Verona G, Ravasi D. Unbundling Dynamic Capabilities an Exploratory Study of Continuous Product Innovation [J]. Industrial and Corporate Change, 2003, 12 (3): 577 – 606.

⑥ Vanesa Barrales – Molina, óscar F. Bustinza, Leopoldo J Gutiérrez – Gutiérrez. Explaining the Causes and Effects of Dynamic Capabilities Generation: A Multiple – Indicator Multiple – Cause Modelling Approach [J]. British Journal of Management, 2013, 24 (4): 571 – 591.

尽管零工经济为他们提供了大量的就业机会，但这种经济模式并未能有效帮助他们摆脱就业困境。[①] 与从事高技能零工的劳动者相比，新生代农民工主要从事的是低技能零工，这类岗位在零工经济所创造的就业机会中占据了绝大多数。零工经济架构中往往缺乏企业组织内部的职业晋升阶梯和制度化的晋升渠道，导致新生代农民工在职业身份、职业规划以及发展方向上缺乏明确的目标意识，容易陷入身份认同的困境，进而阻碍其社会参与和社会融入。[②] 要强化这一群体的技能提升意识，这样才能为他们创造更多的就业机会，推动零工经济的高质量发展，并促进社会包容与进步。[③] 在零工经济下，就业市场竞争更为激烈，工作稳定性降低，劳动者需要在多个不同的组织、岗位、职能、角色和职业之间进行频繁的迁移。这就要求劳动者在变化的环境中不断获取新的职业技能与知识，并迅速适应工作，这种除了专业能力之外的能力，被称为职业迁移能力。[④] 职业迁徙能力对劳动者未来的职业发展起着至关重要的作用，是其综合职业能力的重要组成部分。[⑤] 目前的研究多从劳动关系或相关法律的角度出发，主要关注政策建议者视角下的零工劳动者职业发展的外部制约条件，却忽视了数字经济背景下零工劳动者自身职业能力的提升研究。因此，新生代农民工职业发展问题的动态研究和路径选择问题的探索，仍是该领域亟待加强的薄弱环节。

---

① 郑爱翔，吴兆明，唐羚，等. 农民工职业能力开发研究综述——研究特征、热点及主题演进 [J]. 成人教育，2019 (11)：39－45.

② 王星. 零工技能：劳动者"选择的自由"的关键 [J]. 圆桌，2020 (7)：29－31.

③ 张玲，陈至发. 新时代农民工职业发展路径选择及群体差异 [J]. 嘉兴学院学报，2021 (1)：1－9.

④ 金广. 新职业生涯时代职业核心能力初探 [J]. 创新创业，2020 (4)：173－174.

⑤ 姜大为. 新生代农民工职业发展的"天花板"效应研究的文献综述 [J]. 价值工程，2019，38 (24)：296－298.

# 2.5　新生代农民工职业能力开发研究

　　国内外学者针对新生代农民工职业能力开发的研究，可以总结为三个核心方面。首先，是对农民工职业能力结构及其内涵的深入研究，这主要涵盖了新生代农民工职业能力的构成要素及其内在含义的探讨。其次，研究进一步延伸至农民工职业能力的多个维度，包括针对新生代农民工的职业培训与职业教育研究、如何提升其适应职业成长所需的职业能力，以及新生代农民工终身职业能力开发的研究等方面。最后，研究还重点关注了职业迁徙能力的重要性。在零工经济时代，个体很难避免跨越不同职业、组织和工作领域的界限，因此，职业迁徙能力显得尤为关键。[1] 职业迁徙能力包括可转移的能力以及那些能够使这种转移得以实现的技能，即所谓的使能技能。其中可转移的能力主要表现为各种可迁移的知识、技能和态度（素质）。[2] 郑祁和杨伟国（2019）指出，新生代农民工的职业技能培训应当着重于提升他们的职业迁徙能力。尽管当前对于新生代农民工职业能力内涵与结构的理解正在逐步深化，职业能力结构要素也逐渐丰富和扩展，但随着"零工经济"所带来的符合互联网时代特征的新型职业模式（如多重职业现象）的出现，将职业迁徙能力纳入职业能力的概念外延并对其进行实证研究，仍是一个亟待填补的空白领域。[3]

---

　　① 金广. 新职业生涯时代职业核心能力初探 [J]. 创新创业，2020（4）：173 – 174.
　　② 韩小红. 提升山东高职市场营销专业职业核心竞争力的路径研究 [J]. 中国市场，2016（31）.
　　③ 郑祁，杨伟国. 零工经济前沿研究述评 [J]. 中国人力资源开发，2019（5）：106 – 115.

# 2.6　文　献　评　述

通过对国内外相关研究文献的系统梳理，我们可以观察到几个主要趋势：

（1）已有研究多是从政策建议者的角度思考新生代农民职业发展的外在制约条件，而忽视了新生代农民工在零工劳动过程中自身职业能力的提升研究，难以提出具有操作性的主题行动策略。

（2）已有研究对于新生代农民工的职业能力内涵与结构的认识逐步深入，职业能力结构要素要逐渐丰富扩展，随着平台型零工就业者出现，应关注职业迁徙能力，将其纳入职业能力的概念外延，因此尚存在研究空白。

（3）仅有极少数文献关注新生代农民工职业发展的动态研究和路径选择问题的探索，目前这仍是该领域的短板。新生代农民工职业发展是阶段性、渐进性和发展性的过程，职业发展不同阶段所必需的职业迁徙能力是动态演进的可持续的过程，尚未有研究予以验证。

基于此，在综合梳理国内外相关理论研究的基础上，本书通过调研和访谈等方法在供给侧和需求侧两个视阈下构建基于供需耦合的职业迁徙能力结构模型，并对其内涵及构成要素进行分析。采用二元 Logit 模型验证职业迁徙能力动态演进的理论假设，并对职业迁徙能力动态演进路径及其职业迁徙能力动态演进规律进行分析。最后，基于新生代农民工职业迁徙能力动态演进路径，科学合理地打造数字经济下浙江省新生代农民工职业迁徙能力培育模式。结合"国家农民工培训和高职百万扩招政策"，提出提升新生代农民工职业迁徙能力的支持性教育政策、用工政策和保障性政策建议。

# 第3章　数字经济下的新用工模式产生的时代背景

## 3.1　零工经济催生新的用工方式

随着数字经济的蓬勃兴起，各行各业在数字技术的推动下正加速转型与升级，催生了众多新产业、新模式与新业态，其中平台经济与共享经济尤为显著。这一新经济形态不仅革新了"互联网＋平台"的商业模式，还极大地促进了各类创新性平台型企业的发展，它们成为共享经济与平台经济的核心支撑。新兴商业模式展现出工作碎片化、弹性化、管理平台化、合作远程化及劳动技能化的鲜明特点，促使企业用工模式从传统的"公司＋员工"结构向"平台＋个人"的新型模式转变。在平台经济的背景下，这一变革打破了传统就业模式中对于固定工作场所和短距离协作的依赖，劳动者更倾向于摆脱组织束缚，追求更加自由的工作方式。这不仅孕育了新的用工模式，还极大地助推了灵活用工的兴起与发展。①

---

① 赵继新，傀立峥.零工经济下平台企业用工模式研究［J］.北方工业大学学报，2022，34（6）：28-36.

零工经济下平台型企业用工方式具有以下五大特点：

（1）轻资产化与混合用工。平台企业依赖互联网信息技术，将生产运营环节外包、众包或远程合作，实现利润最大化和用工成本最小化。[①] 采用管理分包等多元化混合用工模式，劳动者接受平台和第三方的双重管理。

（2）用工关系多变。劳务提供者流动性大，可能根据平台待遇频繁更换服务平台，或同时为多家平台服务。入职离职程序便捷，劳务提供者义务较少，导致就业市场职业类别模糊，自由职业者和多重职业者增多。由此可见，未来的就业市场将呈现职业类别变得越来越模糊，出现大量自由职业者，同时为多个雇主从事多项工作的态势，拥有多重职业和身份的多元的即插即用"U"盘生活方式。

（3）用工形式灵活。非全日制工、兼职人员增多，对工作时间、地点和服务对象有一定选择权。工作场所和时间灵活，劳务提供者可根据需要选择上线时间。

（4）非标准化、网约化、间歇性。就业形态灵活多样，工作分配和劳动报酬结算方式多样。劳动者需通过平台登记注册才能接单，入职门槛低，岗位素质要求不严。劳务匹配具有随机性和临时性，无持续固定用工关系。

（5）重绩效轻责任与算法管理。平台企业实现智能化调度和实时动态监测，通过"游戏化管理"提高绩效，但忽视劳动者劳动安全、社会责任和职业生涯规划。个体劳动者的工作表现通过数据统计分析实现算法管理，体现为评级和声誉系统，平台借助数据驱动快速完成智能化决策，实现无形之中的人机互动和算法管理。

---

① 王嘉箐. 新业态下劳动者灵活就业研究［D］. 沈阳：东北财经大学，2021.

## 3.2 零工经济劳动过程的基本特点

"劳动过程"作为劳工社会学的核心概念，其理论基石由马克思奠定，并经由布雷弗曼、布洛维等学者继承与拓展。该理论的核心目标是剖析微观生产环境中的支配机制，探究组织或资本如何将劳动力资源转化为有效的劳动输出，即深入考察促使劳动者积极投入工作的各种动因。① 在我国，零工经济从业者主要由低学历、低技能、以日常生活服务业为导向的数字平台零工劳动者构成，其中新生代农民工占比较大。因此，对零工经济背景下平台型灵活就业人员的劳动过程进行深入描述与分析，不仅能够揭示其工作特性与环境特征，还能进一步探究新生代农民工选择此类职业模式的内在动因。②

（1）自雇体制。实现了从"他雇"到"自雇"的转变，看重灵活和自由的工作安排，拥有更多自主性。不同于少数选择自主经营的新生代农民工，大部分人进城后成为传统的"他雇"劳动者。但随着平台型企业推出网约工这一新型就业形式，他们获得了向"自雇体制"转变的机会。以美团外卖骑手为例，骑手们看重的是上班时间的灵活性。这种自主性吸引了越来越多新生代农民工加入。

（2）可双选模式。可选择专职或兼职，这取决于个人时间安排、就业能力和兴趣爱好，满足了不同新生代农民工的需求。网约工通常分为专职和兼职两类。专职网约工可能因技能限制或职业空窗期而选择此路，平台工作能暂时缓解其失业压力。兼职网约工则看重在闲暇

① 黄建荣，李国梁. 新生代农民工职业发展的自我干预策略：困境与能力培育 ［J］. 学术论坛，2017（5）.

② 沈锦浩. 网约工：新生代农民工就业的新选择与新风险 ［J］. 长白学刊，2020（3）：120 – 127.

时赚取额外收入。平台工作的双选模式吸引了众多新生代农民工，既可主业深耕实现高收入，也可副业兼职解决生计问题。选择取决于个人情况，但平台工作无疑满足了不同农民工的需求。

（3）轻体力劳动。从事的工作基本属于轻体力劳动，无须专业知识或特殊技能，顺应了新生代农民工的人力资本特征和职业要求。网约工所从事的工作，如开车、送外卖等，大多属于轻体力劳动，无须专业知识或特殊技能。以外卖骑手为例，他们只需具备基本的电动车骑行能力和掌握平台客户端操作规范即可。借助 GPS 定位和智能地图导航，骑手无须丰富的城市地图知识也能轻松找到目的地。整体而言，平台工作顺应了新生代农民工的人力资本特征和职业要求。

（4）扁平化管理。与平台之间无中间层级，形成松散与虚拟的工作关系，降低了工厂体制中的束缚感。网约工这一新兴就业模式为新生代农民工提供了摆脱传统工厂体制束缚的途径。在此模式下，网约工与平台之间不存在中间层级，平台通过"订单"形式直接分配任务，网约工接单后依据既定流程完成任务即可。双方的互动主要依赖于客户端软件，平台负责数据监控，而网约工则通过此途径获取订单信息。网约工享有高度的自由度，可自主决定上线与下线的时间，他们与平台之间建立起的是一种松散且虚拟的工作关系。平台对网约工采取扁平化的管理方式，使得他们感受到一种"无人直接管理"的状态，这种松散与虚拟的工作关系正是他们得以摆脱传统工厂体制束缚的关键因素。

（5）透明的规则。互联网平台提供透明化的交易规则和计酬体系，使得网约工能够清楚知道每笔交易的收益，并获得即时或可见的劳动报酬，增强了公平感和满意度。网约工这一就业形式让农民工不再"忧薪"。互联网平台作为交易中介，其规则和计酬体系比传统行业更透明。平台公开基础工资和奖励补贴，让网约工清楚每笔交易收益，降低交易成本，提升信任。且平台收入结算周期短，如外卖骑手日结、网约车司机周结，让网约工快速看到收入变化。计件工资制也让网约工感到"多劳多得"的公平。这些因素共同提升了网约工对平台的满意度，透明的规则和可见的劳动报酬也是吸引新生代农民工加入的重要原因。

## 3.3 零工经济用工模式的机遇与挑战

随着平台经济、共享经济的快速发展趋势，基于平台就业、灵活就业等发展起来的就业模式顺应了时代的潮流。在总体就业难的大背景下，平台型企业给平台型灵活就业人员提供了大量的就业机会，帮助失业人员和大量的新生代农民工在平台上实现再就业。[①] 平台型灵活就业模式作为新型就业形态，对促进就业、脱贫攻坚以及实现共同富裕具有重大意义。

平台型灵活用工逐渐成为主流，改变了劳动者的生活方式，赋予工作自主权，转变就业身份，降低准入门槛，调动劳动者积极性。[②] 平台型灵活用工助力劳动者平衡工作与生活，满足兼顾家庭需求。[③] 张成刚（2018）的调研数据显示，在劳动者选择从事新业态灵活就业的原因方面，排在第一的是增加收入，排在第二的是可以拥有更高自由度，排在第三的是认为这样有助于工作和生活之间的平衡，如图 3-1 所示。[④] 另一项调研数据来源于詹婧等学者所属的中国劳动保

[①] 林舒心，卢鑫杰. 共享经济平台型灵活就业模式研究 [J]. 商业经济，2020，527（7）：138-139.

[②] 王嘉箐. 新业态下劳动者灵活就业研究 [D]. 沈阳：东北财经大学，2021.

[③] 王圣元，陈万明，赵彤. 零工经济：新经济时代的灵活就业生态系统 [M]. 南京：东南大学出版社，2018：78.

[④] 张成刚. 共享经济平台劳动者就业及劳动关系现状——基于北京市多平台的调查研究 [J]. 中国劳动关系学报，2018（6）：61-70.

障科学研究院课题组，显示了一个显著的差异：相较于从事非平台型灵活就业的群体，从事平台型灵活就业的劳动者在工作时间安排上拥有更高比例的自主性，具体高出 8.3%；相反，在拥有完全固定工作时间方面，从事平台型灵活就业的劳动者比例则较非平台型灵活就业群体低 9.5%。[①]

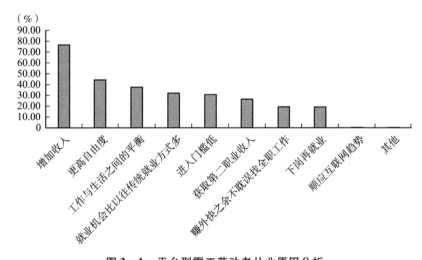

图 3-1　平台型零工劳动者从业原因分析

资料来源：张成刚. 共享经济平台劳动者就业及劳动关系现状——基于北京市多平台的调查研究［J］. 中国劳动关系学报. 2018（6）：61-70.

新业态下就业的最大优势是"灵活"，就业、职业发展及劳动用工的不可持续性和不稳定性等弊端也给零工经济下平台型灵活用工人力资源管理带来了挑战。

（1）传统人力资源管理模式在此情境下难以适用。零工经济以一种前所未有的方式革新了人力资源的共享与利用，它跨越了传统人力

---

① 詹婧，王艺，孟续铎. 互联网平台使灵活就业者产生了分化了吗？——传统与新兴灵活就业者的异质性［J］. 中国人力资源开发，2018（1）：134-146.

资源管理模式的界限，引发了一系列深刻的变革与创新。这一经济形态的核心特质在于用工的数字化转型、工作时间的极致灵活，以及合作模式的远程化，这些特点对平台企业提出了严峻的挑战，特别是在有效监管劳动者方面显得尤为困难。[①] 同时，零工经济环境下，劳动者的组织忠诚感与归属感有所淡化，这在一定程度上削弱了企业的团队凝聚力和向心力。[②] 相比传统企业模式，零工经济在人力资源管理的多个维度上展现出了显著的差异性和独特优势。

（2）劳动关系界定不清。传统劳动关系理论的核心在于雇员在雇主的指挥下进行劳动，并通过劳动合同进行确认。然而以新生代农民工从事最多的外卖行业为例，研究人员发现，外卖行业的劳动关系体系错综复杂，骑手的轻松注册流程加剧了劳动关系认定的模糊性。在此行业中，劳动者与平台之间的互动主要围绕接单任务展开，平台更多扮演了信息桥梁的角色，这种合作形式呈现出非连续性和偶发性的特征，形成了一种灵活多变、按任务结算的劳务关系。[③] 多数情形下，双方并未建立传统意义上的正式劳动合同关系，而是依赖于用户服务协议或配送员协议，同时，劳动者往往未能享受到社会保险的保障。

（3）劳动权益的保障难以实现。平台灵活就业者社保问题凸显，零工经济下灵活度高但权益保障弱，加班费、带薪休假等福利缺失，劳动合同少，社保普及率低。劳动法滞后于零工经济，监管挑战大。长此以往，劳动者权益受损，流失率或上升，平台管理难。灵活用工者社保待遇不足，生活风险增加，就业安全感低。

（4）职业发展路径不清晰。新业态下的灵活用工往往缺乏明确的职业发展路径和晋升机制。劳动者可能长期处于临时、短期或项目制

---

①②③　朱谈莞. 刍论零工经济下人力资源管理面临的挑战与对策——以外卖行业劳动者为例 [J]. 商讯，2021（19）：194－196.

的工作状态，难以积累长期的工作经验和稳定的职业成长。这种不确定性使得劳动者对未来职业发展的预期降低，影响其工作积极性和稳定性。

（5）技能提升和培训机会有限。由于灵活用工的流动性和短期性，平台企业可能不愿意或难以提供系统的技能培训和职业发展支持。这导致劳动者的技能水平难以持续提升，限制了其在劳动力市场上的竞争力。

# 第4章 平台灵活用工的新生代农民工群体特征分析

## 4.1 平台型灵活就业的新生代农民工群体的总体特征分析

随着数字经济的快速发展，浙江省平台灵活就业人员的人数也在不断增加，已经形成一定规模。平台灵活就业人员主要分为三类，一是负责平台搭建运营和推广，如程序员等；二是依托平台工具，接受派单完成工作，如网约车司机等；三是利用平台引流完成服务，如网拍摄影师等。大多数浙江省新生代农民工主要为第二类提供日常服务，少数浙江省新生代农民工逐渐走向技术型和管理型岗位。

因此，为了解平台灵活就业的新生代农民工群体的总体特征，本书分别从七个方面探究平台灵活就业的新生代农民工群体的总体特征。（1）平台灵活用工的新生代农民工的人口学特征分析；（2）平台灵活用工的新生代农民工的工作状况分析；（3）新生代农民工对平台灵活就业的认知分析；（4）新生代农民工选择平台灵活就业的动机分析；（5）新生代农民工不再从事平台灵活就业的原因分析；（6）新生代农民工对平台灵活就业的满意度分析；（7）平台灵活用工的新生代农民工的数字素养分析。

为深入研究新生代农民工的现状，本书采用了多元化的实地调研方法，具体包括组织召开座谈会、进行个别深入访谈、发放并回收调查问卷，以及咨询相关领域专家等。调研活动覆盖了杭州、宁波、温州、绍兴等多个地区，以期全面、深入了解和分析浙江省平台灵活就业的新生代农民工群体总体特征，从而提出提高新生代农民工职业迁徙能力的对策与建议。本次调查通过问卷星、自由会客厅和社区服务与研究中心等渠道广泛收集数据，共发放问卷 700 份，收回问卷 656 份，其中有效问卷 626 份，问卷有效率 89%。被调查对象是依托平台就业的新生代农民工，以服务业为导向涵盖家政服务、餐饮和外卖、共享出行、物流配送、平台自媒体创作、社群产品代理、网络主播/电商、技术人员、依托平台的自由职业等其他行业。

## 4.1.1　平台灵活就业的新生代农民工的人口学特征分析

从本书调查数据来看，新生代农民工灵活就业人员的性别分布呈现以男性为主的特点，灵活就业人员中男性占 53%，女性占 47%（见表 4-1）。这主要是因为从事一线的外卖快递、网约车司机以及物流配送等工作具有较高的体力要求，同时灵活就业人员每周的平均工作时间超过 60 个小时，工作时间偏长，灵活就业实际上并非完全自由，灵活就业人员依然会被客户的最终截止时间限制，这些对女性灵活就业人员来说有很多不便。客服、网络主播、家政服务和平台自媒体创作等群体以女性为主，而外卖骑手、网约车司机以及物流配送等以男性为主，除了具有较高的体力要求以外，也与男性要承担更多的经济支柱责任有关。除此之外，数据显示虽然灵活就业的性别分布以男性为主，但是女性的占比也在不断上升，数字经济的快速发展给女性新生代农民工灵活就业人员带来了创业机会，降低了创业成本，激发了女性的潜能和创造性，增强了女性的经济赋权。

表 4 – 1 平台灵活就业的新生代农民工性别分布

| 性别 | 百分比（%） | 样本量（人） |
|---|---|---|
| 女性 | 53 | 332 |
| 男性 | 47 | 294 |
| 合计 | 100 | 626 |

平台灵活就业的新生代农民工年龄主要集中在 31～40 岁，占 45.7%，中青年群体是平台灵活就业的新生代农民工最主要的组成部分。这表明平台灵活就业领域的新生代农民工群体展现出明显的青年化特征。这部分群体主要由两部分构成：一部分是未婚且暂无生计压力的年轻人；另一部分则是已婚并承担养家责任的中年人，他们构成了平台灵活就业的新生代农民工主力，这说明年轻人更加愿意选择灵活就业的方式满足自己的就业需求。30 岁以下的新生代农民工占 38.4%，41～50 岁的新生代农民工占 11.3%，50 岁以上的新生代农民工占 4.6%。具体而言，直播、自媒体等领域的在线服务人员整体呈现更为年轻化的趋势，其平均年龄不超过 30 岁。相比之下，外卖骑手和快递人员也表现出相对年轻化的特点。然而，网约车司机岗位由于对技能有一定要求，其平均年龄相对较大。在物流配送和家政服务领域，从业人员的平均年龄同样偏大，其中 40 岁以上的人员占比接近 35%（见表 4 – 2），调查结果与之前研究非常相似[①]。

表 4 – 2 平台型灵活就业的新生代农民工年龄分布

| 年龄 | 百分比（%） | 样本量（人） |
|---|---|---|
| 30 岁及以下 | 38.4 | 240 |
| 31～40 岁 | 45.7 | 286 |
| 41～50 岁 | 11.3 | 71 |

---

① 贾晓芬，刘哲，邓楚韵. 灵活就业群体生活状态调查报告（2022）[J]. 国家治理，2022（18）：60 – 64.

续表

| 年龄 | 百分比（%） | 样本量（人） |
| --- | --- | --- |
| 50 岁以上 | 4.6 | 29 |
| 合计 | 100 | 626 |

平台灵活就业的新生代农民工婚姻状况为未婚占比 48.7%，已婚占比 42.7%，离异及丧偶占比 8.6%（见表 4 - 3）。平台灵活就业的新生代农民工中未婚的占大多数。在访谈中发现由于收入水平没有达到理想状态，因此很多访谈对象并没有在工作地购买房产，没有朋友导致其孤独感强，更加渴望稳定的生活，表明在工作城市缺少归属感、社会融入度不高。

表 4 - 3　　　　　平台型灵活就业的新生代农民工婚姻状况

| 婚姻状况 | 百分比（%） | 样本量（人） |
| --- | --- | --- |
| 未婚 | 48.7 | 305 |
| 已婚 | 42.7 | 267 |
| 离异及丧偶 | 8.6 | 54 |
| 合计 | 100 | 626 |

平台灵活就业的新生代农民工的教育状况，总体来看学历结构相对较高，主要集中在高中及以上学历，与以往普遍认为从事平台灵活就业人员的教育程度很低存在明显的不同。大专及以上学历占 43.5%，高中及中专学历占 41%，而初中及以下学历占 15.4%（见表 4 - 4）。

表 4 - 4　　　　　平台型灵活就业的新生代农民工教育程度

| 教育程度 | 百分比（%） | 样本量（人） |
| --- | --- | --- |
| 大专及以上 | 43.5 | 272 |
| 高中及中专 | 41.1 | 257 |

续表

| 教育程度 | 百分比（%） | 样本量（人） |
|---|---|---|
| 初中及以下 | 15.4 | 96 |
| 合计 | 100 | 626 |

平台灵活就业的新生代农民工普遍具有高中及以上学历主要有以下几个方面的原因：第一，随着我国经济社会的发展，教育普及，劳动者受教育水平普遍提高，依托平台灵活就业的新生代农民工多以40岁以下的中青年为主，因此学历多在高中及以上；第二，随着数字经济所带来的平台经济的快速发展，对数字技术和数字能力有新的更高的要求，这就要求平台灵活就业的新生代农民工具有相应的运用数字技术的能力，特别是要学会使用数字智能设备和相关软件，甚至对数字素养也提出更高的要求，因此大部分新生代农民工教育程度普遍提升；第三，在零工经济背景下，就业市场竞争更加激烈，工作不稳定，职业者在多个不同职业之间广泛迁移，这就要求职业者在变化的环境中重新获取职业所需的新技能与新知识，要具有专业能力以外的能力，即职业迁徙能力，这种职业和岗位的不断转换导致对平台灵活就业的新生代农民工更高的职业能力要求和学历要求；第四，平台灵活就业的新生代农民工的岗位不仅仅是基础性、简单性、重复性或者辅助性的岗位，而是更多地向技术性、专业性、复杂性的岗位不断延伸和扩展，这也导致对平台灵活就业的新生代农民工的学历要求不断提高。

## 4.1.2　平台灵活就业的新生代农民工的工作状况分析

在了解平台型灵活就业的新生代农民工的人口学特征后，从六个方面对平台型灵活就业的新生代农民工的工作状况进行分析，分别是行业分布、工种分布、工时、保障程度、收入、健康状况等。

通过本书调查数据分析，从行业来源来看，平台灵活就业的新生代农民工来自现代服务行业，占比39.1%，其次是来自传统服务行业，占比35.4%，23.4%的平台灵活就业的新生代农民工是从传统制造行业流入的（见表4-5）。具体来看，交通出行类和生活服务类聚集了80%以上的新生代农民工，这反映出大多数新生代农民工主要从事低技能的职业类型，难以摆脱低技能困境，缺乏职业发展和技能提升（见表4-6）。数据显示，新生代农民工第一份工作大都不是平台工作，而是从其他行业进入其中，这也反映出大多数新生代农民工具有一定的工作经验，经过各方面的综合权衡后才选择从事平台工作。大多数新生代农民工来自其他行业，这说明了平台就业在一定程度上承担了劳动力蓄水池的功能，吸纳了各行业在产业调整、市场环境变动时析出的劳动力，为这类群体的就业和家庭生计提供了一定的缓冲。

表4-5 平台灵活就业的新生代农民工行业来源

| 行业来源 | 百分比（%） | 样本量（人） |
| --- | --- | --- |
| 现代服务行业 | 39.1 | 245 |
| 传统服务行业 | 35.4 | 222 |
| 传统制造业 | 23.4 | 146 |
| 其他行业 | 2.1 | 13 |
| 合计 | 100 | 626 |

表4-6 平台灵活就业的新生代农民工市场领域

| 市场领域 | 代表性平台 | 百分比（%） | 样本量（人） |
| --- | --- | --- | --- |
| 知识技能类 | 猪八戒、知乎、一品威客、金柚小灵 | 20 | 125 |
| 交通出行类 | 滴滴出行、哈啰打车、高德打车 | 40 | 250 |
| 生活服务类 | 美团、饿了么、e代驾、闪送 | 40 | 250 |
| 合计 | | 100 | 626 |

平台灵活就业的新生代农民工的工种分布如表4-7所示。由于问卷收集渠道差异问题，问卷调查中所收集到的新生代农民工的工种样本分布并不能反映出浙江省各个职业工种的真实情况，但能反映出部分新生代农民工的工种样本，这也为本书研究新生代农民工的工作状况奠定了基础。在样本中，平台型灵活就业的新生代农民工的工种分布主要涉及快递员（16.5%）、外卖骑手（22.9%）、网约车司机（18.3%）、网络主播/电商（12.4%）、平台自媒体创作者（8.6%）、社群产品代理人（6.5%）、家政服务人员（11.3%）和依托于平台的自由职业者（3.5%）这八类工种。

表4-7　　　　　　　平台灵活就业的新生代农民工工种分布

| 工种 | 百分比（%） | 样本量（人） |
| --- | --- | --- |
| 快递员 | 16.5 | 103 |
| 外卖骑手 | 22.9 | 143 |
| 网约车司机 | 18.3 | 115 |
| 网络主播/电商 | 12.4 | 78 |
| 平台自媒体创作者 | 8.6 | 54 |
| 社群产品代理人 | 6.5 | 41 |
| 家政服务人员 | 11.3 | 71 |
| 依托于平台的自由职业者 | 3.5 | 22 |
| 合计 | 100 | 626 |

如表4-8数据显示，从每周工作小时数看，只有31%的新生代农民的周工作小时数在40小时以内，35.6%的新生代农民工的周工作小时数超过40小时，33.4%的新生代农民工周工作小时数甚至超过52小时，数据反映出大多数平台灵活就业的新生代农民工工作强度非常大，存在着长时间工作的问题，甚至部分新生代农民工存在着超时工作的情况。这与平台的奖赏制度、订单分配制度、计件单价的

设置和多劳多得的鼓励有关。由于受到算法控制和平台制度规定，大多数平台灵活就业的新生代农民工的工作和休息的界限是不清晰的，导致超时工作问题突出，自身休息权利受到侵害，破坏了工作和生活的平衡关系，造成了很大的心理压力，需要进一步完善平台灵活就业的新生代农民工的体检制度、培训制度、休息休假制度以及平台规章制度等。

表 4-8　　　平台灵活就业的新生代农民工的周工作小时数

| 周工作小时 | 百分比（％） | 样本量（人） |
| --- | --- | --- |
| 24 小时及以下 | 6.5 | 41 |
| 25～32 小时 | 12.8 | 80 |
| 33～40 小时 | 11.7 | 73 |
| 41～51 小时 | 35.6 | 223 |
| 52 小时及以上 | 33.4 | 209 |
| 合计 | 100 | 626 |

　　如表 4-9 数据所示，从参加各类社会保险的比例来看，新生代农民工参保比例最高的是工伤保险，占 82.5％。工伤保险是对平台劳动者最基本的保障，部分新生代农民工在算法驱使、顾客评价和生计压力下，不得不加快速度赶时间，从而使得受到意外风险的袭击率增大。但是大部分新生代农民工缺少相关保障。现实中新生代农民工的工伤保险缴纳比例可能低于这一数值，因为部分新生代农民工对"工伤保险"缺乏了解，平台型企业仅仅购买意外险和雇主责任险来代替工伤保险，以减轻企业用人成本、减少负担和外化风险，因此政府出台相关保障制度维护平台劳动者合法权益是非常必要的。其次是医疗保险，占比 17.4％，随后是失业保险，占比 15.7％，养老保险，占比 13.7％。生育保险（8.0％）、住房公积金（3.4％）和企业年金（2.3％）还有待进一步提高。这也证实了平台灵活就业的新生代农民

工以低保障换取高收入的工作状态已经成为普遍的问题。

表4-9　　　平台灵活就业的新生代农民工参加各类社会保险的比例

| 社会保险 | 百分比（%） | 样本量（人） |
|---|---|---|
| 养老保险 | 13.7 | 86 |
| 医疗保险 | 17.4 | 109 |
| 工伤保险 | 82.5 | 516 |
| 失业保险 | 15.7 | 98 |
| 生育保险 | 8.0 | 50 |
| 住房公积金 | 3.4 | 21 |
| 企业年金 | 2.3 | 14 |

表4-10数据显示，从月收入比例来看，新生代农民工的月收入在5001～7000元，占比29.1%，其次是3001～5000元，占比24.2%，3000元及以下，占比20.3%。数据反映出大多数平台灵活就业的新生代农民工的月收入水平不是很高，主要是由于长时间从事低技能的职业类型，缺乏长期的职业规划和职业培训，职业上升和职业发展空间有限，陷入低技能和去技能困境。月收入在7001～10000元和10000元及以上的新生代农民工比例分别为14.1%和12.3%，这部分群体中大部分为了获取高收入长期处于超工作时间状态，周工作时间达到56小时以上，通过高技术获取高收入的群体占比例比较少。

表4-10　　　平台灵活就业的新生代农民工月收入的比例

| 每月收入 | 百分比（%） | 样本量（人） |
|---|---|---|
| 3000元及以下 | 20.3 | 127 |
| 3001～5000元 | 24.2 | 151 |
| 5001～7000元 | 29.1 | 182 |

续表

| 每月收入 | 百分比（%） | 样本量（人） |
|---|---|---|
| 7001～10000 元 | 14.1 | 88 |
| 10000 元以上 | 12.3 | 77 |
| 合计 | 100 | 626 |

　　表 4-11 数据显示，从身体健康状况来看，相比于已婚、离异和丧偶的新生代农民工，未婚的新生代农民工的身体健康状况最好，非常健康的占 27.4%，比较健康的占 61.2%，不健康的仅占 11.4%。主要存在两个方面的原因，一是未婚的新生代农民工正处于青年阶段，身体素质本身就比较好；二是未婚的新生代农民工还没有承受很大的生活压力，还没有承担起家庭重担，身体素质自然会更好。

表 4-11　　平台灵活就业的新生代农民工的身体健康状况

| 健康状况 | 未婚 | | 已婚 | | 离异和丧偶 | |
|---|---|---|---|---|---|---|
| | 数量（人） | 占比（%） | 数量（人） | 占比（%） | 数量（人） | 占比（%） |
| 非常健康 | 83 | 27.4 | 58 | 21.7 | 8 | 13.9 |
| 比较健康 | 187 | 61.2 | 132 | 49.6 | 23 | 42.1 |
| 不健康 | 35 | 11.4 | 77 | 28.7 | 24 | 44.0 |

　　表 4-12 数据显示，从平台灵活就业的新生代农民工的职业技术资格证书持有情况来看，大多数新生代农民工没有职业技术资格证书，占比为 61.6%，只有 38.4% 的新生代农民工具有职业技术资格证书。这主要有以下几个原因：首先，尽管新生代农民工的受教育程度相较于老一代有所提升，但总体而言其教育水平仍然偏低，这一现状制约了他们参与职业技能培训以及获取职业资格证书的能力。由于教育水平有限，许多新生代农民工在理解复杂技术知识和通过相关考

试方面面临困难。其次，职业技能培训资源在新生代农民工中的普及程度还不够高。尽管近年来国家和地方政府加大了对农民工职业技能培训的投入，但由于各种原因，如宣传不足、培训内容与需求不匹配等，许多新生代农民工并没有受到有效的培训。[1] 最后，一些新生代农民工对职业技能证书的重要性认识不足，或者由于工作性质和收入水平的限制，他们可能没有足够的动力和经济条件去获取证书。[2]

表 4 - 12　　　　平台灵活就业的新生代农民工的职业技术资格证书状况

| 职业技术资格证书 | 百分比（%） | 样本量（人） |
| --- | --- | --- |
| 有职业技术资格证书 | 38.4 | 240 |
| 无职业技术资格证书 | 61.6 | 386 |
| 初级证书 | 25.8 | 162 |
| 中级证书 | 8.9 | 56 |
| 高级证书 | 3.7 | 22 |
| 合计 | 100 | 626 |

表 4 - 12 数据显示，取得初级证书的新生代农民工有 162 人，占比 25.8%，取得中级证书有 56 人，占比 8.9%，取得高级证书的仅有 22 人，占比 3.7%。虽然有一部分新生代农民工取得职业技术资格证书，但整体来看，大多数新生代农民工并没有取得此类证书，并且取得中高级证书人数的比例很低，技能水平不容乐观，我国未来高级技术人才缺口很难在一定时期内弥补。除此之外，新生代农民工是否取得职业技术资格证书，这在一定程度上影响了他们在就业市场上的竞争力和职业发展空间。为了提高新生代农民工的职业技能和竞争

---

[1] 郑爱翔，李肖夫. 新生代农民工市民化进程中职业能力动态演进 [J]. 华南农业大学学报（社会科学版），2019（1）：33 - 43.

[2] 赵宝柱. 新生代农民工培训：意愿与行动 [M]. 北京：中国社会科学出版社，2016：55.

力，需要进一步加大职业技能培训和证书普及的力度，同时提高他们对证书重要性的认识。

### 4.1.3　新生代农民工对平台型灵活就业的认知分析

为了促进浙江省数字经济健康发展和平台灵活就业相关工作顺利开展，准确、深入地分析和把握新生代农民工对平台灵活就业的情况具有一定的必要性。如表 4 - 13 数据显示，大多数新生代农民工对平台灵活就业的态度是积极、正向的，认为平台灵活就业的就业机会多（37.7%）、平台灵活就业是一种创业，未来将是一份很好的事业（37.2%）、平台灵活就业可以满足追求自由工作方式的想法（34.6%）、平台灵活就业可以提供一份收入，实现自身的价值（35.2%）和平台灵活就业可以提升自身的职业能力（30.3%）。

表 4 - 13　　　　新生代农民工对平台灵活就业的认知分析

| 对平台灵活就业的认知 | 百分比（%） | 样本量（人） |
| --- | --- | --- |
| 平台灵活就业可以满足追求自由工作方式的想法 | 34.6 | 217 |
| 平台灵活就业的就业机会多 | 37.7 | 236 |
| 平台灵活就业就是失业/待业期间的有效过渡 | 23.1 | 145 |
| 平台灵活就业等同于低端工作 | 16.3 | 102 |
| 平台灵活就业等同于临时工/兼职 | 13.4 | 84 |
| 平台灵活就业是一种收入没有保障的工作 | 21.1 | 132 |
| 平台灵活就业是一种创业，未来将是一份很好的事业 | 37.2 | 233 |
| 平台灵活就业是被动的选择 | 19.8 | 124 |
| 平台灵活就业可以提供一份收入，实现自身的价值 | 35.2 | 220 |
| 平台灵活就业可以提升自身的职业能力 | 30.3 | 190 |
| 平台灵活就业实时监控是对时间的侵占 | 27.4 | 172 |
| 平台灵活就业社会保障不足 | 34.7 | 217 |

但是，研究也发现少数新生代农民工对平台灵活就业存在认知误区。23.1%的新生代农民工认为平台灵活就业就是失业，反映出大多数新生代农民工对失业的经济学范畴缺乏了解和认识，与暂时性的摩擦性失业不同，数字经济的发展改变了原有的技术结构、地区结构、职业结构，这些造成劳动力市场的供求结构不匹配，导致新生代农民工结构性失业，平台灵活就业为结构性失业人群提供就业机会，减少生活负担，提高就业率，是一种积极主动地创造就业机会，这与单纯的失业不同。

16.3%的新生代农民工认为平台灵活就业等同于低端工作，反映出大多数新生代农民工提到平台灵活就业想到的是家政服务、餐饮外卖等比较低端的灵活就业的模式，似乎与高端工作无关。依托平台灵活就业的新生代农民工人群同样也可以从事更高端的工作，尤其是当今数字经济催生出大量高端的新型就业岗位。杨伟国等（2022）认为，灵活用工已普及至专业性、技术性较强的行业中。[①]

13.4%的新生代农民工认为平台灵活就业等同于临时工和兼职，反映出大多数新生代农民工还没有转变一讲就业就是"固定工"的观念，平台型灵活就业并不是非全日制、临时性以及弹性工作，它已成为一种重要的就业形态，而零工经济的兴起进一步为灵活就业群体拓宽了兼职工作机会。值得注意的是，零工经济并非仅仅局限于单一工作范畴，其内涵丰富，不可简单地将平台型灵活就业等同于传统意义上的临时工或兼职。

研究发现，少数新生代农民工对平台灵活就业也有不同的认知，分别是平台灵活就业是一种收入没有保障的工作（21.1%）、平台灵活就业是被动的选择（19.8%）、平台灵活就业实时监控是对时间的

---

① 杨伟国，吴清军，张建国，等．中国灵活用工发展报告（2022）多元化用工的效率、灵活性与合规 ［M］．北京：社会科学文献出版社，2021：95．

侵占（27.4%）和平台灵活就业社会保障不足（34.7%）。在促进灵活就业健康发展过程中，国家要出台相应的措施解决社会保障不足、职业发展受限等一系列问题，才能改变新生代农民工观念，促进新生代农民工从积极角度认识发展平台灵活就业的意义。

## 4.1.4　平台灵活就业的新生代农民工动机分析

零工经济模式下平台经济迅猛发展，分析平台灵活就业的新生代农民工参与行为的动机，对于国家提出针对性的政策具有重要的现实意义。总体来说，平台灵活就业的新生代农民工参与行为的动机多样。表 4 – 14 数据显示，新生代农民工选择平台型灵活就业主要有四大动机，分别是获取更高的收入、职业发展机会、入职门槛低和寻求职业过渡。

表 4 – 14　　　新生代农民工选择平台型灵活就业的动机分析

| 选择平台灵活就业的动机 | 百分比（%） | 样本量（人） |
| --- | --- | --- |
| 就业困难 | 32.6 | 204 |
| 入职门槛低且进出机制灵活 | 50.3 | 315 |
| 社会发展潮流 | 23.3 | 146 |
| 工作时间弹性自由 | 17.6 | 110 |
| 寻求职业过渡 | 48.3 | 302 |
| 疫情期间公司倒闭/收入下降/生意不好做 | 43.4 | 272 |
| 工作收入与投入成正比、多劳多得、劳动薪酬透明工资实时结算 | 38.9 | 243 |
| 正规就业岗位工资低，平台收入相对较高 | 66.7 | 418 |
| 积累工作经验 | 24.5 | 153 |
| 有职业发展机会 | 53.8 | 337 |
| 能学习新技术 | 32.8 | 205 |

续表

| 选择平台灵活就业的动机 | 百分比（％） | 样本量（人） |
|---|---|---|
| 能开阔眼界 | 33.4 | 209 |
| 家庭经济压力大 | 17.8 | 111 |
| 能与自己的兴趣结合，做喜欢的事情 | 14.6 | 91 |
| 实现自身价值 | 12.5 | 78 |
| 工作氛围好 | 9.56 | 60 |
| 无其他工作机会，只能从事这份工作 | 7.34 | 46 |

　　表 4－14 数据显示，大多数新生代农民工从事平台灵活就业最看重的是获取更高的收入，66.7% 的新生代农民工表示与正规就业岗位工资相比，平台灵活就业收入相对较高，这部分群体通常具有较大的家庭压力，对工资收入更敏感；17.8% 的新生代农民工因为家庭经济压力大选择平台灵活就业。绝大部分新生代农民工从事的都是低技能的职业类型，他们更加关注收入水平，并非出于兴趣爱好选择当前工作，而是迫于经济压力的无奈之举。所以零工群体对于通过劳动来改善经济状况的愿望是十分迫切的。在这种情况下，如何提升零工群体的劳动技能水平，进而提升其劳动收入回报，职业教育可以发挥不可替代的作用。由于新冠疫情和全球经济不稳定波及很多企业、生意经营者和劳动者，使其不得不通过从事平台灵活用工维持和增加收入，43.4% 的新生代农民工选择平台灵活就业就是因为疫情期间公司倒闭、收入下降和生意不好做。

　　职业发展机会成为新生代农民工选择平台灵活就业的重要动机。本书调查数据显示，新生代农民工外出平均年龄 24 岁左右，年轻的新生代农民工与老一代农民工有很大的不同，他们虽然人生阅历不足，经验不够丰富，但是他们对其职业能力提升和职业发展的诉求强烈。53.8% 的新生代农民工非常重视职业发展机会，渴望清晰的人生职业规划、职业能力培训和学习机会。能学习新技术和能开阔眼界分别为32.8%和33.4%。可见平台灵活就业吸引新生代农民工的不再是高收入而是逐渐向发展机会多、开眼界、学习新技术和职业发展的方向转变。

入职门槛低是新生代农民工选择平台灵活就业的重要原因。本书调查发现浙江省平台灵活就业的准入门槛相对比较低，为更多的人提供了灵活就业的机会，50.3%的新生代农民工认为入职门槛低，低学历低技能的新生代农民工主要从事低技能的服务行业。由于入职门槛低、进出机制灵活、技能要求不高，这也导致年轻的新生代农民工投身其中，不利于个人的经验积累，从而陷入低技能困境。事实上，灵活就业进入的门槛确实不高，但要留存的门槛却并不低，也需要一定的技能支撑，灵活就业并不一定意味着"低能"，这就需要新生代农民工不断提升个人的职业能力应对外界变化带来的结构性失业问题。

寻求职业过渡也是新生代农民工选择平台灵活就业的另一个重要原因。由于部分新生代农民工比较年轻、就业市场竞争激烈、工作经验不足，因此48.3%的新生代农民工表示选择平台型灵活就业是在没有寻找到合适的工作和创业机会时一种职业过渡行为。24.5%的新生代农民工是出于先积累工作经验，7.34%的新生代农民工表示选择当前的平台灵活就业是无其他工作机会，只能从事这份工作。对于部分新生代农民工来说，通过平台型灵活就业的方式进入目标企业，通过积累一定的工作经验，转成平台企业的正式员工，这也有利于平台型企业对员工进行考察，挑选出优秀的员工。平台灵活就业能够为平台型企业提供"人才数据库"，从而降低企业的选人和用人成本。

除此之外，新生代农民工选择平台灵活就业的动机还有工作收入与投入成正比、多劳多得、劳动薪酬透明工资实时结算（38.9%），就业困难（32.6%），社会发展潮流（23.3%），工作时间弹性自由（17.6%），能与自己的兴趣结合，做喜欢的事情（14.6%），实现自身价值（12.5%）和工作氛围好（9.56%）。研究发现工作时间弹性自由不是多数新生代农民工选择平台灵活就业的主要动机，通常平台型企业经常以此来吸引新生代农民工进入其中，但事实上并没有对大多数新生代农民工产生吸引力，这与新生代农民工对平台型企业的算法控制和规章制度有全新的认知以及职业诉求变化有很大的关系。

## 4.1.5　新生代农民工不再从事平台灵活就业的原因分析

本书通过问卷调查新生代农民工不再从事平台灵活就业的原因，具体数据分析结果如表4-15所示。49.7%的新生代农民工认为目前的工作职业发展有限，44.1%的人反映缺乏学习机会，43.2%的人反馈职业能力培训与实际工作内容不匹配，这说明新生代农民工顾虑最大的是没有职业发展空间，担忧学习培训机会少，并且缺少匹配的培训内容，将进一步限制自身的职业成长和发展。

表4-15　　　新生代农民工不再从事平台型灵活就业的原因

| 不再从事平台灵活就业的原因 | 百分比（%） | 样本量（人） |
| --- | --- | --- |
| 平台实时监控灵活自由度低 | 34.3 | 202 |
| 顾客评价机制不合理 | 33.6 | 217 |
| 奖惩机制不公平 | 31.7 | 198 |
| 收入不稳定 | 26.7 | 167 |
| 公司没有缴纳社保 | 39.5 | 260 |
| 职业发展受限 | 49.7 | 311 |
| 职业能力培训不匹配 | 43.2 | 270 |
| 家人不支持、不理解 | 21.2 | 132 |
| 工作强度大，收入低 | 27.9 | 175 |
| 不太体面，社会认可度低 | 42.7 | 267 |
| 缺少归属感/安全感 | 21.4 | 134 |

| 不再从事平台灵活就业的原因 | 百分比（%） | 样本量（人） |
| --- | --- | --- |
| 缺少学习机会 | 44.1 | 251 |
| 相关权益得不到有效维护 | 23.6 | 148 |

42.7%的新生代农民工表示平台灵活就业是不体面、社会认可度低的职业，39.5%的人反映公司没有缴纳养老保险，34.3%的人反映平台实施监控灵活自由度降低，33.6%的人反映顾客评价机制不合理，31.7%的人反映奖惩制度不公平，26.7%的人反映收入不稳定，家人不支持、不理解以及缺少归属感/安全感分别占 21.2% 和 21.4%。这说明新生代农民工体面劳动的心理感知对是否从事平台型灵活就业产生很大的影响。职业发展和职业能力提升可以消除新生代农民工的内心焦虑，让其劳动获得体面感、职业认同感、安全感。

## 4.1.6　新生代农民工平台灵活就业的满意度分析

通过对国内外关于满意度影响因素的文献梳理，本书将影响新生代农民工在平台上进行灵活就业的满意度因素概括为三大方面：个体层面因素、工作固有因素以及外部环境因素。[①] 新生代农民工平台型灵活就业的整体满意度为被解释变量，选取 3 大类 22 个解释变量，分别是个体因素（性别、年龄、受教育水平、工种类型）、工作本身（收入、职业生涯规划、职业技术资格证书、职业晋升、专业能力提升、职业迁徙能力提升、劳动强度、奖惩机制、顾客评价机制、工作自由度、工作稳定性）、环境因素（社会保障权益、政策支持、培训

---

① 朱文婷，王文志，刘霄引，等.数字经济下灵活就业者工作满意度影响因素研究——以网约车司机群体为例［J］.人力资源，2021（12）：62-66.

体系、沟通体系、家人支持、体面/社会认可度、归属感/安全感)。①
采用 Likert 五级量表的形式, 选项为"非常满意""较为满意""一般""较不满意""非常不满意", 依次赋予 5~1 分。运用 SPSS 26.0
进行描述性统计分析和相关性分析, 模型中具体变量的选取、主要统计量以及研究假设如表 4-16 所示。

表 4-16　　　　　　　　　变量说明及主要统计量

| | 变量名称 | | 变量定义 | 均值 | 标准差 | 研究假设 |
|---|---|---|---|---|---|---|
| 因变量 | 整体工作满意度 | | 非常不满意=1, 较不满意=2, 一般=3, 较为满意=4, 非常满意=5 | 3.12 | 1.17 | |
| 自变量 | 个体因素 | 性别 | 男=1, 女=0 | 0.76 | 0.16 | 不明确 |
| | | 年龄 | 30岁以下=1, 31~40岁=2, 41~50岁=3, 50岁及以上=4 | 2.32 | 0.8 | 不明确 |
| | | 受教育水平 | 初中及以下=1, 高中、中专、技校=2, 大专及以上=3 | 3.02 | 1.23 | 正向 |
| | | 工种类型 | 快递员=1, 外卖骑手=2, 网约车司机=3, 网络主播/电商=4, 平台自媒体创作者=5, 社群产品代理人=6, 家政服务人员=7 | 0.76 | 0.48 | 不明确 |
| | 工作本身因素 | 收入 | 非常不满意=1, 较不满意=2, 一般=3, 较为满意=4, 非常满意=5 | 2.78 | 1.09 | 正向 |
| | | 职业生涯规划 | 同上 | 2.34 | 1.12 | 正向 |
| | | 职业技术资格证书 | 同上 | 2.65 | 1.23 | 正向 |

---

① 尹德挺, 史毅, 高亚慧. 新生代农民工人力资本问题研究 [M]. 北京: 中国社会科学出版社, 2020: 33.

续表

| 变量名称 | | | 变量定义 | 均值 | 标准差 | 研究假设 |
|---|---|---|---|---|---|---|
| 自变量 | 工作本身因素 | 职业晋升 | 同上 | 2.78 | 1.12 | 正向 |
| | | 专业能力提升 | 同上 | 3.45 | 1.25 | 正向 |
| | | 职业迁徙能力提升 | 同上 | 3.12 | 1.34 | 正向 |
| | | 劳动强度 | 同上 | 2.65 | 1.27 | 正向 |
| | | 奖惩机制 | 同上 | 3.03 | 1.34 | 正向 |
| | | 顾客评价机制 | 同上 | 2.56 | 1.06 | 正向 |
| | | 工作自由度 | 同上 | 2.24 | 1.27 | 正向 |
| | | 工作稳定性 | 同上 | 3.23 | 1.31 | 正向 |
| | 环境因素 | 社会保障权益 | 同上 | 2.45 | 1.15 | 正向 |
| | | 政策支持 | 同上 | 2.31 | 1.14 | 正向 |
| | | 培训体系 | 同上 | 2.44 | 1.26 | 正向 |
| | | 沟通体系 | 同上 | 3.17 | 1.31 | 正向 |
| | | 家人支持 | 同上 | 2.7 | 1.06 | 正向 |
| | | 体面/社会认可度 | 同上 | 2.73 | 1.25 | 正向 |
| | | 归属感/安全感 | 同上 | 2.81 | 1.17 | 正向 |

相关性分析结果显示，解释变量间存在相关性，最终模型回归结果如表 4-17 所示。模型的似然比卡方值为 189.037，显著性水平小于 0.001，说明模型整体有意义；Cox and Snell R2、Nagelkerke R2 和 McFadden R2 分别为 0.640、0.732、0.421，说明模型拟合较好；对模型进行平行性检验，P 值大于 0.05，说明模型通过平行性检验，符合有序 Logistic 回归的前提条件。回归结果显示个体因素的解释变量均未进入最终回归模型，说明个体因素变量对新生代农民工的工作满意度影响不显著。

表 4 – 17　　　　　　　　　　　　回归结果

| 变量名称 | | 估计 | 标准误差 | Wald | df | 显著性 | 95% 置信区间 | |
|---|---|---|---|---|---|---|---|---|
| | | | | | | | 下限 | 上限 |
| 整体工作满意度 | 非常不满意 = 1 | 4.121 | 0.623 | 47.605 | 1 | 0.000 | 2.768 | 5.213 |
| | 较不满意 = 2 | 5.326 | 0.612 | 73.654 | 1 | 0.000 | 4.654 | 7.325 |
| | 一般 = 3 | 8.734 | 0.971 | 89.31 | 1 | 0.000 | 7.834 | 8.765 |
| | 较为满意 = 4 | 10.235 | 0.845 | 78.45 | 1 | 0.000 | 9.675 | 11.347 |
| 工作本身因素 | 收入 | 1.757 | 0.345 | 45.87 | 1 | 0.000 | 0.345 | 1.976 |
| | 职业生涯规划 | 1.432 | 0.312 | 67.98 | 1 | 0.000 | 0.067 | 1.675 |
| | 职业晋升 | 1.654 | 0.245 | 4.568 | 1 | 0.000 | 0.231 | 1.112 |
| | 专业能力提升 | 1.531 | 0.233 | 7.897 | 1 | 0.000 | 0.235 | 1.151 |
| | 职业迁移能力提升 | 1.523 | 0.214 | 3.987 | 1 | 0.001 | 0.046 | 0.006 |
| | 工作自由度 | 0.876 | 0.221 | 3.765 | 1 | 0.000 | 0.047 | 0.005 |
| | 奖惩机制 | 0.821 | 0.167 | 10.943 | 1 | 0.000 | 0.032 | 0.008 |
| 环境因素 | 体面/社会认可度 | 0.765 | 0.226 | 4.765 | 1 | 0.007 | 0.067 | 0.012 |
| | 归属感/安全感 | 0.643 | 0.176 | 6.325 | 1 | 0.000 | 0.634 | 1.239 |

　　工作本身因素中，收入，职业生涯规划、职业晋升、专业能力提升、职业迁徙能力提升、工作自由度以及奖惩制度对整体工作满意度产生显著的正向影响。收入是影响新生代农民工工作满意度的重要因素，职业流动和职业能力提高能够提升工资收入，职业教育和企业培训在促进新生代农民工职业成长和职业能力提升发挥重要作用。职业晋升成为影响新生代农民工工作满意度的另一重要因素，结合现实来看，由于缺乏清晰的职业生涯规划以及职业技能提升，大多数新生代农民工缺少晋升的空间和个人职业成长的机会，对工作满意度造成负面影响。①

---

① 陈嘉茜，赵曙明，丁晨，等．零工工作者体面劳动感知对其工作投入的影响——一个被调节的中介效应模型［J］．经济与管理研究，2022（10）：75－87．

数字经济发展背景下，新生代农民工要适应不断变化的技术环境和职业环境，他们需要在其职业生涯中不断进行职业转换，这就意味着新生代农民工需要不断提升专业能力，还要具备能够满足自身职业发展的职业迁徙能力，才能顺利进行职业转换，为其获取更高的收入和心理支持，因此专业能力和职业迁徙能力提升对新生代农民工工作满意度产生显著的正面影响。以互联网平台为中介的新型零工经济下，算法技术逐渐渗透并且融入零工经济的各个环节，基于算法对劳动过程和结果进行全景式的监控，新生代农民工被迫陷入算法控制的漩涡中，因此平台算法技术给新生代农民工带来的不是工作自由和灵活而是劳动控制。① 结合现实来看，劳动自由在平台算法下被极限压缩，大多数新生代农民工感觉到越来越忙，越来越焦虑，被迫陷入了自我施压、竞相追逐的内卷困境中，对工作满意度造成负面影响。

在环境因素中，体面/社会认可度和归属感/安全感对整体工作满意度产生显著的正向影响。平台型灵活就业不体面和社会认可度低对新生代农民工的整体工作满意度产生负面影响。在传统观念中，全职工作往往被认为是一种成功和有价值的工作方式，而灵活就业则被认为是一种不稳定、不可靠和不体面的工作方式。这种观念在一定程度上影响了人们对灵活就业的态度和选择。许多人害怕选择灵活就业后会被社会所贬低，失去了一定的社会地位和认可度。要提升零工工作者的体面劳动感知与心理授权程度，有利于提升和激励零工。让新生代农民工就业更加体面、更有保障就需要提升自身职业能力，创造公平的工作环境和条件，体会劳动的愉悦和幸福。② 获得劳动保护安全感和组织归属感也是影响新生代农民工的工作整体满意度的重要影响

---

① 翁清雄. 职业成长对员工承诺与离职的作用机理研究 [D]. 武汉：华中科技大学，2009.

② 陈嘉茜，赵曙明，丁晨，等. 零工工作者体面劳动感知对其工作投入的影响——一个被调节的中介效应模型 [J]. 经济与管理研究，2022（10）：75－87.

因素，因此要加大对新生代农民工的人文关怀，不断完善社会保障机制、公平的工作环境和学习环境等使得他们的职业认同感、归属感和荣誉感日益增强。

### 4.1.7　平台灵活就业的新生代农民工的数字素养分析

为了解新生代农民工数字素养现状，解决其面临的一系列社会问题，本书根据新生代农民工数字素养的概念，就新生代农民工数字化生存困境、就业状况、技能需求、职业发展四个方面设计了 28 个问题，以全面、深入地了解并分析浙江省新生代农民工数字素养的现状及其存在的问题。① 为此，本书采用了召开座谈会、个别访谈、发放调查问卷以及专家咨询等多种实地调查方式，对杭州、宁波、温州、绍兴等地的新生代农民工进行了系统调研。本次调研共计发放问卷 500 份，成功回收 436 份，其中有效问卷为 406 份，问卷的有效回收率达到了 81%。旨在基于调研结果，提出提升新生代农民工数字素养的有效对策与建议。被调查对象是依托数字平台就业的新生代农民工，以服务业为导向涵盖家政服务、餐饮和外卖、共享出行、物流配送等行业。通过数据分析发现，平台型灵活就业的新生代农民工的数字素养现状主要包括以下四个方面。

（1）陷入低技能困境，职业发展受阻。当前，我国城市内部劳动力市场还存在分割现象，大部分新生代农民工在中低端服务业就业，工作时间长，劳动强度大。从职业发展来看，新生代农民工职业发展空间较小，职业流动质量不高，有循环无上升，形成了较为明显的职业内卷现象，制约了个人发展。从我们的问卷调查结果来看，仅有

---

① 刘勇，王学勤. 新生代农民工信息素养现状及提升策略研究——以浙江省为例 [J]. 图书馆工作与研究，2014（7）：16 – 18.

10%的新生代农民工能实现从低级、中级到高级岗位的职业流动，90%的新生代农民工的职业流动依然是中低端服务行业内部循环，这种陀螺式的循环模式反映出他们可能囿于技能水平不足而无法跳出中低端职业的深层次问题。调查结果显示新生代农民工面临的焦虑，20%来自工作的高强度，70%来自自身技能的低密度。在我国中低端服务业就业岗位不断技能化的背景下，一方面企业所需的劳动力供给不足；另一方面技能水平较低的年轻劳动者过剩，出现了技能结构失衡问题。对于新生代农民工而言，他们需要一种能够实现技能与岗位之间实时对接的培训机制。同时，数字时代下的数字鸿沟和数字化贫困也阻碍其市民化过程，但从目前的制度保障、身份认同和实现市民化的物质条件来看，他们仍属于居住在城市中的边缘群体。

（2）学历层次提高，新业态职业技能匮乏。与老一代农民工相比，新生代农民工学历层次普遍有了明显提高。调查发现，受访者中有47%为高中学历，33%为中专学历，说明他们普遍具备了学习和掌握新技能的知识基础。但调查也同时发现，该群体中大专学历人员仅占4.4%，远低于当地居民中大专学历劳动力的比例，本科及以上学历占1.3%，而且他们所拥有的职业技能主要集中于农业种植技能（24%）、制造业技能（44%）和传统服务业技能（19%），而数字化技能仅占9%，表明他们缺乏适应新业态发展所需的新型职业技能，难以胜任第二、第三产业全面智能化和数字化升级的要求。

（3）主动适应新业态，数字素养提升迫切。近些年新生代农民工就业呈现出从制造业向服务业流动的趋势，他们愿意主动适应新业态。有54%的受访者表示自己正从事服务业，有47%的受访者表示他们最想学习数字化新技能，同时，对与数字化技能有关的计算机技能的需求也达到27%。这说明新生代农民工已经意识到自身技能不足无法适应新业态发展，也看到了未来的技能升级方向。

（4）学习意识强，数字素养培训意愿强。调查数据显示，48%的受访者希望能够获得职业技能培训机会，64%的受访者愿意自己花钱接受职业技能培训，21%的受访者表示如果有机会就愿意去参加培训，这部分人也是潜在的技能投资需求人群。这些数据充分说明新生代农民工对技能投资的热情很高，在城市中流行的"终身学习"理念，在他们身上也有较多体现。

## 4.2 平台灵活就业的新生代农民工的职业发展现状分析

本书从职业流动、职业流动困境以及职业规划这三个角度去分析平台型灵活就业的新生代农民工职业发展现状。

与老一代农民工相比，新生代农民工职业流动性更强，工作中更加注重个人发展。如表4-18所示，大多数新生代农民工在2个以上城市工作过，说明他们在农村与城市之间往返行走，58.7%的新生代农民工从事过三种不同类型的工种，62.3%的新生代农民工工作过的单位数量至少3个，说明他们在不同平台型企业、在平台不同工种之间的频繁更换工作。这反映出大多数新生代农民工缺乏在城市长期从事固定工作的稳定性。笔者在问卷调查中发现，他们的流动频率极高，平均每0.31年就流动一次，几乎相当于每个月更换一次工作，而即便最长的也是两年流动一次。具体数据显示，超过六成的新生代农民工在不到半年的时间里就会流动一次，能够持续工作一年以上的比例相当低，只有2.7%，他们总是处于间歇性的就业和待业状态之中，经历多次的职业变动。①

---

① 符平，唐有财. 新生代农民工的流动图景［J］. 文化纵横，2012（1）.

表 4 – 18　　　　　　　　　　　新生代农民工职业流动分析

| 工作过的城市数量（个） | 占比（％） | 人数（人） | 从事过的工种数量（个） | 占比（％） | 人数（人） | 工作过的单位数量（个） | 占比（％） | 人数（人） |
|---|---|---|---|---|---|---|---|---|
| 1 | 16.5 | 103 | 1 | 13.9 | 87 | 1 | 9.3 | 58 |
| 2 | 47.6 | 298 | 2 | 14.0 | 87 | 2 | 21.7 | 136 |
| 3 | 25.6 | 160 | 3 | 58.7 | 367 | 3 | 62.3 | 390 |
| 4 及以上 | 10.3 | 64 | 4 及以上 | 13.4 | 84 | 4 及以上 | 6.7 | 42 |
| 合计 | 100 | 626 | 合计 | 100 | 626 | 合计 | 100 | 626 |

　　本书调研发现，新生代农民工的初次职业选择对他们的职业流动影响比较大，其中因个人发展因素（54.3％）而结束初次职业的新生代农民工发生职业流动的可能性更大，其次是职业培训因素（23.4％）、环境待遇因素（12.9％）以及其他因素（9.4％）（见表 4 – 19）。这表明新生代农民工在后期的工作变动中，主要基于自身发展的考虑来决定是否更换工作。当前的工作无法满足他们个人发展的需求，并且存在更好的工作机会时，他们倾向于选择更换工作。

表 4 – 19　　　　新生代农民工初次职业种类及离职原因分析

| 初次职业种类 | 占比（％） | 人数（人） | 结束初次职业主要原因 | 占比（％） | 人数（人） |
|---|---|---|---|---|---|
| 专业技术类 | 18.3 | 115 | 个人发展因素 | 54.3 | 340 |
| 非专业技术类 | 57.8 | 362 | 环境待遇因素 | 12.9 | 81 |
| 经商 | 13.1 | 82 | 职业培训因素 | 23.4 | 146 |
| 其他 | 10.8 | 68 | 其他因素 | 9.4 | 59 |
| 合计 | 100 | 626 | 合计 | 100 | 626 |

　　表 4 – 19 显示新生代农民工所涉足的职业类型广泛，然而，在初次流动时，超过半数（57.8％）的新生代农民工从事的是非专业技术

类、相对被视为"低层次"的职业。① 可以推测，总体而言，新生代农民工流动频率过高，这可能意味着他们并未掌握太多稳固的就业技能，因此较易失去工作，也不得不频繁地探寻新的工作机会。这种就业稳定性和连续性的缺失，对他们的个人发展构成了不利影响。

这一现象同时也表明，流动频率较高的新生代农民工，其市场竞争力相对较弱，且更为缺乏从事稳定工作所必需的就业技能及各类资本。问卷结果进一步显示，他们的频繁流动主要呈现出一种水平流动的状态，甚至在多次流动过程中还观察到了向下流动的趋势。对于这部分新生代农民工而言，通过获得更好的工作机会来实现向上的社会流动，其道路显然并不顺畅。表4-20显示，首先是新生代农民工职业流动面临的最大困境是跨界职业能力缺乏，占比36.8%，其次是职业间转化的能力缺乏，占比35.6%，其次是职业能力与职业成长不匹配，占比14.0%，最后是就业岗位与技能不匹配，占比13.6%。

新生代农民工在职业成长历程中，会经历"生存"与"发展"这两个关键阶段。② 在"生存"阶段，就业问题是他们面临的首要挑战。此阶段，职业能力主要体现在促进新生代农民工就业及适应岗位所需的就业能力上，这包括满足一线岗位基本要求的操作性技能。然而，随着新生代农民工逐步解决就业问题，进入"发展"阶段，职业成长便成为他们新的追求目标。③ 沙占华和赵颖霞（2013）指出，单一的技术型能力仅能满足农民工的基本就业需求，但已难以满足其更深层次的职业转换需求。若缺乏在不同职业间转换的职业迁徙能力，将会制约新生代农民工的职业发展进程。④

---

① 符平，唐有财. 新生代农民工的流动图景 [J]. 文化纵横，2012（1）.
②③ 郑爱翔，李肖夫. 新生代农民工市民化进程中职业能力动态演进 [J]. 华南农业大学学报（社会科学版），2019，18（1）：33-43.
④ 苏岚岚，彭艳玲. 数字化教育、数字素养与农民数字生活 [J]. 华南农业大学学报：社会科学版，2021（3）：27-40.

大多数新生代农民工倾向于追求短期经济利益，而忽视了长远清晰的职业规划（见表 4 – 20），他们往往选择"快就业"，"快就业"存在就业岗位与技能不匹配、缺乏职业技能培训、缺乏职业发展晋升机会等弊端，严重影响新生代农民工的职业能力提升和职业发展。因此，新生代农民工要实现向上的社会流动并进入稳定的生活状态，这一过程不仅取决于他们自身能力和素养的提升，更为关键的是宏观制度环境的优化。

表 4 – 20　　　　新生代农民工职业流动困境和职业规划现状分析

| 职业流动困境 | 占比（%） | 人数（人） | 职业规划现状 | 占比（%） | 人数（人） |
|---|---|---|---|---|---|
| 职业间转换的能力缺乏 | 35.6 | 223 | 我已有清晰的职业规划 | 12.3 | 77 |
| 跨界职业能力缺乏 | 36.8 | 230 | 我正在探索职业规划 | 48.5 | 303 |
| 职业能力与职业成长不匹配 | 14.0 | 88 | 我不会做职业规划 | 23.6 | 148 |
| 就业岗位与职业技能不匹配 | 13.6 | 85 | 没有必要定制职业规划 | 15.6 | 98 |
| 合计 | 100 | 626 | 合计 | 100 | 626 |

表 4 – 21 平台型灵活就业的新生代农民工对未来职业发展的期盼数据显示，41.3% 的新生代农民工期盼提高职业转换技能和素质，他们普遍希望通过学习和培训，提高自己的职业转换技能和素质，以更好地适应市场需求、技术变革和就业竞争。他们希望能够接受更加系统和专业的培训，掌握更多的技能和知识，提高自己的职业竞争力。16.4% 的新生代农民工期盼获得更好的职业发展机会，包括晋升、转岗、创业等方面的机会。他们希望在城市中有更多的发展空间，能够在职业上实现自己的梦想和抱负。14.9% 的新生代农民工期盼获得更好的薪资待遇，以更好地保障自己和家庭的生活水平。他们希望在工作中能够得到公正的薪酬和福利待遇，同时也希望自己的工资水平能

够随着工作经验和技能水平的提高而逐渐提高。9.4%和8.3%的新生代农民工期盼成为企业骨干或者管理人员，这反映了他们渴望在职业生涯中取得更高成就和更大发展的愿望。这种期盼背后有多种原因，包括他们对自身能力的自信、对城市生活的向往以及对职业发展的追求。6.5%的新生代农民工期盼自己创业做老板，这种期望反映了他们对于自我实现、经济独立和更大控制力的渴望。他们可能看到了创业带来的潜在收益和机会，或者希望通过创业来解决就业问题，实现自己的职业理想和人生价值。只有3.2%的新生代农民工对未来职业发展尚不确定。

表 4 - 21 　　　　　　　新生代农民工对未来职业发展的期盼

| 未来职业发展的规划 | 人数（人） | 百分比（%） |
|---|---|---|
| 提高职业转换技能和素质 | 259 | 41.3 |
| 获得更好的职业发展机会 | 103 | 16.4 |
| 获得更好的薪资待遇 | 93 | 14.9 |
| 成为企业的骨干 | 59 | 9.4 |
| 成为企业的管理人员 | 52 | 8.3 |
| 自己创业做老板 | 41 | 6.5 |
| 不确定 | 20 | 3.2 |
| 合计 | 626 | 100 |

# 第5章 平台灵活用工的新生代农民工职业迁徙能力提升的主要障碍

本书通过以上对平台灵活就业的新生代农民工群体的总体特征分析和职业发展现状分析，发现大多数新生代农民工难于向上流动，在职业能力提升和职业发展过程中存在着众多隐患，这些问题的出现是多方面因素综合作用的结果，问题表现为缺乏系统的、专业的指导，新业态下职业新技能难以获得；职业结构重构，重劳动技能而轻职业迁徙能力；职业生涯规划迷茫，职业成长路径模糊等。主要障碍表现为城乡教育资源配置不平衡；社会保障机制尚不完善，成为难以覆盖的死角；教育培训与社会需求严重脱节；平台企业员工培训的投机性和应急性；自我投资和技能提升意识薄弱等。本书梳理出平台灵活就业的新生代农民工职业迁徙能力提升面临的问题和障碍，有利于进一步改善新生代农民工的职业困境和加强职业迁徙能力提升，也为后续从社会保障、职业培训和平台规制等方面提出符合数字经济特点的政策建议打下基础。

## 5.1 平台型灵活就业的新生代农民工职业迁徙能力提升面临的问题分析

（1）缺乏系统的、专业的指导，新业态下职业新技能难以获得。

数字经济下，我国有 2 亿灵活就业人员，其中从事平台灵活就业的新生代农民工占据大部分，当前我国支持新生代农民工群体学习的制度体系和社会环境尚未成熟，由于缺乏系统的、专业的指导，他们难以获得新业态下所需的职业新技能，同时也难以培养可持续的职业迁徙能力。[①]

首先，新生代农民工对技能需求不明确。新业态涉及的行业和领域广泛，对技能的需求也多种多样。然而，由于缺乏系统的指导，许多从业者往往难以明确自己需要掌握哪些新技能，以及如何有效地学习和提升这些技能。

其次，新生代农民工主要在实际工作的积累和应用中学习和提升职业迁徙能力，来自外部的支持有限。目前，针对新业态下职业迁徙能力提升的学习资源相对分散，缺乏统一的学习平台或渠道。这使得新生代农民工难以找到适合自己的学习资源，也无法系统地学习和掌握新技能。虽然一些平台型企业和教育培训机构已经意识到新业态下职业迁徙能力的重要性，并开始提供相应的培训，但这些培训往往缺乏系统性、针对性和实效性。许多培训内容与实际需求脱节，无法满足新生代农民工的实际需求。目前职业教育对平台型灵活就业的新生代农民工的职业迁徙能力培养重视度不高，缺乏专业的、系统性的人才培养体系和学习资源。

（2）职业结构重构，重劳动技能而轻职业迁徙能力。在技术升级和产业转型的大环境下，新生代农民工的职业转换将成为职业常态，新生代农民工要适应就业变迁和职业转换问题，就必须具备快速适应环境变化和强大的学习吸收能力的动态职业迁移能力，而非单纯地拥有某一项工作所需要的劳动技能，这样才能在遇到变动时在不同技能

---

① 丁守海，夏璋煦. 新经济下灵活就业的内涵变迁与规制原则 [J]. 江海学刊，2022（9）：32－35.

岗位间流动，或者通过后续的人力资本投资促进跨领域的工作变迁。①

首先，重劳动技能是指在职业结构重构中，注重培养和提升具体、专业的劳动技能。这种倾向通常与工业化、自动化的生产模式密切相关，需要新生代农民工具备特定的技能以适应特定的工作岗位。然而，过度强调劳动技能可能导致职业发展的僵化和局限性，使劳动者难以适应快速变化的市场和技术环境。

相比之下，轻职业迁徙能力则是指忽视或低估了劳动者的职业迁徙能力。职业迁徙能力是指劳动者在不同职业、行业或地区之间转换工作的能力。这种能力包括适应能力、学习能力、人际交往能力等，对于应对职业结构重构带来的挑战具有重要意义。

在职业结构重构的背景下，重劳动技能和轻职业迁徙能力的倾向可能会带来一些问题。一方面，过度强调劳动技能可能导致新生代农民工缺乏足够的灵活性和适应能力，无法及时应对市场变化和技术更新。另一方面，忽视职业迁徙能力可能使劳动者在面临职业转型或失业时陷入困境，难以找到新的工作机会。

（3）职业生涯规划迷茫，职业成长路径模糊。平台灵活用工的新生代农民工，由于其工作性质的灵活性和不确定性，往往在职业生涯规划上面临更多的挑战。他们可能更容易感到迷茫，不仅因为职业成长路径模糊，还因为缺乏稳定的职业环境和明确的职业晋升通道。

首先，平台灵活就业的新生代农民工普遍没有建立明确的个人职业生涯发展规划意识。大多数新生代农民工倾向于选择"快就业"，原因主要表现在面临较大的经济压力，亟须快速找到一份工作来维持生计或支持家庭；一些平台型企业提供的快速就业的岗位不需要太多的工作经验或专业技能；大多数新生代农民工更加重视从事门槛低、

---

① 尹德挺，史毅，高亚慧. 新生代农民工人力资本问题研究 [M]. 北京：中国社会科学出版社，2020：33.

上手快、易变现的职业，表现出一定的功利心。

其次，平台灵活就业的新生代农民工职业成长路径模糊是一个现实的问题，主要源于几个方面：一是新生代农民工往往选择非传统的工作模式，如自由职业、临时工作、项目合同等。这种灵活性使得他们的工作经历和技能积累难以在传统的职业成长路径中得到明确的认可和定位。二是市场需求的变化、技术的更新换代等都可能影响新生代农民工的工作机会和职业发展。三是盲目追随和模仿、未对职业发展的市场前景和总体趋势进行深入分析，没有明确清晰的职业成长发展路径、晋升路径和阶段性的目标。这些都会导致其职业成长路径模糊。

## 5.2 平台型灵活就业的新生代农民工职业迁徙能力提升面临的障碍分析

（1）城乡教育资源配置不平衡。政府教育投资一直存在着城乡不平衡的现象，这是影响新生代农民工职业迁徙能力形成与积累受限的重要原因之一。2023 年本书通过线上问卷星发放问卷，并对回收的456 份问卷数据进行了深入的分析，调查数据结果分析如图 5-1 所示，在问及"我国农村教育存在的主要问题是什么"时，在所有的选项中，首先是近百名被调查者选择学校硬件设备落后的比例比较高，占比为 25.9%；其次是师资水平落后，占比为 23.7%，最后是缺乏职业教育，占比为 21.0%，这三项合计已经超过 70%，远远高于其他的选项，如课程单一（11.7%）、学生辍学率高（8.3%）、父母不重视素质教育（4.5%）、管理机制不健全（4.1%）和其他问题（0.8%）。农村地区教育投入总量少，投资效率低等系列问题是制约新生代农民工职业迁徙能力提升的外部因素，进一步影响新生代农民工收入的提升，再次扩大了城乡之间的收入差距，最终反过来制约新生代农民工人力资本投资的积极性。

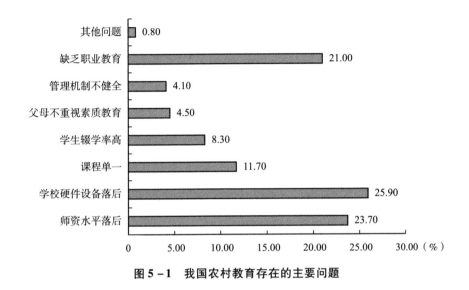

**图 5-1　我国农村教育存在的主要问题**

（2）社会保障机制尚不完善，成为难以覆盖的死角。在新经济背景下，从事平台型灵活就业的新生代农民工展现出了一系列新的特征，包括责任主体界定模糊、劳动关系更为隐蔽，以及就业形势的复杂性与多变性显著增强。这些新特点对传统工厂制基础上构建的劳动保障体系构成了严峻挑战，导致许多以劳动关系为前提的社会保障制度难以有效覆盖这一群体。[①] 已有的社会保障制度把一部分平台型灵活就业的新生代农民工屏蔽在制度享有之外，未能充分惠及新生代农民工，还存在"漏保""脱保""断保"的情况。[②]

---

① 杨燕绥、赵建国. 灵活用工与弹性就业机制［M］. 北京：中国劳动社会保障出版社，2006：68.

② 杨伟国，吴清军，张建国，等. 中国灵活用工发展报告（2022）多元化用工的效率、灵活性与合规［M］. 北京：社会科学文献出版社，2021：95.

目前，我国社会保障处于"广覆盖、低水平"的发展阶段，供给方式主要是以实物、货币为主。[①] 新生代农民工职业成长和职业能力提升离不开社会服务。2023 年本书通过线上问卷星发放问卷，并对回收的 456 份问卷数据进行了深入的分析，调查数据结果分析如图 5-2 所示。在问及"社会组织开展的活动对你们的影响大"时，大多数新生代农民工认为社会组织可以为其提供职业迁徙能力提升和职业发展的服务。87.9% 的被访者认为，社会组织提供的服务对他们的影响很大。然而，在现实生活中由于社会组织存在管理效率低、服务水平低以及人才极其匮乏等束缚，社会组织责任发挥受阻，新生代农民工可能由于社会网络有限、信息渠道不畅或缺乏有效的信息筛选能力，难以获取关于新职业领域、市场需求和迁徙机会的全面信息，其就业信息的获得、职业新技能的培训和渠道获得和迁徙流动随之受限。总体来说，平台型灵活就业的新生代农民工的职业迁徙能力提升受到社会保障的制约。

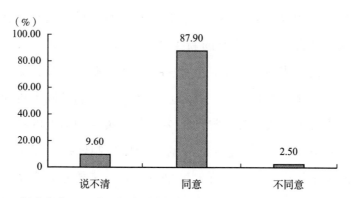

图 5-2　新生代农民工对问题"社会组织开展的活动对你们的影响大"的态度

---

① 韩小红. 提升山东高职市场营销专业职业核心竞争力的路径研究 [J]. 中国市场，2016 (31).

（3）教育培训与社会需求严重脱节。笔者在调研过程中发现，平台灵活就业的新生代农民工提到职业教育培训内容与实际生产和就业匹配度不高，培训缺乏精准性、实效性和落地性等现实问题，主要源于以下几个方面：第一，教育内容与市场需求脱节。目前，一些职业教育机构在设置课程时，未能紧密关注市场需求和行业发展趋势，导致教育内容与实际生产和就业需求不匹配。这种情况下，平台灵活就业的新生代农民工即使接受了职业教育，也难以找到合适的工作或在工作中有效应用所学技能。第二，缺乏实践环节。职业教育应注重实践技能的培养，但现实中，一些教育机构过于强调理论知识的传授，而忽视了实践操作的重要性。这使得平台灵活就业的新生代农民工在就业市场上缺乏竞争力，因为他们无法将所学知识转化为实际操作能力。第三，教育资源不均。在城市和农村地区之间，以及不同地区之间，职业教育资源的分布并不均衡。一些地区的教育机构可能缺乏先进的设备、优秀的师资和丰富的教学资源，从而影响到平台型灵活就业的新生代农民工接受高质量职业教育的机会。第四，政策支持不足。政府在职业教育方面的政策支持对于提高教育质量和促进就业至关重要。然而，目前一些政策可能未能充分考虑到平台灵活就业的新生代农民工的特殊需求，导致他们在接受职业教育和就业方面面临诸多困难。

2023 年本书通过线上问卷星发放问卷，并对回收的 456 份问卷数据进行了深入的分析，调查数据结果分析如图 5 - 3 所示。当问及"目前需要的培训内容是什么"时，28.7% 的新生代农民工反映需要职业迁徙能力的培训，21.3% 的新生代农民工反映需要数字技能和数字素养的培训，13.3% 的新生代农民工反映需要社会和情感技能的培训，这些培训内容从侧面反映出教育培训与社会需求的供需结构性错位。

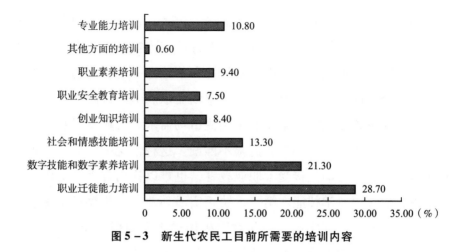

图5-3 新生代农民工目前所需要的培训内容

（4）企业员工培训的投机性和应急性。企业员工培训的投机性和应急性是当前许多平台型企业在培训过程中面临的问题。投机性主要表现在两个方面：第一培训内容的选择投机。有些平台型企业在选择培训内容时，不是基于企业的长期发展战略和员工的实际需求，而是盲目追求热门课程或流行趋势。这种投机性的培训内容选择往往无法真正提升员工的能力和企业的竞争力。第二，培训方式的投机。部分平台型企业过于注重短期的培训效果，采用一些看似高效但实际上缺乏系统性的培训方式，如集中突击式培训等。这种方式虽然能在短期内提高员工的知识水平，但往往无法形成持续的学习效果，甚至可能导致员工对培训产生抵触情绪。应急性也主要表现在两个方面：第一，培训计划的缺乏。许多平台型企业没有制定长期、系统的培训计划，而是在需要时才匆忙组织培训。这种应急性的培训往往缺乏针对性和连贯性，无法满足员工的实际需求，也无法形成有效的学习积累。第二，培训资源不足。在应急性的培训中，企业往往面临培训资源不足的问题，如缺乏合适的培训师、培训教材或培训设施等。这可能导致培训效果大打折扣，甚至无法顺利进行。

　　2023 年作者通过线上问卷星发放问卷，并对回收的 456 份问卷数据进行了深入的分析，调查数据结果分析如图 5－4 所示。当问及"最后获得的职业技术等级证书是由谁来培训的"的这一问题时，平台型企业所占的比例仅为 21.3%，还不及社会组织对此的贡献（28.9%）。对于平台型企业来说，应该重视新生代农民工的人力资源和人力资本，需要关注新生代农民工的实际需求和学习特点，采用多样化的培训方式和手段，提高培训的针对性和实效性。此外，建立有效的培训评估机制也是必要的，以便及时了解培训效果并进行调整。因此，对于投资新生代农民工培训，平台型企业不应以投机心理来对待。

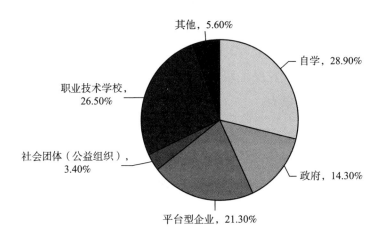

**图 5－4　新生代农民工最后获得的职业技术等级是由谁来培训的**

　　（5）自我投资和技能提升意识薄弱。平台灵活就业的新生代农民工自我投资和技能提升意识薄弱的问题，原因主要表现在以下几个方面：首先，经济条件是限制新生代农民工进行自我投资和技能提升的重要因素。由于收入水平相对较低，他们往往难以承担额外的教育和培训费用。此外，不稳定的工作环境和收入也增加了他们对未来的不确定性，从而降低了他们进行自我投资的意愿。其次，信息获取渠道的缺乏也是导致新生代农民工技能提升意识薄弱的原因之一。他们可能无法及时获取有关技能培训和教育机会的信息，或者对相关信息的理解和把握能力不足。这导致他们难以有效地规划自己的职业发展路径，也无法及时跟上市场和技术的变化。最后，新生代农民工可能面临时间和精力的限制。由于工作强度大、时间长，他们往往没有足够的时间和精力去进行自我提升和学习。此外，一些农民工可能还需要照顾家庭和孩子，这进一步增加了他们的时间和精力压力。

2023 年本书通过线上问卷星发放问卷，并对回收的 456 份问卷数据进行了深入的分析，调查数据结果分析如表 5 - 1 所示。当问及"是否愿意从事紧缺行业的态度"时，初中及以下学历者明确愿意从事紧缺行业的比例占 27.3%，高中及以上学历、大专及以上学历此项比例分别达到 44.6% 和 34.3%。由此可见，学历状况在一定程度上限制了一部分新生代农民工职业规划、职业成长和职业迁徙能力提升的发展力和未来想象力。

表 5 - 1 愿意从事紧缺行业的态度

| 分类 | | 初中及以下 | 高中和中专 | 大专及以上 | 合计 |
|---|---|---|---|---|---|
| 愿意从事紧缺行业 | 数量（人） | 62 | 43 | 45 | 150 |
| | 比例（%） | 27.3 | 44.6 | 34.3 | 32.9 |
| 无所谓 | 数量（人） | 122 | 38 | 66 | 226 |
| | 比例（%） | 53.6 | 39.9 | 49.7 | 49.6 |
| 不愿意从事紧缺行业 | 数量（人） | 44 | 15 | 21 | 80 |
| | 比例（%） | 19.1 | 15.5 | 16 | 17.5 |
| 合计 | 数量（人） | 228 | 96 | 132 | 456 |
| | 比例（%） | 100 | 100 | 100 | 100 |

# 第6章 基于供需耦合的新生代农民工职业迁徙能力结构

　　本书探究平台灵活就业的新生代农民工的职业迁徙能力结构维度，主要从供给侧和需求侧两个角度展开具体研究。

　　首先，进行供给侧新生代农民工职业迁徙能力结构研究。从供给侧主体——新生代农民工感知职业迁徙能力的视角出发，运用问卷调查法、深度访谈法和扎根理论等研究方法获取新生代农民工职业迁徙能力一手资料，明确供给侧的新生代农民工职业迁徙能力感知现状，从中获取新生代农民工职业迁徙能力构成要素，建构供给侧新生代农民工职业迁徙能力结构。

　　其次，需求侧新生代农民工职业迁徙能力结构研究。基于网络平台型企业在网络平台发布的招聘广告文本信息，从用人单位的视角，运用扎根理论研究方法挖掘新生代农民工职业迁徙能力构成要素，构建需求侧新生代农民工职业迁徙能力结构。

　　再次，新生代农民工职业迁徙能力现状与社会需求的差异分析。基于对供给侧新生代农民工职业迁徙能力的感知与需求侧用人单位评价的分析，本书旨在对比探讨新生代农民工自我认知的职业迁徙能力与用人单位对该能力的评价之间的差异，以期更准确地揭示当前新生代农民工职业迁徙能力的实际状况与社会需求之间的不匹配之处。

　　最后，采用扎根理论研究方法，基于供给侧——新生代农民工感知职业迁徙能力的项目的分析结果与基于需求侧——平台型企业的网络平台发布的招聘广告文本的项目分析结果进行合并编码，并结合零工经济对职业能力所提出的新要求，本书将进一步对新生代农民工职业迁徙能力的要素进行供需耦合的深入分析，旨在构建并发展一个基于供需耦合视角的新生代农民工职业迁徙能力结构整合模型，并运用结构方程模型进行实证研究。

# 6.1　基于供给侧新生代农民工职业迁徙能力结构研究

## 6.1.1　研究方法的选择

本章的研究主题是"平台灵活用工的新生代农民工职业迁徙能力结构维度开发"。综合考虑研究主题的要求、研究对象的特征，以及当前还未有成熟的"平台灵活用工的新生代农民工职业迁徙能力要素框架"可供借鉴的研究现状，而且这部分的劳动者相对于传统用工模式下的工人来说比较特殊，因此也不能完全照搬国内外已有的研究。[①]本书主要采用质性研究方法，采用半结构化的访谈方式来获取访谈资料。[②] 半结构化的访谈有助于获取丰富的信息，包括研究对象的观点、态度、情感和行为等方面，在收集结构化信息的过程中进行信息拓展，可以更深地了解和研究对象的内心世界，从而获取更为全面的研究数据，提高信息获取量。为了系统化地对文本资料进行编排、分析及比较，本书运用质性研究方法，并借助扎根理论作为指导，通过对

---

[①] 吴静，张天怡，周嘉南. 基于扎根理论的零工参与动机演化机制研究 [J]. 中国人力资源开发，2021，38（9）：110 – 123.

[②] 吴明隆. SPSS 统计应用实务 [M]. 北京：中国铁道出版社，2000：77.

访谈资料实施词频分析以及执行三级编码的流程，旨在构建理论体系。[①] 本书利用 NVivo 11 Plus 软件工具对原始文本资料进行整理与归纳，并结合扎根理论的编码原则，对数字经济下平台灵活用工的新生代农民工的职业迁徙能力结构维度进行了系统性的总结。[②]

## 6.1.2　研究对象与数据收集

本次访谈问卷调查（见附件 4）在浙江省内灵活就业人数最多的杭州市、宁波市和温州市进行，最终发放访谈问卷 500 份，回收 457 份，问卷回收率为 91.4%，其中有效问卷 423 份，有效问卷率占 84.6%。51 份问卷来自无技术零工或一线业务岗，占比 12.0%；183 份来自初级技术零工或初级管理岗位，包括外卖送餐、快递配送、网约车、网络主播、电商/微商推广和家政服务等人员，占比 43.3%；113 份问卷来自中级技术零工或管理岗位，包括站长、中队长、区域经理、主管、中级主播等相关人员，占比 26.7%；76 份来自高级技术零工或管理岗位，包括配送城市经理、直播运营经理、网约车大队长、家政服务经理等平台企业管理层领导岗位，占比 18.0%，样本的基本特征描述如表 6–1 所示。

表 6–1　　　　样本基本特征分布情况统计表（N＝423）

| 归类 | 类型 | 样本数（人） | 百分比（%） |
| --- | --- | --- | --- |
| 性别 | 男 | 274 | 64.8 |
| | 女 | 149 | 35.2 |

---

[①] 陈向明. 扎根理论的思路和方法 [J]. 教育研究与实验, 1999 (4): 58–63.

[②] 吴明隆. 问卷统计分析实务——SPSS 操作与应用 [M]. 重庆: 重庆大学出版社, 2010: 60.

续表

| 归类 | 类型 | 样本数（人） | 百分比（%） |
|---|---|---|---|
| 婚姻状况 | 已婚 | 317 | 75.0 |
| | 未婚 | 106 | 25.0 |
| 学历 | 本科及以上 | 18 | 4.3 |
| | 大专 | 109 | 25.7 |
| | 高中及中专 | 207 | 48.9 |
| | 初中及以下 | 89 | 21.1 |
| 工作性质 | 专职 | 207 | 48.9 |
| | 兼职 | 216 | 51.1 |
| 工种 | 快递员 | 109 | 25.7 |
| | 外卖骑手 | 90 | 21.3 |
| | 网约车司机 | 87 | 20.6 |
| | 网络主播/电商 | 43 | 10.2 |
| | 平台自媒体创作者 | 33 | 7.9 |
| | 社群产品代理人 | 26 | 6.1 |
| | 家政服务人员 | 20 | 4.7 |
| | 依托于平台的自由职业者 | 15 | 3.5 |
| 工作年限 | 1 年以下 | 48 | 11.3 |
| | 1～3 年 | 210 | 49.6 |
| | 3～5 年 | 146 | 34.6 |
| | 5～10 年 | 19 | 4.5 |
| 工作岗位 | 无技术零工或一线业务人员 | 51 | 12.0 |
| | 初级技术零工或管理人员 | 183 | 43.3 |
| | 中级技术零工或管理人员 | 113 | 26.7 |
| | 高级技术零工或管理人员 | 76 | 18.0 |

## 6.1.3　范畴提炼与模型构建

本书根据程序化扎根理论，通过开放式编码、主轴编码和选择性编码三个环节进行研究。①

（1）开放性编码。本书利用 NVivo 11 Plus 进行标记，共得到"基础专业知识""设备操作熟练""专业技能学习""先前技能"等 103 个概念条目（即自由节点），经过进一步的提炼与分析，我们将相关语句进行了编码处理，并据此形成了初始的概念体系。最终，我们得出了 24 个开放式编码节点，也即三级节②，包括"专业知识掌握""基础数字获取""岗位技能掌握""数字使用"和"数字社交"等，部分开放式编码的结果如表 6-2 所示。

表 6-2                         开放式编码结果

| 序号 | 名称 | 核心概念内涵 | 材料来源 | 参考点频次 |
|---|---|---|---|---|
| 1 | 专业知识掌握 | 我掌握工作所需要的文化知识，能够在实际工作中运用所学的专业知识解决实际的工作问题 | A211 受访者 | 102 |
| 2 | 岗位技能掌握 | 我掌握能够满足岗位需要的专业技能，例如基本技术操作、数据的基本分析、路径的合理规划、与客户的沟通能力等 | A11 受访者 | 67 |
| 3 | 基础数字获取 | 我具有使用数字工具搜寻数据信息并对数字内容进行有效识别的知识能力 | A27 受访者 | 34 |
| 4 | 操作设备工具 | 我能够在工作中熟练操作设备工具 | A213 受访者 | 23 |
| 5 | 工作流程熟知 | 我熟知工作各项流程 | A346 受访者 | 73 |
| 6 | 工作规章制度遵守 | 我在日常工作中严格遵守公司的规章制度和规范 | A215 受访者 | 65 |
| 7 | 处理突发和异常情况 | 遇到突发事件和异常情况时，我表现出良好的应对能力，作出准确、明智的决策 | A17 受访者 | 79 |

---

① STRAUSS, A. & CORBIN, J. Basics of qualitative research: grounded theory procedures and techniques [M]. SAGE Publications, 1990: 129-135.

② 武小龙，王涵. 农民数字素养：框架体系、驱动效应及培育路径——胜任素质理论的分析视角 [J]. 电子政务，2023（3）：125-138.

续表

| 序号 | 名称 | 核心概念内涵 | 材料来源 | 参考点频次 |
|---|---|---|---|---|
| 8 | 数字获取 | 我具有使用数字工具搜寻数据信息并对数字内容进行有效识别的知识能力 | A37 受访者 | 90 |
| 9 | 数字使用 | 我能熟练使用数字工具和平台 | A81 受访者 | 57 |
| 10 | 数字社交 | 我具有使用数字工具和数字平台完成互动交流、信息传递与资源共享的基本能力 | A119 受访者 | 34 |
| 11 | 沟通表达 | 我有较强的口头表达能力、书面表达能力、倾听能力、理解能力、人际沟通能力 | A67 受访者 | 21 |
| 12 | 自我管理 | 我具有健康身心素质、健康的身体、良好的心理、健康人格、健全人格 | A91 受访者 | 18 |
| 13 | 职业认同 | 我热爱这份职业，认同我工作的企业文化，并且愿意为这份工作奋斗一生 | A322 受访者 | 32 |
| 14 | 人际交往 | 能与客户、潜在客户沟通，并建立、维护关系，能体会客户的感受 | A401 受访者 | 42 |
| 15 | 执行力 | 我在接到任务的时候可以立即去完成，有很强的执行能力 | A224 受访者 | 56 |
| 16 | 心理资本 | 我本人比较自信宽容、性格开朗、乐观向上 | A198 受访者 | 32 |
| 17 | 团队合作 | 能与行业内、团队内人员合作，跨界合作共同解决问题 | A66 受访者 | 15 |
| 18 | 自我驱动 | 能设定及达成有挑战性的目标 | A127 受访者 | 34 |
| 19 | 抗压承受 | 具有心理承受与自我调控能力 | A79 受访者 | 26 |
| 20 | 服从力 | 具有遵守规则的契约精神 | A145 受访者 | 18 |
| 21 | 学习意愿强 | 能积极参加职业教育培训并能向他人请教学习 | A179 受访者 | 33 |
| 22 | 判断力 | 自信果断，相信自己的判断 | A231 受访者 | 41 |
| 23 | 变通力 | 我对外界环境的变化或突发事件能随机变通应对 | A278 受访者 | 23 |

续表

| 序号 | 名称 | 核心概念内涵 | 材料来源 | 参考点频次 |
|------|------|------|------|------|
| 24 | 有效时间管理 | 我具备时间管理能力，能够合理安排时间，提高工作效率 | A46 受访者 | 12 |

注：A ∗∗ 表示第 ∗∗ 位受访者回答的原始语句。

（2）主轴编码。本书对 NVivo 11 Plus 开放编码所得的 24 个三级节点进行了系统的归类处理，共识别并划分出 8 个核心范畴，即二级节点。[①] 经过深入分析，本书发现这些不同范畴之间存在着内在的逻辑关联，可以进一步进行归类整合，以形成更具解释力的主范畴。[②] 最终，本书归纳并提取出了 5 个关键的主范畴，分别为"基础就业能力""行业通适能力""基础数字技术能力""社会能力"以及"方法能力"（对应一级节点）。这 5 个主范畴所代表的具体意义及其对应的开放式编码范畴如表 6 - 3 所示。

表 6 - 3　　　　　　　　　　主轴编码结果

| 主范畴 | 范畴 | 范畴的内涵 | 初始概念 |
|------|------|------|------|
| 基础就业能力 | 专业知识掌握能力 | 我掌握工作所需要的文化知识 | 专业知识掌握（102） |
| | 岗位技能掌握能力 | 我掌握能够满足岗位需要的专业技能 | 岗位技能掌握（67） |
| | 基础数字获取能力 | 我具有使用数字工具搜寻数据信息并对数字内容进行有效识别的知识能力 | 基础数字获取（34） |

① STRAUSS, A. & CORBIN, J. Basics of qualitative research: grounded theory procedures and techniques [M]. SAGE Publications, 1990: 129 - 135.

② 徐建平，张雪岩，胡潼. 量化和质性研究的超越：混合方法研究类型及应用 [J]. 苏州大学学报（教育科学版），2019（1）：50 - 59.

| 主范畴 | 范畴 | 范畴的内涵 | 初始概念 |
|---|---|---|---|
| 行业通适性能力 | 操作设备工具能力 | 我能够在工作中熟练操作设备工具 | 操作设备工具（23） |
| | 工作流程熟知能力 | 我熟知工作各项流程 | 工作流程熟知（73） |
| | 工作规章制度遵守能力 | 我在日常工作中严格遵守公司的规章制度和规范 | 工作规章制度遵守（65） |
| | 处理突发和异常情况能力 | 遇到突发事件和异常情况时，我表现出良好的应对能力和作出准确、明智的决策 | 处理突发和异常情况（79） |
| 基础数字技术能力 | 数字获取能力 | 我具有使用数字工具搜寻数据信息并对数字内容进行有效识别的知识能力 | 信息收集（17）、信息整理（15）、识别信息（8） |
| | 数字使用能力 | 我能熟练使用数字工具和平台 | 软件使用（24）、平台数据的使用（23） |
| | 数字社交能力 | 我具有使用数字工具和数字平台完成互动交流、信息传递与资源共享的基本能力 | 平台交流软件使用（24）、信息传递交流（15）、分享信息（34） |
| 社会能力 | 交往能力 | 我有较强的与客户和同事交往能力 | 人际交往（42）、团队合作（15） |
| | 口头表达能力 | 我有较强的口头表达能力 | 沟通表达（21） |
| | 压力管理能力 | 压力过大时我能够控制情绪、保持冷静 | 抗压承受（26） |
| | 服从能力 | 我能对外界环境的变化或突发事件随机应变，并做出灵活、迅速、敏捷的反应 | 自我管理（18）、职业认同（32）、执行力（56）、心理资本（32） |
| 方法能力 | 应变能力 | 我能够分析工作中出现的问题并迅速解决 | 变通力（23） |

续表

| 主范畴 | 范畴 | 范畴的内涵 | 初始概念 |
|---|---|---|---|
| 方法能力 | 适应能力 | 我能够对大量决策方案的优缺点进行比较，之后确定决策 | 自我驱动（34）、学习意愿强（33）、有效时间管理（12） |
| | 决策能力 | 我能通过控制开支和优化流程等手段实现利润最大化 | 判断力（41） |

注：括号里的数字表示该初始概念出现的频次。

（3）选择性编码。在主范畴确立之后，本书进一步进行了核心范畴的选择与提炼，旨在整合并提升主范畴的理论深度。[①] 最终，本书确定了"供给侧新生代农民工职业迁徙能力结构"这一核心范畴，并以此为核心，构建了系统化的"故事线"，用以全面描述整体理论框架。[②] 从结构层面分析，围绕故事线所形成的最终成果，即为一个典型的关系结构。本书通过 5 个核心主范畴，对新生代农民工的职业迁徙能力结构进行了深入解释，而这 5 个主范畴又进一步由 17 个具体范畴所组成。二者共同构成了本书最终的典型关系结构，同时，也初步形成了新生代农民工职业迁徙能力的概念及其初始的结构维度。

（4）初始量表构建。基于所提取的范畴与主范畴，深入追溯并借鉴了相关范畴及访谈资料，同时参考了现有的量表设计，进行了供给侧新生代农民工职业迁徙能力的初始量表构建工作。经过系统的设计与优化，最终形成的量表包含 16 个具体题项。关于核心范畴、主范畴、范畴以及初始量表题项之间的逻辑关系与对应关系，如表 6 - 4 所示。

---

① 陈向明. 质的研究方法与社会科学研究 ［M］. 北京：教育科学出版社，2000：332.

② 郑爱翔，蒋宏成，刘艳，等. 基于混合方法的新生代农民工职业能力结构维度研究 ［J］. 职业技术教育，2022，43（7）：59 - 65.

表6-4 供给侧新生代农民工职业迁徙能力初始量表

| 核心范畴 | 主范畴 | 范畴 | 初始量表题项 | 题号 |
|---|---|---|---|---|
| 供给侧平台型灵活就业的新生代农民工职业迁徙能力结构 | 基础数字技术能力 | 数字获取能力 | 我具有使用数字工具搜寻数据信息并对数字内容进行有效识别的知识能力 | SJ1 |
| | | 数字使用能力 | 我能熟练使用数字工具和平台 | SJ2 |
| | | 数字社交能力 | 我具有使用数字工具和数字平台完成互动交流、信息传递与资源共享的基本能力 | SJ3 |
| | 基础就业能力 | 专业知识掌握能力 | 我掌握工作所需要的文化知识 | JY1 |
| | | 岗位技能掌握能力 | 我掌握能够满足岗位需要的专业技能 | JY2 |
| | 行业通适性能力 | 操作设备工具能力 | 我能够在工作中熟练操作设备工具 | TS1 |
| | | 工作流程熟知能力 | 我熟知工作各项流程 | TS2 |
| | | 工作规章制度遵守能力 | 我在日常工作中严格遵守公司的规章制度和规范 | TS3 |
| | | 处理突发和异常情况能力 | 遇到突发事件和异常情况时，我表现出良好的应对能力，并作出准确、明智的决策 | TS4 |
| | 社会能力 | 交往能力 | 我有较强的与客户和同事交往能力 | SH1 |
| | | 口头表达能力 | 我有较强的口头表达能力 | SH2 |
| | | 压力管理能力 | 压力过大时我能够控制情绪、保持冷静 | SH3 |
| | | 服从能力 | 我能很好地服从公司的安排 | SH5 |
| | 方法能力 | 应变能力 | 我能对外界环境的变化或突发事件随机应变，并做出灵活、迅速、敏捷的反应 | FN1 |

| 核心范畴 | 主范畴 | 范畴 | 初始量表题项 | 题号 |
|---|---|---|---|---|
| 供给侧平台型灵活就业的新生代农民工职业迁徙能力结构 | 方法能力 | 适应能力 | 我能在不同岗位和职业之间转换，并快速地适应 | FN2 |
| | | 决策能力 | 我能够对大量决策方案的优缺点进行比较，之后确定决策 | FN3 |

# 6.2　基于需求侧新生代农民工职业迁徙能力现状及结构研究

需求侧新生代农民工职业迁徙能力结构研究是基于平台型企业在网络平台发布的招聘广告文本信息，从用人单位的视角，运用扎根理论研究方法挖掘新生代农民工职业迁徙能力构成要素并建构需求侧新生代农民工职业迁徙能力结构。

## 6.2.1　研究对象和数据收集

本书随机选取了 90 份平台型企业的招聘广告文本资料作为分析对象，采用编码分析与模型建构的方法进行研究。具体而言，首先将所收集的平台型企业招聘广告文本数据导入 NVivo11.0 分析软件中，随后进行了系统的逐级编码过程，这一过程包括开放式登录（对应于一级编码）、关联式登录（对应于二级编码）以及核心式登录（对应于三级编码）。

## 6.2.2　范畴提炼与模型构建

（1）开放性编码。本书对平台型企业的招聘广告文本进行了详尽的逐字逐句分析，力求采用广告文本中的原话作为标签，以发掘并提炼初始概念。这一做法旨在最大程度地减少研究者个人的偏见、预设观念或主观影响，并确保分析的客观性。[①] 同时，研究过程中还制作了详细的分析备忘录。通过这一系列严谨的分析步骤，本书共获得了380余条原始语句及其对应的初始概念。

在开放式登录的过程中，研究发现平台型企业在其招聘广告文本中所使用的概念呈现出更为具体且应用导向显著的特点。比如，较常出现的概念有"沟通表达能力""团队合作能力""关系管理能力""数字技术应用能力""可持续学习能力""创新能力""资源整合利用能力"等。

此外，还涌现了一些相对于以往供给侧研究所未见的新颖概念，例如"压力管理能力""反思能力""自我驱动力""问题分析与解决能力""应变能力""执行能力""财务管理能力"，以及"数字意识与态度""领导能力"和"决策能力"等。这些概念从人才的韧性、适应性和实用性等多个维度，具体地提出了对"软实力"的要求。

"原工作单位背景""晋升经历""跨岗位/行业/部门的工作经历""职业资格证书"以及"学历背景"等概念，反映了平台型企业在选拔新生代农民工时时所侧重的对"硬实力"方面的考量。

鉴于初始概念数量众多且存在一定程度的交叉重叠，本书进一步对这些初始概念进行了范畴化的处理。范畴化后的初始概念及其对应的范畴如表6-5所示。针对每个范畴，本书同样节选了3条原始资料表述及其相应的初始概念作为参考。范畴参考点的频次统计及排序结果则展示如表6-6所示。通过分析范畴在原始资料中出现的频次，可以大致把握当前平台型企业对新生代农民工职业能力需求的情况。

---

① 王峰. 基于供需耦合的大学生就业能力结构优化及实证研究［D］. 徐州：中国矿业大学，2018.

**表 6 - 5　　　　基于平台型企业的网络招聘广告的开放式编码结果**

| 范畴（频次） | 原始资料表述（初始概念） |
|---|---|
| 抗压能力（16） | 有良好的抗压能力 |
| | 能承受较大的工作压力 |
| | 较强的抗压能力 |
| 数字分析能力（32） | 能运用数据分析工具处理大量数据并做出准确的结论 |
| | 能掌握基本的数据分析技能，更好地理解顾客的需求 |
| | 分析数据的变化趋势来提高工作效率和顾客满意度 |
| 数字创意能力（17） | 能进行数字化包装和内容编辑 |
| | 能进行创意化表达 |
| | 能对数字创意进行输出和传播 |
| 数字安全与健康能力（26） | 能够保护个体的数据、信息和隐私 |
| | 能合理健康地使用数字工具 |
| | 能不断学习和提高自己的数字安全与健康能力，以适应不断变化的数字技术环境 |
| 数字伦理与道德能力（19） | 能在数字生活世界中履行数字责任 |
| | 遵守数字法则和遵循数字礼仪 |
| | 能尊重隐私权、诚实守信、负责任地使用技术 |
| 持续学习能力（48） | 能够主动学习新的知识和新技术并迅速应用到工作中 |
| | 会定期思考职业环境变化对个人职业发展的影响 |
| | 为了满足职业发展需求，经常思考现有知识技能的不足 |
| 自我规划与管理能力（52） | 能够设定职业生涯规划目标和方向并进行自我管理 |
| | 能够有效管理时间，合理安排工作和生活 |
| | 能定期监控和评估自己的工作进展情况 |
| 资源整合能力（67） | 能充分利用和发掘客户资源，通过提升服务质量和扩大规模来赢得客户的信任，并保持长期的合作关系 |
| | 能整合自己的技能和知识，以提供更高效、更优质的服务 |
| | 能与其他团队成员进行有效的协作，以实现共同的目标 |
| 资源拼凑能力（71） | 能了解和利用手头的资源，并将这些资源进行合理的配置和组合，以最高效的方式完成任务 |

续表

| 范畴（频次） | 原始资料表述（初始概念） |
|---|---|
| 资源拼凑能力（71） | 在面对资源限制时，能通过创造性地重新组合和利用手头资源，以实现目标 |
| | 其他团队成员紧密合作，共享资源和信息，互相协调、互相支持，以最高的效率完成任务 |
| 资源使用能力（53） | 能在有限的资源条件下，通过科学合理地配置和利用方式，实现资源的最大化利用 |
| | 能合理安排配送路线、控制时间和速度、减少空驶时间等，以降低油耗和减少车辆磨损 |
| | 能与其他团队成员进行有效的协作，合理分配工作任务和资源 |
| 关系维护能力（81） | 能够与客户或同事保持密切的联系 |
| | 能够与客户或同事相互有效沟通并相互提供帮助 |
| | 能从双赢的角度来思考如何发展双方互惠互利的关系 |
| 团队合作能力（56） | 能与跨行业的单位、部门的同事和客户建立协同合作关系 |
| | 善于与不同岗位和部门的同事和客户进行团队协作 |
| | 具有较强的团队意识和协作能力 |
| 创新能力（17） | 会利用已有的技术来增加、改良或者创新产品或服务的功能和种类 |
| | 会主动思考能够提高工作效率的新方法 |
| | 通过创新服务流程，提高工作效率和客户满意度 |
| 问题分析和解决的能力（43） | 能够分析工作中出现的问题并迅速解决 |
| | 收集相关信息，进行分类和整理，找出问题的核心要素和相互关系 |
| | 能根据问题的性质和实际情况，提出切实可行的解决方案 |
| 财务管理能力（26） | 能通过控制开支和优化流程等手段实现利润最大化 |
| | 具有财务计划能力和财务分析能力 |
| | 具有关于财务管理工作的独特知识及经验 |
| 领导能力（31） | 具备一定的领导能力，能够在某些情况下带领团队或指导他人 |
| | 在人际互动中能说服他人接受自己的观点或行为 |
| | 通过鼓励、引导和激发团队成员的工作热情和动力，促使更有效地完成工作任务 |

| 范畴（频次） | 原始资料表述（初始概念） |
|---|---|
| 冲突管理能力（43） | 能处理好与同事或客户之间的矛盾和冲突 |
| | 可以采取妥协、调解、协商等方式，寻求双方都能接受的解决方案 |
| | 能预防冲突，通过积极地沟通和合作，消除潜在的矛盾和冲突源 |

（2）主轴编码。本书借助 NVivo11.0 软件的探索 – 聚类分析功能，对所编译的节点进行了聚类分析，旨在更客观地提炼范畴。[①] 根据 Pearson 相关系数的计算结果，将相关性较强的节点（即颜色相同的节点）聚集在一起，以便进一步分析。最终共归纳、提取出可持续学习和探索能力、资源整合利用能力、关系管理能力、数字技术应用能力、数字意识态度、开放式创新能力 6 个主范畴进行解释。[②]

（3）选择性编码。本书确定了"需求侧新生代农民工职业迁徙能力结构"作为核心范畴，并明确了核心范畴与主范畴之间的从属关系。为了深入解释这一核心范畴，本书通过 6 个主范畴来具体阐述需求侧新生代农民工职业迁徙能力结构，而这 6 个主范畴则进一步由 22 个范畴所组成。二者共同构成了一个典型的关系结构，相应地，需求侧新生代农民工职业迁徙能力的概念及其初始结构维度也得以初步形成。

## 6.2.3　初始量表构建

本书基于所提取的范畴与主范畴，同时参考了国内学者郑爱翔对新生代农民工职业能力的量表设计，[③] 进行了需求侧新生代农民工职

---

① 陈向明. 质的研究方法与社会科学研究［M］. 北京：教育科学出版社，2000：332.

② 韩长赋. 中国农民工的发展与终结［M］. 北京：中国人民大学出版，2007：54.

③ 郑爱翔，李肖夫. 新生代农民工市民化进程中职业能力动态演进［J］. 华南农业大学学报（社会科学版），2019（1）：33 – 43.

业迁徙能力的初始量表构建工作。经过系统的设计与优化，最终形成的量表包含 23 个具体题项。关于核心范畴、主范畴、范畴以及初始量表题项之间的逻辑关系与对应关系，如表 6-6 所示。

表 6-6　　　　　　需求侧新生代农民工职业迁徙能力初始量表

| 核心范畴 | 主范畴 | 范畴 | 初始量表题项 | 题号 |
|---|---|---|---|---|
| 需求侧平台型灵活就业的新生代农民工职业迁徙能力结构 | 可持续学习和探索能力 | 主动学习的能力 | 我能够主动学习新的知识和新技术并迅速应用到工作中 | XN1 |
| | | 环境变化思考能力 | 我会定期思考职业环境变化对个人职业发展的影响 | XN2 |
| | | 知识技能反思能力 | 为了满足职业发展需求，我经常思考现有知识技能的不足 | XN3 |
| | | 知识技能识别能力 | 我能够识别有发展潜力以及有价值的知识技能 | XN4 |
| | | 自我规划与管理能力 | 能够设定职业生涯规划目标和方向并进行自我管理 | XN5 |
| | 资源整合利用能力 | 资源使用能力 | 我能使用现有的资源处理新问题 | ZN1 |
| | | 资源整合能力 | 我能整合现有的资源应对新的挑战 | ZN2 |
| | | 资源拼凑能力 | 我能拼凑现有的资源应对更大的挑战 | ZN3 |
| | 关系管理能力 | 关系联络能力 | 我能够与客户或同事保持密切的联系 | GN1 |
| | | 关系沟通互动能力 | 我能够与客户或同事相互有效沟通并相互提供帮助 | GN2 |
| | | 关系维护能力 | 我能从双赢的角度来思考如何发展双方互惠互利的关系 | GN3 |
| | | 团队合作能力 | 我能与跨行业的单位、部门的同事和客户建立协同合作关系 | GN4 |
| | 数字技术应用能力 | 数字分析能力 | 我能对数据进行定性和定量分析 | SN1 |
| | | 数字创意能力 | 我能进行数字化包装和内容编辑，并能进行创意化表达、输出和传播 | SN2 |

续表

| 核心范畴 | 主范畴 | 范畴 | 初始量表题项 | 题号 |
|---|---|---|---|---|
| 需求侧平台型灵活就业的新生代农民工职业迁徙能力结构 | 数字意识态度 | 数字安全与健康能力 | 我能够保护个体的数据、信息和隐私，合理健康地使用数字工具 | ST1 |
| | | 数字伦理与道德能力 | 我能在数字生活世界中履行数字责任、遵守数字法则和遵循数字礼仪 | ST2 |
| | 开放式创新能力 | 知识技能创新能力 | 我会利用已有的技术来增加、改良或者创新产品或服务的功能和种类 | CN1 |
| | | 工作方法创新能力 | 我会主动思考能够提高工作效率的新方法 | CN2 |
| | | 产品创新能力 | 我会非常重视开发全新的技术、产品和服务 | CN3 |
| | 方法能力 | 问题分析和解决的能力 | 我能够分析工作中出现的问题并迅速解决 | FN4 |
| | | 财务管理能力 | 我能通过控制开支和优化流程等手段实现利润最大化 | FN5 |
| | | 冲突管理能力 | 我能处理好与同事或客户之间的矛盾和冲突 | FN6 |
| | | 领导能力 | 我具备一定的领导能力，能够在某些情况下带领团队或指导他人 | FN7 |

# 6.3　新生代农民工职业迁徙能力现状与社会需求的差异分析

　　在供需两侧的新生代农民工职业迁徙能力的结构维度的基础上，得到了新生代农民工职业迁徙能力的 39 种构成要素，如表 6 - 7 所示。以 39 种具体的职业迁徙能力要素为基础，编制出新生代农民工职业迁徙能力感知评价表及调查问卷。

表6-7                    职业迁徙能力结构要素

| 职业迁徙能力结构要素 | | | |
|---|---|---|---|
| 数字获取能力 | 交往能力 | 关系联络能力 | 产品创新能力 |
| 数字使用能力 | 口头表达能力 | 关系沟通互动能力 | 应变能力 |
| 数字社交能力 | 冲突管理能力 | 关系维护能力 | 问题分析和解决的能力 |
| 专业知识掌握能力 | 主动学习的能力 | 团队合作能力 | 适应能力 |
| 岗位技能掌握能力 | 环境变化思考能力 | 数字分析能力 | 决策能力 |
| 领导能力 | 知识技能反思能力 | 数字创意能力 | 财务管理能力 |
| 操作设备工具能力 | 知识技能识别能力 | 数字安全与健康能力 | 压力管理能力 |
| 工作流程熟知能力 | 资源使用能力 | 数字伦理与道德能力 | 服从能力 |
| 工作规章制度遵守能力 | 资源整合能力 | 知识技能创新能力 | 自我规划与管理能力 |
| 处理突发和异常情况能力 | 资源拼凑能力 | 工作方法创新能力 | |

## 6.3.1　新生代农民工感知职业迁徙能力重要程度分析

（1）研究实施和样本描述。本次调研问卷调查（见附录2）在浙江省内灵活就业人数最多的杭州市、宁波市和温州市进行，最终发放调查问卷450份，回收410份，问卷回收率为91.1%，其中有效问卷390份，有效问卷率占86.7%。74份问卷来自无技术零工或一线业务岗，占比19.0%；161份问卷来自初级技术零工或初级管理岗位，包括外卖送餐、快递配送、网约车、网络主播、电商/微商推广和家政服务等人员，占比41.3%；112份问卷来自中级技术零工或中级管理岗位，包括站长、中队长、区域经理、主管、中级主播等相关人员，占比28.7%；43份来自高级技术零工或高级管理岗位，包括配送城市经理、直播运营经理、网约车大队长、家政服务经理等平台企业管理层领导岗位，占比11.0%。样本的基本特征描述如表6-8所示。

表6-8 新生代农民工感知职业迁徙能力调查样本分布表

| 归类 | 类型 | 样本数（人） | 百分比（%） |
|------|------|------|------|
| 性别 | 男 | 225 | 57.8 |
| | 女 | 165 | 42.2 |
| 工种 | 快递员 | 98 | 25.0 |
| | 外卖骑手 | 82 | 21.0 |
| | 网约车司机 | 78 | 20.0 |
| | 网络主播/电商 | 39 | 10.0 |
| | 平台自媒体创作者 | 31 | 8.0 |
| | 社群产品代理人 | 23 | 6.0 |
| | 家政服务人员 | 20 | 5.0 |
| | 依托于平台的自由职业者 | 20 | 5.0 |
| 工作岗位 | 无技术零工或一线业务人员 | 74 | 19.0 |
| | 初级技术零工或管理人员 | 161 | 41.3 |
| | 中级技术零工或管理人员 | 112 | 28.7 |
| | 高级技术零工或管理人员 | 43 | 11.0 |

（2）新生代农民工职业迁徙能力重要程度感知描述性统计。通过对新生代农民工所感知的各职业迁徙能力重要程度的均值进行统计，并按照分值进行排名，我们可以分析出新生代农民工对这些职业迁徙能力重要程度的主观感知。具体结果如图6-1所示。从统计结果来看，新生代农民工对39项就业能力的感知重要程度评分均在3.90以上，且所有能力的平均评分达到4.15，显示出较高的水平。

从图6-1可以看出，新生代农民工认为在就业时，重要程度排名靠前的是数字获取能力、数字使用能力、数字社交能力、数字分析能力、处理突发和异常情况能力、交往能力、环境变化思考能力、知识技能反思能力、冲突管理能力、主动学习的能力等，而且重要程度分值差距不大，在4.25~4.31排名中后的是团队合作能力、数字创意

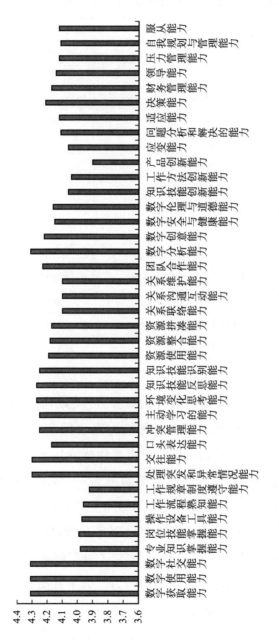

图6-1　新生代农民工职业迁徙能力重要程度排名

能力、资源使用能力、资源整合能力、资源拼凑能力、口头表达能力、问题分析和解决能力、领导能力等，分值在4.11～4.23；排名最后的三位分别是操作设备工具能力、岗位技能掌握能力和工作规章制度遵守能力，分值明显低于前面的职业迁徙能力，分值在3.90～4.19。

其中感知重要程度并列最高（M=4.31）的就业能力有四项，即数字获取能力、数字使用能力、数字社交能力和数字分析能力是新生代农民工感知最重要的职业迁徙能力。此外，感知重要程度相对较低的职业迁徙能力中，新生代农民工对于操作设备工具能力对自身职业迁徙能力影响的认识相对较为薄弱，同时，对岗位技能掌握能力（M=3.91）和工作规章制度遵守能力（M=3.92）的重视程度也不够。

（3）新生代农民工职业迁徙能力重要程度感知性别差异。鉴于男女性别之间的差异，男女在职业迁徙能力的侧重方面往往展现出不同的特点。通过对不同性别样本的对比分析（具体见表6-9），我们观察到，女性对职业迁徙能力重要程度的感知（均值为4.28）显著高于男性（均值为4.11），这表明女性普遍认为各项职业迁徙能力较为重要。

从性别差异看，对于男性而言，职业迁徙能力的重要程度排名前10的依次为数字社交能力、数字创意能力、数字使用能力、主动学习能力、数字分析能力、数字获取能力、工作方法创新能力、知识技能创新能力、处理突发和异常情况能力、知识和技能反思能力；对于女性而言，她们所认为的职业迁徙能力重要程度的前10项依次为团队合作能力、交往能力、口头表达能力、主动学习能力、冲突管理能力、关系联络能力、关系沟通互动能力、关系维护能力、数字获取能力、数字使用能力。尽管在排名的具体顺序上存在差异，但值得注意的是，在两个主要样本群体中，被认为最重要的前10项能力中有3项是共同的。

表6-9　　　新生代农民工感知职业迁徙能力重要程度性别差异

| 男 | | 女 | |
|---|---|---|---|
| 职业迁徙能力 | 平均值 | 职业迁徙能力 | 平均值 |
| 数字获取能力 | 4.31 | 数字获取能力 | 4.37 |
| 数字使用能力 | 4.32 | 数字使用能力 | 4.36 |
| 数字社交能力 | 4.35 | 数字社交能力 | 4.34 |
| 专业知识掌握能力 | 3.98 | 专业知识掌握能力 | 4.23 |
| 岗位技能掌握能力 | 3.97 | 岗位技能掌握能力 | 4.21 |
| 操作设备工具能力 | 3.94 | 操作设备工具能力 | 4.32 |
| 工作流程熟知能力 | 3.83 | 工作流程熟知能力 | 4.27 |
| 工作规章制度遵守能力 | 3.85 | 工作规章制度遵守能力 | 4.35 |
| 处理突发和异常情况能力 | 4.23 | 处理突发和异常情况能力 | 4.23 |
| 交往能力 | 4.13 | 交往能力 | 4.57 |
| 口头表达能力 | 4.12 | 口头表达能力 | 4.53 |
| 冲突管理能力 | 4.15 | 冲突管理能力 | 4.51 |
| 主动学习的能力 | 4.32 | 主动学习的能力 | 4.53 |
| 环境变化思考能力 | 4.21 | 环境变化思考能力 | 4.21 |
| 知识技能反思能力 | 4.23 | 知识技能反思能力 | 4.11 |
| 知识技能识别能力 | 4.22 | 知识技能识别能力 | 4.15 |
| 资源使用能力 | 4.07 | 资源使用能力 | 4.31 |
| 资源整合能力 | 4.03 | 资源整合能力 | 4.32 |
| 资源拼凑能力 | 4.12 | 资源拼凑能力 | 4.28 |
| 关系联络能力 | 4.02 | 关系联络能力 | 4.46 |
| 关系沟通互动能力 | 4.13 | 关系沟通互动能力 | 4.45 |
| 关系维护能力 | 4.13 | 关系维护能力 | 4.45 |
| 团队合作能力 | 4.11 | 团队合作能力 | 4.58 |
| 数字分析能力 | 4.32 | 数字分析能力 | 4.23 |
| 数字创意能力 | 4.33 | 数字创意能力 | 4.26 |
| 数字安全与健康能力 | 4.21 | 数字安全与健康能力 | 4.22 |

续表

| 男 | | 女 | |
|---|---|---|---|
| 职业迁徙能力 | 平均值 | 职业迁徙能力 | 平均值 |
| 数字伦理与道德能力 | 4.2 | 数字伦理与道德能力 | 4.26 |
| 知识技能创新能力 | 4.27 | 知识技能创新能力 | 4.22 |
| 工作方法创新能力 | 4.28 | 工作方法创新能力 | 4.18 |
| 产品创新能力 | 4.03 | 产品创新能力 | 4.23 |
| 应变能力 | 3.76 | 应变能力 | 4.22 |
| 问题分析和解决的能力 | 4.16 | 问题分析和解决的能力 | 4.47 |
| 适应能力 | 3.89 | 适应能力 | 4.12 |
| 决策能力 | 3.98 | 决策能力 | 4.01 |
| 财务管理能力 | 4.02 | 财务管理能力 | 3.98 |
| 领导能力 | 4.08 | 领导能力 | 3.92 |
| 压力管理能力 | 4.13 | 压力管理能力 | 4.21 |
| 自我规划与管理能力 | 4.12 | 自我规划与管理能力 | 4.12 |
| 服从能力 | 4.03 | 服从能力 | 4.21 |
| 均值 | 4.11 | 均值 | 4.28 |

其中，男性新生代农民工在就业时可能会认为数字技能、创新能力和反思能力等比较重要，更注重职业能力的提升和成长空间。由于男性新生代农民工通常面临更大的经济压力和期望，他们可能更倾向于追求职业发展和技能提升，以获得更好的工作机会和更高的收入。他们可能更加关注职业技能的培训和提升，以及个人职业规划的制定和实施。而女性新生代农民工认为团队合作能力、学习能力和关系管理能力更加重要，数字技能、创新能力稍靠后一些，女性可能更注重与人沟通、协调和表达等方面的能力，而男性则可能更注重技术、创新和决策等方面的能力。这种差异可能与不同性别在家庭和社会角色中的分工有关，由于女性在家庭中通常扮演着更为重要的角色，她们在选择职业和进行职业转换时可能更加关注工作环境的稳定性和安全

性，以确保能够平衡家庭和工作。

单因素方差分析的结果如表 6 - 10 所示，揭示了不同性别的新生代农民工在感知多重职业迁徙能力的重要性上存在显著或边际显著的差异。具体而言，这些能力包括交往能力 [F(1，412) = 2.834；p = 0.075]、团队合作能力 [F(1，412) = 4.673；p = 0.063]、口头表达能力 [F(1，412) = 2.976；p = 0.031]、主动学习能力 [F(1，412) = 3.602；p = 0.053]、关系联络能力 [F(1，412) = 6.078；p = 0.032]、关系维护能力 [F(1，412) = 4.679；p = 0.054]、问题分析和解决能力 [F(1，412) = 3.761；p = 0.043] 以及专业知识掌握能力 [F(1，412) = 5.691；p = 0.036]。

表 6 - 10　　不同性别新生代农民工就业能力感知的单因素方差分析

| 因素 | | 平方和 | 自由度 | 均方 | F | 显著性 |
|---|---|---|---|---|---|---|
| 交往能力 | 组间 | 2.140 | 1 | 2.130 | 2.834 | 0.075 |
| | 组内 | 99.634 | 412 | 0.732 | | |
| | 总计 | 101.604 | 413 | | | |
| 团队合作能力 | 组间 | 4.682 | 1 | 4.673 | 6.234 | 0.063 |
| | 组内 | 100.435 | 412 | 0.736 | | |
| | 总计 | 104.211 | 413 | | | |
| 口头表达能力 | 组间 | 2.957 | 1 | 2.976 | 4.136 | 0.031 |
| | 组内 | 94.356 | 412 | 0.677 | | |
| | 总计 | 96.432 | 413 | | | |
| 主动学习的能力 | 组间 | 2.456 | 1 | 2.432 | 3.602 | 0.053 |
| | 组内 | 95.433 | 412 | 0.673 | | |
| | 总计 | 96.334 | 413 | | | |
| 关系联络能力 | 组间 | 3.402 | 1 | 3.345 | 6.078 | 0.032 |
| | 组内 | 93.782 | 412 | 0.612 | | |
| | 总计 | 97.081 | 413 | | | |

续表

| 因素 | | 平方和 | 自由度 | 均方 | F | 显著性 |
|---|---|---|---|---|---|---|
| 关系维护能力 | 组间 | 2.754 | 1 | 1.765 | 4.679 | 0.054 |
| | 组内 | 89.341 | 412 | | | |
| | 总计 | 87.765 | 413 | 0.634 | | |
| 问题分析和解决的能力 | 组间 | 2.324 | 1 | 2.167 | 3.761 | 0.043 |
| | 组内 | 87.376 | 412 | 0.567 | | |
| | 总计 | 88.932 | 413 | | | |
| 专业知识掌握能力 | 组间 | 3.234 | 1 | 3.412 | 5.691 | 0.036 |
| | 组内 | 90.345 | 412 | 0.768 | | |
| | 总计 | 91.365 | 413 | | | |

具体而言，女性在交往能力的重要性程度上（M=4.57）相较于男性（M=4.13）表现出显著更高的认知；同样，在团队合作能力的重要性上，女性的认知（M=4.58）也显著高于男性（M=4.11）；此外，女性对于口头表达能力的重要性（M=4.53）相较于男性（M=4.12）亦有显著更高的评价；在主动学习能力的重要性方面，女性的看法（M=4.53）同样显著高于男性（M=4.32）；关系联络能力的重要性，在女性看来（M=4.46）也明显高于男性（M=4.02）；对于关系维护能力的重要性，女性的评价（M=4.45）亦显著优于男性（M=4.13）；在问题分析和解决能力的重要性上，女性的认知（M=4.47）相较于男性（M=4.16）同样表现出显著优势；最后，在专业知识掌握能力的重要性方面，女性的看法（M=4.23）也显著高于男性（M=3.98）。

## 6.3.2　新生代农民工对自身职业迁徙能力的现状评价

（1）新生代农民工自身职业迁徙能力评价描述性统计。如图6-2

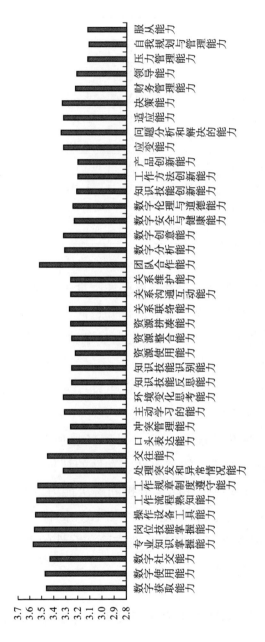

图6-2 新生代农民工对自身职业迁徙能力评价满意程度排名

所示，新生代农民工对自己所具备的 39 项就业能力的评价满意度位于 3.2 ~ 3.6，总体均值为 3.31，这一数值处于一般和比较满意之间，且明显低于他们对职业迁徙能力重要程度的感知。这一现象反映出，新生代农民工总体上认为自身的职业迁徙能力有所不足，从而导致其就业信心和就业质量普遍不高。在评价结果的排名中，新生代农民工对自身职业迁徙能力评价满意度最高的十项能力分别是：专业知识掌握能力、岗位技能掌握能力、操作设备工具能力、工作流程熟知能力、工作规章制度遵守能力、团队合作能力、交往能力、数字使用能力、数字社交能力以及数字获取能力。这表明，尽管新生代农民工对自身就业能力的总体评价满意程度不高，但他们评价满意度较高的能力恰好是他们认为在就业时较为重要的能力。因此，新生代农民工普遍认为自身的职业能力水平还有待提升，以便使他们对自身就业能力的评价满意程度能够达到就业时所要求的职业迁徙能力的重要程度，从而实现更高质量的就业。同时，他们也需要正确认识自己的不足之处，并积极接受更多的培训和学习机会，提高自己的技能和素质。

从图 6 - 2 还可以看到，新生代农民工对自身职业迁徙能力评价较低的 5 项能力依次是知识技能创新能力、产品创新能力、工作方法创新能力、财务管理能力、领导能力等。这些能力要素的平均分值都在 3.22 以下，说明新生代农民工认为自己所具备的这几项能力相对较为薄弱或者之前自己没有重视到这些能力的养成。

（2）新生代农民工自身职业迁徙能力评价性别差异。从表 6 - 11 的数据可以观察到，女性对自身职业迁徙能力的评价满意程度（M = 3.38）普遍高于男性（M = 3.23）。然而，通过单因素方差分析对不同性别新生代农民工的职业迁徙能力评价进行考察，结果显示，在统计学意义上，男性和女性对自身就业能力的评价并不存在显著差异。相对而言，男性对自身职业迁徙能力评价满意程度较高的有领导能

力、问题分析和解决的能力、适应能力、决策能力、主动学习能力、
环境变化思考能力、交往能力、关系联络能力、资源使用能力、工作
规章制度遵守能力；而女性对自身职业迁徙能力评价的满意程度较高
的是交往能力、团队合作能力、关系维护能力、关系沟通互动能力、
关系联络能力、口头表达能力、冲突管理能力、工作规章制度遵守能
力、适应能力、主动学习能力。

**表6-11                新生代农民工职业迁徙能力评价性别差异**

| 男 | | 女 | |
|---|---|---|---|
| 职业迁徙能力 | 平均值 | 职业迁徙能力 | 平均值 |
| 数字获取能力 | 3.21 | 数字获取能力 | 3.36 |
| 数字使用能力 | 3.22 | 数字使用能力 | 3.37 |
| 数字社交能力 | 3.23 | 数字社交能力 | 3.29 |
| 专业知识掌握能力 | 3.14 | 专业知识掌握能力 | 3.33 |
| 岗位技能掌握能力 | 3.16 | 岗位技能掌握能力 | 3.31 |
| 操作设备工具能力 | 3.17 | 操作设备工具能力 | 3.35 |
| 工作流程熟知能力 | 3.23 | 工作流程熟知能力 | 3.34 |
| 工作规章制度遵守能力 | 3.24 | 工作规章制度遵守能力 | 3.62 |
| 处理突发和异常情况能力 | 3.19 | 处理突发和异常情况能力 | 3.38 |
| 交往能力 | 3.31 | 交往能力 | 3.76 |
| 口头表达能力 | 3.15 | 口头表达能力 | 3.69 |
| 冲突管理能力 | 3.19 | 冲突管理能力 | 3.64 |
| 主动学习的能力 | 3.42 | 主动学习的能力 | 3.51 |
| 环境变化思考能力 | 3.41 | 环境变化思考能力 | 3.33 |
| 知识技能反思能力 | 3.21 | 知识技能反思能力 | 3.32 |
| 知识技能识别能力 | 3.22 | 知识技能识别能力 | 3.32 |
| 资源使用能力 | 3.24 | 资源使用能力 | 3.26 |
| 资源整合能力 | 3.23 | 资源整合能力 | 3.23 |
| 资源拼凑能力 | 3.21 | 资源拼凑能力 | 3.23 |

续表

| 男 | | 女 | |
|---|---|---|---|
| 职业迁徙能力 | 平均值 | 职业迁徙能力 | 平均值 |
| 关系联络能力 | 3.31 | 关系联络能力 | 3.71 |
| 关系沟通互动能力 | 3.21 | 关系沟通互动能力 | 3.72 |
| 关系维护能力 | 3.15 | 关系维护能力 | 3.74 |
| 团队合作能力 | 3.23 | 团队合作能力 | 3.75 |
| 数字分析能力 | 3.12 | 数字分析能力 | 3.28 |
| 数字创意能力 | 3.11 | 数字创意能力 | 3.27 |
| 数字安全与健康能力 | 3.11 | 数字安全与健康能力 | 3.26 |
| 数字伦理与道德能力 | 3.11 | 数字伦理与道德能力 | 3.25 |
| 知识技能创新能力 | 3.14 | 知识技能创新能力 | 3.26 |
| 工作方法创新能力 | 3.12 | 工作方法创新能力 | 3.24 |
| 产品创新能力 | 3.11 | 产品创新能力 | 3.24 |
| 应变能力 | 3.23 | 应变能力 | 3.32 |
| 问题分析和解决的能力 | 3.57 | 问题分析和解决的能力 | 3.35 |
| 适应能力 | 3.55 | 适应能力 | 3.61 |
| 决策能力 | 3.56 | 决策能力 | 3.27 |
| 财务管理能力 | 3.12 | 财务管理能力 | 3.23 |
| 领导能力 | 3.58 | 领导能力 | 3.21 |
| 压力管理能力 | 3.13 | 压力管理能力 | 3.21 |
| 自我规划与管理能力 | 3.12 | 自我规划与管理能力 | 3.12 |
| 服从能力 | 3.14 | 服从能力 | 3.21 |

其中，男性自身职业迁徙能力满意度评价较高且与女生不同的能力为决策能力、领导能力与环境变化思考能力，而女性对自身职业迁徙能力满意度评价较高所特有的能力为交往能力、团队合作能力与关系维护能力。

另外，值得注意的是不同性别的新生代农民工在某些能力表现上的排名相对靠后。其一，无论是男性还是女性，他们普遍对自身专业技能、专业知识以及学业人力资本的评价较低。尽管女性在专业技能和专业知识的评价分值及排名上优于男性，但她们对自身学业人力资本的评价却很低。这一现象间接反映出，新生代农民工在学校期间所学知识和技能与社会实际需求之间存在一定的差距，这主要归因于学校教育与社会需求之间的不匹配。其二，男女性对于数字技术应用能力、开放式创新能力、资源整合和利用能力这三项评价也普遍偏低。数字技术应用能力偏低主要是由于接触和使用数字技术的机会相对比较少，数字培训技术未能跟上就业结构调整，缺乏自信去学习和应用。由于受到教育背景和工作经验的限制、信息获取渠道有限不能获取最新的市场趋势和技术信息以及缺乏激励和支持来尝试新的方法或创新，导致新生代农民工开放式创新能力偏低。新生代农民工面临资源获取困难问题，如资金、人脉和信息，缺乏有效的社会网络或合作渠道，难以获取和利用外部资源，缺乏对于如何求职、如何规划自己的职业生涯等的认识，造成资源整合和利用能力偏低。

## 6.3.3 平台型企业对新生代农民工职业迁徙能力重要程度的感知分析

为了与新生代农民工主体的感知评价相对应，本书仍采用的是在供需两侧的新生代农民工职业迁徙能力结构维度的基础上，得到了新生代农民工职业迁徙能力的 39 种构成要素。以 39 种具体的职业迁徙能力要素为基础，编制出用人单位版的调查问卷（见附录 6），了解用人单位视角的新生代农民工职业迁徙能力重要程度，以及平台型企业对所在企业新生代农民工职业迁徙能力的评价，以间接地把握平台型企业对新生代农民工职业迁徙能力的满意度及需求情况。

本研究将调研对象确定为平台型企业的人力资源部门单位主管、

招聘专员以及单位的中高层管理人员，本次问卷调查在浙江省内灵活就业人数最多的杭州市、宁波市和温州市的平台型企业进行，采用网络问卷的方式，通过便利抽样及滚雪球的方式，转发在线问卷链接，邀请相关人员填答，共回收有效问卷203份。将最终收集到的信息整理汇总，并用Excel、SPSS等软件进行分析。

（1）平台型企业视角的职业迁徙能力重要程度描述性统计。统计结果如图6-3所示，平台型企业对39项就业能力重要程度的评分在3.40~4.65，各项能力的评分平均值为4.12，属于较高水平。从分值排名来看，平台型企业比较看重的新生代农民工职业迁徙能力主要有主动学习能力、适应能力、问题分析和解决的能力、压力管理能力、口头表达能力、交往能力、数字分析能力、自我规划与管理能力、工作方法创新能力、团队合作能力。其中，最受平台型企业看重的是主动学习能力，平台型企业通常技术更新快，因此新生代农民工需要具备较强的学习能力，能快速掌握新技能、新知识。位居第二的适应能力也是大多数平台型企业认为非常重要的能力之一，由于平台型企业业务模式可能经常调整，新生代农民工需要具备快速适应新环境、新岗位、新角色的能力，能在不同岗位自由转换。

主动学习能力和适应能力为平台型企业最为看重能力，而专业知识和技能相对排名靠后，主要透露出用人单位更希望录用能够高效完成工作。有较强的学习能力去适应工作要求的人，而不是更看重录用时新生代农民工就已经具备了的专业知识和技能。

（2）职业迁徙能力重要程度评分雇主性别差异。表6-12的数据显示表明，不同性别的用人单位人力资源主管或管理层人员，在评估新生代农民工所需职业迁徙能力的重要性时，存在显著差异。女性雇主对于职业迁徙能力的重要性评分均值（4.39）显著高于男性雇主（4.05），意味着女性雇主普遍认为所列职业迁徙能力中的各项要素较为重要。

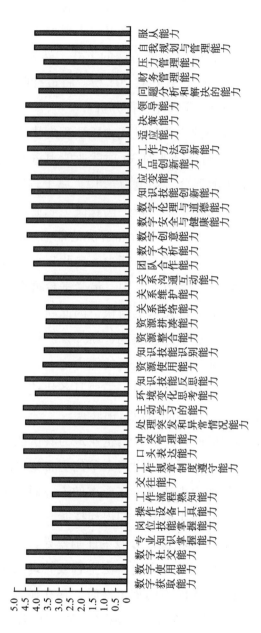

图6-3 用人单位视角的职业迁徙能力重要程度排名

**表 6 - 12　　　　　职业迁徙能力重要程度评分雇主性别差异**

| 男 | | 女 | |
|---|---|---|---|
| 职业迁徙能力 | 平均值 | 职业迁徙能力 | 平均值 |
| 数字获取能力 | 4.20 | 数字获取能力 | 4.45 |
| 数字使用能力 | 4.19 | 数字使用能力 | 4.47 |
| 数字社交能力 | 4.22 | 数字社交能力 | 4.48 |
| 专业知识掌握能力 | 3.45 | 专业知识掌握能力 | 4.38 |
| 岗位技能掌握能力 | 3.46 | 岗位技能掌握能力 | 4.76 |
| 操作设备工具能力 | 3.44 | 操作设备工具能力 | 4.37 |
| 工作流程熟知能力 | 3.22 | 工作流程熟知能力 | 4.36 |
| 工作规章制度遵守能力 | 3.21 | 工作规章制度遵守能力 | 4.33 |
| 处理突发和异常情况能力 | 3.56 | 处理突发和异常情况能力 | 4.72 |
| 交往能力 | 3.66 | 交往能力 | 4.42 |
| 口头表达能力 | 3.71 | 口头表达能力 | 4.41 |
| 冲突管理能力 | 4.24 | 冲突管理能力 | 4.38 |
| 主动学习的能力 | 4.33 | 主动学习的能力 | 4.74 |
| 环境变化思考能力 | 3.67 | 环境变化思考能力 | 4.24 |
| 知识技能反思能力 | 4.02 | 知识技能反思能力 | 4.78 |
| 知识技能识别能力 | 4.04 | 知识技能识别能力 | 4.26 |
| 资源使用能力 | 4.11 | 资源使用能力 | 4.37 |
| 资源整合能力 | 4.12 | 资源整合能力 | 4.38 |
| 资源拼凑能力 | 4.13 | 资源拼凑能力 | 4.39 |
| 关系联络能力 | 4.21 | 关系联络能力 | 4.23 |
| 关系沟通互动能力 | 4.39 | 关系沟通互动能力 | 4.89 |
| 关系维护能力 | 4.21 | 关系维护能力 | 4.35 |
| 团队合作能力 | 4.45 | 团队合作能力 | 4.75 |
| 数字分析能力 | 4.16 | 数字分析能力 | 4.19 |
| 数字创意能力 | 4.17 | 数字创意能力 | 4.22 |
| 数字安全与健康能力 | 4.18 | 数字安全与健康能力 | 4.23 |
| 数字伦理与道德能力 | 4.19 | 数字伦理与道德能力 | 4.26 |

续表

| 男 | | 女 | |
|---|---|---|---|
| 职业迁徙能力 | 平均值 | 职业迁徙能力 | 平均值 |
| 知识技能创新能力 | 4.21 | 知识技能创新能力 | 3.98 |
| 工作方法创新能力 | 4.04 | 工作方法创新能力 | 3.88 |
| 产品创新能力 | 4.05 | 产品创新能力 | 3.78 |
| 应变能力 | 4.42 | 应变能力 | 4.12 |
| 问题分析和解决的能力 | 4.46 | 问题分析和解决的能力 | 4.83 |
| 适应能力 | 4.42 | 适应能力 | 4.82 |
| 决策能力 | 4.36 | 决策能力 | 4.24 |
| 财务管理能力 | 4.19 | 财务管理能力 | 3.98 |
| 领导能力 | 4.43 | 领导能力 | 4.79 |
| 压力管理能力 | 4.07 | 压力管理能力 | 3.89 |
| 自我规划与管理能力 | 4.16 | 自我规划与管理能力 | 4.75 |
| 服从能力 | 4.31 | 服从能力 | 4.21 |

从评分排名看，男性雇主更看重的能力排名前十的依次为问题分析和解决的能力、团队合作能力、领导能力、应变能力、适应能力、关系沟通互动能力、决策能力、主动学习的能力、服从能力、冲突管理能力，分值都在 4.2 分以上；女性雇主更看重的能力排名前十的依次为关系沟通互动能力、问题分析和解决能力、适应能力、领导能力、知识技能反思能力、岗位技能掌握能力、团队合作能力、自我规划与管理能力、主动学习能力、处理突发和异常情况的能力，分值在 4.72 以上。

在对比男性和女性雇主各自认为最重要的 10 项职业迁徙能力时，我们发现其中有 6 项能力是双方共同认可的，尽管它们在各自排名中的具体位置存在差异。具体而言，男性雇主高度重视的问题分析与解决能力，在女性雇主的排名中略显靠后；相反，男性雇主视为重要的团队合作能力，在女性雇主的排名中并不占据特别靠前的位置。这种排名的差异可能反映了性别间固有的能力和观念差异。对于男性雇主而言，"团队合作能力"是一项他们尤为重视，但在女性雇主排名中处于中等位置的能力素质；而对于女性雇主，"关系沟通互动能力"则是一项她们特别看重，但在男性雇主排名中相对居中的能力素质。值得注意的是，"领导能力"是男女雇主都普遍重视的一个方面，然而这一点并未在新生代农民工的视角中得到相应的重视。

不同性别雇主对职业迁徙能力重要程度评分的单因素方差分析结果如表6-13所示，男女雇主对以下诸多就业能力重要性的看法均存在显著差异：数字获取能力 $[F(1, 193) = 4.932；p = 0.023；M_男 = 4.20，M_女 = 4.45]$ 交往能力 $[F(1, 193) = 25.234；p = 0.000；M_男 = 3.66，M_女 = 4.42]$ 口头表达能力 $[F(1, 193) = 5.236；p = 0.00；M_男 = 3.71，M_女 = 4.41]$ 冲突管理能力 $[F(1, 193) = 13.602；p = 0.033；M_男 = 4.24，M_女 = 4.38]$ 环境变化思考能力 $[F(1, 193) = 6.038；p = 0.012；M_男 = 3.67，M_女 = 4.24]$ 资源整合能力 $[F(1, 193) = 24.179；p = 0.000；M_男 = 4.12，M_女 = 4.38]$ 关系联络能力 $[F(1, 193) = 23.661；p = 0.013；M_男 = 4.21，M_女 = 4.23]$ 数字分析能力 $[F(1, 193) = 7.691；p = 0.000；M_男 = 4.16，M_女 = 4.19]$ 数字创意能力 $[F(1, 193) = 15.691；p = 0.032；M_男 = 4.17，M_女 = 4.22]$ 数字安全与健康能力 $[F(1, 193) = 18.336；p = 0.026；M_男 = 4.18，M_女 = 4.23]$ 数字伦理和道德能力 $[F(1, 193) = 6.019；p = 0.000；M_男 = 4.19，M_女 = 4.26]$ 知识和技能创新能力 $[F(1, 193) = 5.691；p = 0.015；M_男 = 4.21，M_女 = 3.98]$ 工作方法创新能力 $[F(1, 193) = 20.361；p = 0.014；M_男 = 4.04，M_女 = 3.88]$ 产品创新能力 $[F(1, 193) = 19.581；p = 0.017；M_男 = 4.05，M_女 = 3.78]$ 压力管理能力 $[F(1, 193) = 6.091；p = 0.006；M_男 = 4.07，M_女 =$

3.89〕资源拼凑能力〔$F(1, 193) = 7.911$; $p = 0.003$; $M_{男} = 4.13$, $M_{女} = 4.39$〕。显著性差异水平均达到了 0.05。

表 6-13    不同性别雇主对职业迁徙能力重要性评分的单因素方差分析

| 因素 | | 平方和 | 自由度 | 均方 | F | 显著性 |
|---|---|---|---|---|---|---|
| 数字获取能力 | 组间 | 2.214 | 1 | 2.214 | 4.932 | 0.023 |
| | 组内 | 99.734 | 193 | 0.7301 | | |
| | 总计 | 99.504 | 194 | | | |
| 交往能力 | 组间 | 19.473 | 1 | 19.473 | 25.234 | 0.000 |
| | 组内 | 100.435 | 193 | 0.746 | | |
| | 总计 | 144.311 | 194 | | | |
| 口头表达能力 | 组间 | 3.776 | 1 | 3.776 | 5.236 | 0.021 |
| | 组内 | 114.356 | 193 | 0.677 | | |
| | 总计 | 116.632 | 194 | | | |
| 冲突管理能力 | 组间 | 12.432 | 1 | 12.432 | 13.602 | 0.033 |
| | 组内 | 115.433 | 193 | 0.673 | | |
| | 总计 | 136.344 | 194 | | | |
| 环境变化思考能力 | 组间 | 3.275 | 1 | 3.275 | 6.038 | 0.012 |
| | 组内 | 113.782 | 193 | 0.612 | | |
| | 总计 | 127.081 | 194 | | | |
| 资源整合能力 | 组间 | 11.745 | 1 | 11.745 | 24.179 | 0.000 |
| | 组内 | 114.341 | 193 | | | |
| | 总计 | 127.025 | 194 | 0.634 | | |
| 关系联络能力 | 组间 | 12.324 | 1 | 12.324 | 23.661 | 0.013 |
| | 组内 | 97.376 | 193 | 0.467 | | |
| | 总计 | 99.932 | 194 | | | |
| 数字分析能力 | 组间 | 6.312 | 1 | 6.312 | 7.691 | 0.011 |
| | 组内 | 100.345 | 193 | 0.768 | | |
| | 总计 | 111.345 | 194 | | | |

续表

| 因素 | | 平方和 | 自由度 | 均方 | F | 显著性 |
|---|---|---|---|---|---|---|
| 数字创意能力 | 组间 | 4.412 | 1 | 4.412 | 15.691 | 0.032 |
| | 组内 | 98.345 | 193 | 0.768 | | |
| | 总计 | 99.681 | 194 | | | |
| 数字安全<br>与健康能力 | 组间 | 5.426 | 1 | 5.426 | 7.681 | 0.026 |
| | 组内 | 99.345 | 193 | 0.768 | | |
| | 总计 | 101.364 | 194 | | | |
| 数字伦理<br>与道德能力 | 组间 | 7.432 | 1 | 7.432 | 18.336 | 0.000 |
| | 组内 | 94.213 | 193 | 0.768 | | |
| | 总计 | 97.472 | 194 | | | |
| 知识和技能<br>创新能力 | 组间 | 3.552 | 1 | 3.552 | 5.691 | 0.015 |
| | 组内 | 110.325 | 193 | 0.768 | | |
| | 总计 | 111.342 | 194 | | | |
| 工作方法<br>创新能力 | 组间 | 19.312 | 1 | 19.312 | 20.361 | 0.014 |
| | 组内 | 137.345 | 193 | 0.768 | | |
| | 总计 | 147.365 | 194 | | | |
| 产品创新<br>能力 | 组间 | 18.412 | 1 | 18.412 | 19.581 | 0.017 |
| | 组内 | 130.045 | 193 | 0.768 | | |
| | 总计 | 141.123 | 194 | | | |
| 压力管理<br>能力 | 组间 | 5.468 | 1 | 5.468 | 6.091 | 0.006 |
| | 组内 | 99.573 | 193 | 0.768 | | |
| | 总计 | 104.867 | 194 | | | |
| 资源拼凑<br>能力 | 组间 | 6.691 | 1 | 6.691 | 7.911 | 0.003 |
| | 组内 | 113.369 | 193 | 0.768 | | |
| | 总计 | 117.365 | 194 | | | |

## 6.3.4 平台型企业对新生代农民工职业迁徙能力满意程度评价

（1）平台型企业对新生代农民工职业迁徙能力满意度评价的描述性统计。平台型企业对于新生代农民工各项职业迁徙能力满意度的整体评价，如图 6 - 4 所示。从整体上看，平台型企业对于大学生各项能力的满意度评价平均分在 3.08 ~ 3.55，总均值为 3.22。说明普遍对新生代农民工的各项职业迁徙能力评价并不高，属于中等满意水平，没有出现低于 3 的较差评价，也表明平台型企业对于新生代农民工各方面综合表现基本是认同的。

从图 6 - 4 中可见，平台型企业对新生代农民工满意程度最高的是专业知识掌握能力，说明平台型企业对于新生代农民工的专业知识掌握能力持肯定态度。专业知识掌握能力的好评，这主要得益于以下几个方面的原因：第一是教育背景问题。随着教育资源的不断投入和教育水平的提高，新生代农民工的受教育程度较之前一代普遍有所提高。他们接受了更多的正规教育和职业技能培训，掌握了更加扎实的专业知识和技能。第二是培训机会增多。许多平台型企业意识到对新生代农民工进行专业培训的重要性，因此提供了更多的培训机会和资源。这些培训不仅有助于提升农民工的专业能力，还使他们能够更好地适应岗位需求，提高工作效率。第三是自我提升意识增强。新生代农民工普遍具有较强的自我提升意识，他们渴望学习新知识、掌握新技能，以提升自己的竞争力。这种积极向上的态度使得他们在工作中能够不断学习、进步，为平台型企业创造更多的价值。第四是工作表现突出。许多新生代农民工在工作中表现出色，能够迅速掌握工作技能，独立完成任务。他们的专业知识掌握能力得到了用人单位的认可和赞赏，为他们在职场中的晋升和发展奠定了坚实的基础。综上所述，

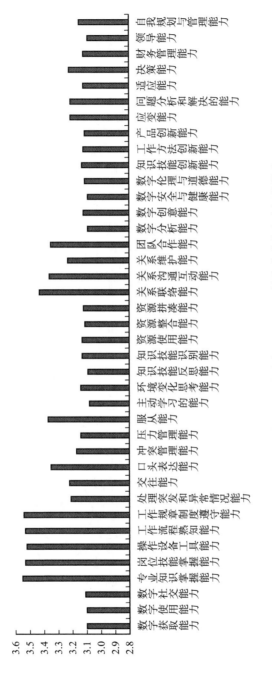

图6-4　平台型企业对新生代农民工职业迁徙能力满意程度评价排名

平台型企业对新生代农民工的专业知识掌握能力持肯定态度，这既是对他们过去努力的认可，也是对他们未来发展的期待。随着社会的不断进步和平台型企业对人才需求的变化，新生代农民工的专业知识掌握能力将继续成为他们职场竞争的重要优势。

满意度紧随其后的几项职业迁徙能力有工作规章制度遵守能力、工作流程熟知能力、岗位技能掌握能力、操作设备工具能力、关系联络能力、服从能力、关系沟通互动能力、团队合作能力等。交往能力、关系沟通互动能力等出现在了此次满意度评价较为靠前的位置，说明新生代农民工逐渐意识到应主动加强人际方面的能力训练，并取得了普遍的进步，这是出于对职场需求的适应、个人发展的追求、社会交往的需要以及信息获取的便利等多方面的考虑。这种意识的提升将有助于他们在职场中取得更好的成绩，实现个人的全面发展。

当然，新生代农民工不足的地方也很明显，在此次调查中，平台型企业对新生代农民工评价较低的职业迁徙能力是数字技能、自我规划与管理能力、创新能力、适应能力、压力管理能力、领导能力、主动学习能力等。从实际工作角度讲，虽然新生代农民工的教育水平相比老一代有所提高，但整体上仍然较低。很多农民工没有接受过高等教育或专业技能培训，导致他们在就业市场上缺乏竞争力；从个人定位来说，对自身的定位不明确，大多比较浮躁，不踏实、不稳定，没有较好的职业规划等。新生代农民工在数字技能方面普遍存在不足。随着科技的快速发展和数字化转型的推进，数字技能在现代职场中变得越来越重要。然而，许多新生代农民工在数字化方面缺乏必要的技能和知识，这可能会限制他们在就业市场上的竞争力，这些也都得到了用人单位的印证。

在对适应能力和压力管理能力的评价中，面对快速变化的工作环境和职场竞争，新生代农民工的适应能力和抗压能力有时显得不足。他们可能难以迅速适应新的工作要求或应对工作中的压力和挑战。针对领导能力评价偏低的现象，这一结果可从两方面进行解读。首先，平台型企业倾向于将新生代农民工定位为基层工作的执行者，一方面，对该群体的领导能力并未赋予过高度重视。另一方面，这一现象也折射出平台型企业对新生代农民工这一人力资源的特定期望与要求，即期望他们能够迅速成长为能够胜任管理岗位的人才。另外，职业管理能力和个人管理能力评价较低，反映出新生代农民工在个人职业生涯规划方面普遍不足，以及自我管理能力欠缺。至于评价最低的主动学习能力，这代表了平台型企业高度重视，但在实际工作中新生代农民工却显著缺乏的一项关键能力。他们可能在工作和生活中面临更多的压力和不确定性，这可能会影响他们的学习动力。此外，一些农民工可能由于家庭背景、经济条件等原因，缺乏接受良好教育的机会，这可能会限制他们的主动学习能力。

（2）新生代农民工职业迁徙能力满意程度评价雇主性别差异。从不同性别雇主的视角来审视，对于新生代农民工的职业迁徙能力评价，尽管男性和女性雇主展现出某些相似之处，但也存在着显著的差异。从表6-14中的数据我们可以观察到，男性雇主和女性雇主在评价新生代农民工职业迁徙能力时，对于满意程度最高的四项能力的排序达成了一致，这四项能力依次是专业知识掌握能力、岗位技能掌握能力、交往能力，以及关系沟通互动能力。

表6-14　　　　　　　　职业迁徙能力满意度评价雇主性别差异

| 男 | | 女 | |
| --- | --- | --- | --- |
| 职业迁徙能力 | 平均值 | 职业迁徙能力 | 平均值 |
| 数字获取能力 | 3.09 | 数字获取能力 | 3.10 |
| 数字使用能力 | 3.08 | 数字使用能力 | 3.10 |
| 数字社交能力 | 3.07 | 数字社交能力 | 3.10 |
| 专业知识掌握能力 | 3.59 | 专业知识掌握能力 | 3.62 |

续表

| 男 | | 女 | |
|---|---|---|---|
| 职业迁徙能力 | 平均值 | 职业迁徙能力 | 平均值 |
| 岗位技能掌握能力 | 3.58 | 岗位技能掌握能力 | 3.59 |
| 操作设备工具能力 | 3.12 | 操作设备工具能力 | 3.23 |
| 工作流程熟知能力 | 3.13 | 工作流程熟知能力 | 3.34 |
| 工作规章制度遵守能力 | 4.14 | 工作规章制度遵守能力 | 4.35 |
| 处理突发和异常情况能力 | 3.16 | 处理突发和异常情况能力 | 3.44 |
| 交往能力 | 3.54 | 交往能力 | 3.56 |
| 口头表达能力 | 3.15 | 口头表达能力 | 3.23 |
| 冲突管理能力 | 3.12 | 冲突管理能力 | 3.17 |
| 主动学习的能力 | 3.23 | 主动学习的能力 | 3.09 |
| 环境变化思考能力 | 3.07 | 环境变化思考能力 | 3.05 |
| 知识技能反思能力 | 3.06 | 知识技能反思能力 | 3.04 |
| 知识技能识别能力 | 3.06 | 知识技能识别能力 | 3.03 |
| 资源使用能力 | 3.12 | 资源使用能力 | 3.12 |
| 资源整合能力 | 3.05 | 资源整合能力 | 3.25 |
| 资源拼凑能力 | 3.04 | 资源拼凑能力 | 3.11 |
| 关系联络能力 | 3.32 | 关系联络能力 | 3.27 |
| 关系沟通互动能力 | 3.49 | 关系沟通互动能力 | 3.54 |
| 关系维护能力 | 3.31 | 关系维护能力 | 3.43 |
| 团队合作能力 | 3.41 | 团队合作能力 | 3.34 |
| 数字分析能力 | 3.03 | 数字分析能力 | 3.04 |
| 数字创意能力 | 3.03 | 数字创意能力 | 3.01 |
| 数字安全与健康能力 | 3.01 | 数字安全与健康能力 | 3.07 |
| 数字伦理与道德能力 | 3.02 | 数字伦理与道德能力 | 3.03 |
| 知识技能创新能力 | 3.01 | 知识技能创新能力 | 3.12 |
| 工作方法创新能力 | 3.01 | 工作方法创新能力 | 3.06 |
| 产品创新能力 | 3.01 | 产品创新能力 | 3.04 |

| 男 | | 女 | |
| --- | --- | --- | --- |
| 职业迁徙能力 | 平均值 | 职业迁徙能力 | 平均值 |
| 应变能力 | 3.09 | 应变能力 | 3.22 |
| 问题分析和解决的能力 | 3.02 | 问题分析和解决的能力 | 3.28 |
| 适应能力 | 3.25 | 适应能力 | 3.37 |
| 决策能力 | 3.21 | 决策能力 | 3.09 |
| 财务管理能力 | 3.03 | 财务管理能力 | 3.09 |
| 领导能力 | 3.03 | 领导能力 | 3.05 |
| 压力管理能力 | 3.38 | 压力管理能力 | 3.21 |
| 自我规划与管理能力 | 3.04 | 自我规划与管理能力 | 3.02 |
| 服从能力 | 3.22 | 服从能力 | 3.41 |

　　男女雇主对于新生代农民工职业迁徙能力满意度评价的差异主要体现在对团队合作能力、应变能力、压力管理能力、服从能力、关系维护能力、处理突发和异常情况的能力的评价上。其中，前面三项能力男性雇主评价较好，而女性雇主对此评价普遍比男性低很多；后面三项能力，男性雇主满意度评价较低，而女性则评价较高。可能这与男性女性的性别特性有关，不同性别对于个别能力的期望不同，导致最终能力评价的差异。

　　根据单因素方差分析结果（见表 6 – 15），不同性别雇主主要对以下就业能力重要性的看法存在显著差异：处理突发和异常情况能力 $[F(1, 193) = 3.732; p = 0.071; M_男 = 3.16, M_女 = 3.44]$ 主动学习能力 $[F(1, 193) = 8.334; p = 0.001; M_男 = 3.23, M_女 = 3.09]$ 资源整合能力 $[F(1, 193) = 7.264; p = 0.008; M_男 = 3.05, M_女 = 3.25]$ 知识技能创新能力 $[F(1, 193) = 5.903; p = 0.053; M_男 = 3.01, M_女 = 3.12]$ 应变能力 $[F(1, 193) = 3.038; p = 0.042;$

$M_{男} = 3.09$，$M_{女} = 3.22$〕问题分析和解决的能力〔$F(1, 193) = 6.179$；$p = 0.007$；$M_{男} = 3.02$，$M_{女} = 3.28$〕决策能力〔$F(1, 193) = 6.476$；$p = 0.053$；$M_{男} = 3.21$，$M_{女} = 3.09$〕服从能力〔$F(1, 193) = 5.691$；$p = 0.050$；$M_{男} = 3.22$，$M_{女} = 3.41$〕。显著性水平均达到了 0.05。

表 6 - 15　不同性别雇主对新生代农民工职业迁徙能力满意度的单因素方差分析

| 因素 | | 平方和 | 自由度 | 均方 | F | 显著性 |
|---|---|---|---|---|---|---|
| 处理突发和异常情况能力 | 组间 | 1.914 | 1 | 1.914 | 3.732 | 0.071 |
| | 组内 | 121.034 | 193 | 0.627 | | |
| | 总计 | 122.804 | 194 | | | |
| 主动学习能力 | 组间 | 6.477 | 1 | 6.477 | 8.334 | 0.001 |
| | 组内 | 106.435 | 193 | 0.545 | | |
| | 总计 | 114.311 | 194 | | | |
| 资源整合能力 | 组间 | 3.871 | 1 | 3.871 | 7.264 | 0.008 |
| | 组内 | 104.356 | 193 | 0.677 | | |
| | 总计 | 106.632 | 194 | | | |
| 知识技能创新能力 | 组间 | 4.632 | 1 | 4.632 | 5.903 | 0.053 |
| | 组内 | 105.433 | 193 | 0.673 | | |
| | 总计 | 116.321 | 194 | | | |
| 应变能力 | 组间 | 4.275 | 1 | 4.275 | 3.038 | 0.042 |
| | 组内 | 98.452 | 193 | 0.612 | | |
| | 总计 | 97.021 | 194 | | | |
| 问题分析和解决的能力 | 组间 | 4.736 | 1 | 4.736 | 6.179 | 0.007 |
| | 组内 | 113.311 | 193 | | | |
| | 总计 | 123.027 | 194 | 0.634 | | |
| 决策能力 | 组间 | 4.124 | 1 | 4.124 | 6.476 | 0.053 |
| | 组内 | 99.576 | 193 | 0.467 | | |
| | 总计 | 100.932 | 194 | | | |

续表

| 因素 | | 平方和 | 自由度 | 均方 | F | 显著性 |
|---|---|---|---|---|---|---|
| 服从能力 | 组间 | 4.312 | 1 | 4.312 | 5.691 | 0.050 |
| | 组内 | 99.377 | 193 | 0.768 | | |
| | 总计 | 110.325 | 194 | | | |

## 6.3.5　新生代农民工职业迁徙能力现状与社会需求的差异分析

本书在对新生代农民工感知职业迁徙能力以及平台型企业评价分析的基础上，对比分析新生代农民工自身及平台型企业这两种不同视角下的职业迁徙能力感知和评价的差异，从而更为清晰地把握当前新生代农民工职业迁徙能力现状与社会需求的差异。

（1）新生代农民工与平台型企业对职业迁徙能力重要度认知差异。对于列表中39项职业迁徙能力构成要素的重要程度，平台型企业和新生代农民工给出了各自的主观评价。对比双方视角下的职业迁徙能力重要程度排序情况（见表6-16）可见，平台型企业方面比较看重的前十项能力依次为主动学习能力（平均值为4.65）、适应能力（平均值为4.63）、问题分析和解决的能力（平均值为4.62）、冲突管理能力（平均值为4.61）、口头表达能力（平均值为4.60）、交往能力（平均值为4.59）、数字分析能力（平均值为4.57）、自我规划与管理能力（平均值为4.54）、工作方法创新能力（平均值为4.50）、团队合作能力（平均值为4.49）。新生代农民工认为比较重要的前十项能力依次为数字获取能力（平均值为4.31）、数字使用能力（平均值为4.31）、数字社交能力（平均值为4.31）、数字分析能力（平均值为4.31）、处理突发和异常情况能力（平均值为4.30）、交往能力（平均值为4.30）、环境变化思考能力（平均值为4.27）、

知识技能反思能力（平均值为 4.27）、冲突管理能力（平均值为
4.25）、主动学习的能力（平均值为 4.25）。可以看出，这些能力中，
双方有三项能力是重合的，说明新生代农民工对平台型企业的需求缺
乏了解，可能源于信息获取渠道有限、教育水平有限、职业规划意识
不足以及社会资本不足等多种原因。平台型企业看重的主动学习能
力、适应能力和问题分析和解决的能力，在新生代农民工角度尚未得
到重视，反而被新生代农民工们排在靠后的位置；新生代农民认为比
较重要的数字获取能力、数字使用能力、数字社交能力，被平台型企
业排在居中的位置。

表 6-16　平台型企业 vs 新生代农民工对职业迁徙能力重要程度的认知比较

| 平台型企业 | | 新生代农民工 | |
| --- | --- | --- | --- |
| 职业迁徙能力 | 平均值 | 职业迁徙能力 | 平均值 |
| 数字获取能力 | 4.05 | 数字获取能力 | 4.31 |
| 数字使用能力 | 4.01 | 数字使用能力 | 4.31 |
| 数字社交能力 | 4.03 | 数字社交能力 | 4.31 |
| 专业知识掌握能力 | 3.61 | 专业知识掌握能力 | 3.93 |
| 岗位技能掌握能力 | 3.64 | 岗位技能掌握能力 | 3.47 |
| 操作设备工具能力 | 3.63 | 操作设备工具能力 | 3.49 |
| 工作流程熟知能力 | 3.62 | 工作流程熟知能力 | 3.44 |
| 工作规章制度遵守能力 | 3.62 | 工作规章制度遵守能力 | 3.45 |
| 处理突发和异常情况能力 | 4.47 | 处理突发和异常情况能力 | 4.30 |
| 交往能力 | 4.59 | 交往能力 | 4.30 |
| 口头表达能力 | 4.60 | 口头表达能力 | 4.17 |
| 冲突管理能力 | 4.61 | 冲突管理能力 | 4.25 |
| 主动学习的能力 | 4.65 | 主动学习的能力 | 4.25 |
| 环境变化思考能力 | 4.11 | 环境变化思考能力 | 4.27 |
| 知识技能反思能力 | 4.38 | 知识技能反思能力 | 4.27 |
| 知识技能识别能力 | 3.78 | 知识技能识别能力 | 4.15 |

续表

| 平台型企业 | | 新生代农民工 | |
|---|---|---|---|
| 职业迁徙能力 | 平均值 | 职业迁徙能力 | 平均值 |
| 资源使用能力 | 3.73 | 资源使用能力 | 4.19 |
| 资源整合能力 | 3.72 | 资源整合能力 | 4.18 |
| 资源拼凑能力 | 3.68 | 资源拼凑能力 | 4.17 |
| 关系联络能力 | 3.69 | 关系联络能力 | 4.10 |
| 关系沟通互动能力 | 3.76 | 关系沟通互动能力 | 4.10 |
| 关系维护能力 | 3.74 | 关系维护能力 | 4.10 |
| 团队合作能力 | 4.49 | 团队合作能力 | 4.23 |
| 数字分析能力 | 4.57 | 数字分析能力 | 4.31 |
| 数字创意能力 | 4.22 | 数字创意能力 | 4.22 |
| 数字安全与健康能力 | 4.25 | 数字安全与健康能力 | 4.15 |
| 数字伦理与道德能力 | 3.22 | 数字伦理与道德能力 | 4.16 |
| 知识技能创新能力 | 3.73 | 知识技能创新能力 | 4.06 |
| 工作方法创新能力 | 4.50 | 工作方法创新能力 | 4.04 |
| 产品创新能力 | 4.01 | 产品创新能力 | 3.50 |
| 应变能力 | 4.32 | 应变能力 | 4.06 |
| 问题分析和解决的能力 | 4.62 | 问题分析和解决的能力 | 3.61 |
| 适应能力 | 4.63 | 适应能力 | 3.52 |
| 决策能力 | 4.41 | 决策能力 | 4.21 |
| 财务管理能力 | 4.03 | 财务管理能力 | 4.17 |
| 领导能力 | 4.15 | 领导能力 | 4.01 |
| 压力管理能力 | 3.81 | 压力管理能力 | 4.12 |
| 自我规划与管理能力 | 4.54 | 自我规划与管理能力 | 4.11 |
| 服从能力 | 4.23 | 服从能力 | 4.12 |

　　从另一个角度看，平台型企业比较不看重的职业迁徙能力主要有：岗位技能掌握能力（平均值为3.64）、操作设备工具能力（平均值为3.63）、工作流程熟知能力（平均值为3.62）、工作规章制度遵

守能力（平均值为 3.62）、专业知识掌握能力（平均值为 3.61）。新生代农民工认为不太重要的职业迁徙能力主要有：产品创新能力（平均值为 3.50）、操作设备工具能力（平均值为 3.49）、岗位技能掌握能力（平均值为 3.47）、工作规章制度遵守能力（平均值为 3.45）、工作流程熟知能力（平均值为 3.44）。相比较之下，操作设备工具能力、岗位技能掌握能力、工作规章制度遵守能力、工作流程熟知能力这四种能力要素在双方看来都没有那么重要。由于劳动力供大于求，新生代农民工可能较容易找到工作，即使他们的技能水平不是特别高。在这种情况下，技能的重要性可能会被相对较低的工资水平和就业压力所抵消。新生代农民工可能由于各种原因频繁更换工作，这使得他们不愿意投入过多的时间和精力去学习特定的岗位技能。在这种情况下，他们可能更倾向于寻找不需要太多技能的工作，以便更快地适应新环境。此外，主动学习的能力是用人单位认为相对较为重要的能力，然而，新生代农民工由于社会认知和自我定位的缺失，并未将这些能力要素视为至关重要的因素。相较于平台型企业，新生代农民工对领导能力重要性的评价则略显偏高。

为了更深入地探究平台型企业与新生代农民工在职业迁徙能力感知重要程度评价上的差异，本书采取了一种差值比较分析的方法。具体而言，我们计算了用人单位对职业迁徙能力重要程度感知评价的平均值，并与新生代农民工对自身就业能力重要程度感知度评价的平均值进行了对比分析。相关结果如表 6-17 和图 6-5 所示。

表 6-17　平台型企业和新生代农民工对职业迁徙能力重要程度的认知差异比较

| 职业迁徙能力 | 平台型企业平均值 | 新生代农民工平均值 | 差值 |
| --- | --- | --- | --- |
| 数字获取能力 | 4.05 | 4.31 | -0.26 |
| 数字使用能力 | 4.01 | 4.31 | -0.30 |

续表

| 职业迁徙能力 | 平台型企业平均值 | 新生代农民工平均值 | 差值 |
|---|---|---|---|
| 数字社交能力 | 4.03 | 4.31 | −0.28 |
| 专业知识掌握能力 | 3.61 | 3.98 | 0.37 |
| 岗位技能掌握能力 | 3.64 | 3.47 | 0.17 |
| 操作设备工具能力 | 3.63 | 3.49 | 0.14 |
| 工作流程熟知能力 | 3.62 | 3.44 | 0.18 |
| 工作规章制度遵守能力 | 3.62 | 3.45 | 0.17 |
| 处理突发和异常情况能力 | 4.47 | 4.30 | 0.17 |
| 交往能力 | 4.59 | 4.30 | 0.29 |
| 口头表达能力 | 4.60 | 4.17 | 0.43 |
| 冲突管理能力 | 4.61 | 4.25 | 0.36 |
| 主动学习的能力 | 4.65 | 4.25 | 0.40 |
| 环境变化思考能力 | 4.11 | 4.27 | −0.16 |
| 知识技能反思能力 | 4.38 | 4.27 | 0.11 |
| 知识技能识别能力 | 3.78 | 4.15 | −0.37 |
| 资源使用能力 | 3.73 | 4.19 | −0.46 |
| 资源整合能力 | 3.72 | 4.18 | −0.46 |
| 资源拼凑能力 | 3.68 | 4.17 | −0.49 |
| 关系联络能力 | 3.69 | 4.10 | −0.41 |
| 关系沟通互动能力 | 3.76 | 4.10 | −0.34 |
| 关系维护能力 | 3.74 | 4.10 | −0.36 |
| 团队合作能力 | 4.49 | 4.23 | 0.26 |
| 数字分析能力 | 4.57 | 4.31 | 0.26 |
| 数字创意能力 | 4.22 | 4.22 | 0.00 |
| 数字安全与健康能力 | 4.25 | 4.15 | 0.10 |
| 数字伦理与道德能力 | 3.22 | 4.16 | −0.94 |
| 知识技能创新能力 | 3.73 | 4.06 | −0.33 |
| 工作方法创新能力 | 4.50 | 4.04 | 0.46 |

续表

| 职业迁徙能力 | 平台型企业平均值 | 新生代农民工平均值 | 差值 |
|---|---|---|---|
| 产品创新能力 | 4.01 | 3.50 | 0.51 |
| 应变能力 | 4.32 | 4.06 | 0.26 |
| 问题分析和解决的能力 | 4.62 | 3.61 | 1.01 |
| 适应能力 | 4.63 | 3.52 | 1.11 |
| 决策能力 | 4.41 | 4.21 | 0.20 |
| 财务管理能力 | 4.03 | 4.17 | -0.14 |
| 领导能力 | 4.15 | 4.01 | 0.14 |
| 压力管理能力 | 3.81 | 4.12 | -0.31 |
| 自我规划与管理能力 | 4.54 | 4.11 | 0.43 |
| 服从能力 | 4.23 | 4.12 | 0.11 |

分析结果显示，平台型企业与新生代农民工在职业迁徙能力的重要性感知上存在显著差异。具体而言，对于适应能力、口头表达能力、应变能力、问题分析和解决能力这四项能力，平台型企业的重视程度显著高于新生代农民工的自我感知重要程度。这表明，在这四个方面，新生代农民工尚未给予充分关注，其对这些能力的重要性的认识可能相对不足。这一结论在图 6 - 5 的横轴上半部分得到了直观的体现，其中展示了具体的差距情况。相对地，图 6 - 5 的横轴以下部分则直观地反映了新生代农民工自我感知的重视程度高于平台型企业评估的能力要素。

其中，在数字伦理与道德能力、资源拼凑能力、资源整合能力以及资源使用能力这四项职业迁徙能力重要程度的认知评价上差异最大，新生代农民工的评价均值比平台型企业高出 0.4 ~ 0.5，说明在这些职业迁徙能力上新生代农民工一定程度地高估了其重要性；其次差异较大的是数字获取能力、数字使用能力、数字社交能力、环境变化

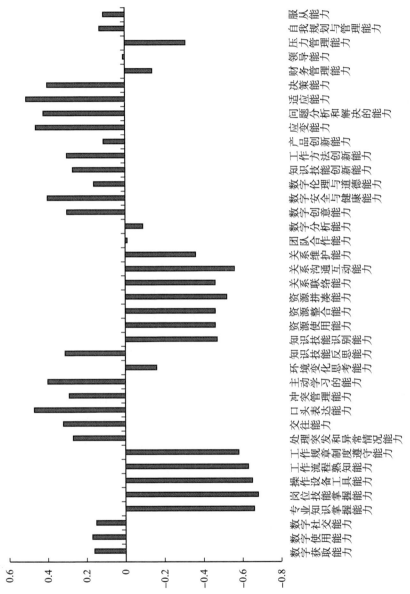

图6-5　平台型企业和新生代农民工对职业迁徙能力重要程度感知评价差异

思考能力、知识技能识别能力、关系沟通互动能力、关系联络能力、关系维护能力、知识技能创新能力、财务管理能力和压力管理能力等这几项，相较于平台型企业，新生代农民工的评价均值在这些能力上高出了0.2~0.3个单位。这一现象表明，在上述职业迁徙能力方面，新生代农民工与平台型企业之间存在显著的负向偏差，这可能意味着新生代农民工在某些并非平台型企业特别看重的因素上，存在盲目追求的情况。

通过运用 Excel 进行独立样本 T 检验，我们发现平台型企业与新生代农民工在职业迁徙能力重要性认知上存在显著差异（p = 0.004 < 0.05）。在认识到这些差异之后，新生代农民工可以据此调整自我认知，将更多的时间和精力投入到提升那些平台型企业更为看重的能力素质上，以便更好地满足雇主需求，进而实现更高质量的就业。

（2）新生代农民工与平台型企业对职业迁徙能力现状评价差异。针对所列出的 39 项职业迁徙能力表现，本书从两个视角进行了评价对比。一方面，平台型企业对所雇佣的新生代农民工的职业迁徙能力表现给出了满意度评价；另一方面，新生代农民工也对自身职业迁徙能力的现状水平进行了主观评价。双方视角下的职业迁徙能力现状评价排序情况对比如表6-18所示，平台型企业对新生代农民工职业迁徙能力满意度评价与新生代农民工对自身就业能力现状评价存在一定的差距和明显的缺口。总体上看，平台型企业给出的新生代农民工职业迁徙能力现状评价（平均值为3.21）低于新生代农民工自身的评价感知（平均值为3.31）。

其中，平台型企业对新生代农民工较为满意的能力主要有专业知识掌握能力（平均值为3.55）、工作规章制度遵守能力（平均值为3.53）、工作流程熟知能力（平均值为3.53）、岗位技能掌握能力（平均值为3.53）、操作设备工具能力（平均值为3.52）、关系维护能力（平均值为3.43）、环境变化思考能力（平均值为3.37）、团队合作能力（平均值为 3.36）、口头表达能力（平均值为 3.35）、数字创意能力（平均值为 3.35）等。而新生代农民工对自身职业迁徙能力评价满意度较高的是专业知识掌握能力（平均值为 3.57）、岗位技能掌握能力（平均值为 3.56）、操作设备工具能力（平均值为 3.55）、工作流程熟知能力（平均值为 3.54）、工作规章制度遵守能力（平均值为 3.53）、团队合作能力（平均值为 3.52）、数字使用能力（平均值为 3.47）、数字获取能力（平均值为 3.46）、交往能力（平均值为 3.45）、数字社交能力（平均值为 3.43）等方面。

表6-18　　平台型企业和新生代农民工对职业迁徙能力满意度评价比较

| 平台型企业满意度 | | 新生代农民工自身评价 | |
| --- | --- | --- | --- |
| 职业迁徙能力 | 平均值 | 职业迁徙能力 | 平均值 |
| 数字获取能力 | 3.10 | 数字获取能力 | 3.46 |
| 数字使用能力 | 3.10 | 数字使用能力 | 3.47 |
| 数字社交能力 | 3.11 | 数字社交能力 | 3.43 |
| 专业知识掌握能力 | 3.55 | 专业知识掌握能力 | 3.57 |
| 岗位技能掌握能力 | 3.53 | 岗位技能掌握能力 | 3.56 |
| 操作设备工具能力 | 3.52 | 操作设备工具能力 | 3.55 |
| 工作流程熟知能力 | 3.53 | 工作流程熟知能力 | 3.54 |
| 工作规章制度遵守能力 | 3.54 | 工作规章制度遵守能力 | 3.53 |
| 处理突发和异常情况能力 | 3.21 | 处理突发和异常情况能力 | 3.32 |
| 交往能力 | 3.22 | 交往能力 | 3.45 |
| 口头表达能力 | 3.35 | 口头表达能力 | 3.28 |
| 冲突管理能力 | 3.17 | 冲突管理能力 | 3.26 |
| 主动学习的能力 | 3.14 | 主动学习的能力 | 3.31 |
| 环境变化思考能力 | 3.37 | 环境变化思考能力 | 3.32 |
| 知识技能反思能力 | 3.08 | 知识技能反思能力 | 3.25 |
| 知识技能识别能力 | 3.14 | 知识技能识别能力 | 3.25 |

| 平台型企业满意度 | | 新生代农民工自身评价 | |
|---|---|---|---|
| 职业迁徙能力 | 平均值 | 职业迁徙能力 | 平均值 |
| 资源使用能力 | 3.09 | 资源使用能力 | 3.22 |
| 资源整合能力 | 3.13 | 资源整合能力 | 3.25 |
| 资源拼凑能力 | 3.13 | 资源拼凑能力 | 3.26 |
| 关系联络能力 | 3.11 | 关系联络能力 | 3.27 |
| 关系沟通互动能力 | 3.12 | 关系沟通互动能力 | 3.26 |
| 关系维护能力 | 3.43 | 关系维护能力 | 3.26 |
| 团队合作能力 | 3.36 | 团队合作能力 | 3.52 |
| 数字分析能力 | 3.23 | 数字分析能力 | 3.31 |
| 数字创意能力 | 3.35 | 数字创意能力 | 3.32 |
| 数字安全与健康能力 | 3.09 | 数字安全与健康能力 | 3.23 |
| 数字伦理与道德能力 | 3.12 | 数字伦理与道德能力 | 3.24 |
| 知识技能创新能力 | 3.09 | 知识技能创新能力 | 3.21 |
| 工作方法创新能力 | 3.11 | 工作方法创新能力 | 3.20 |
| 产品创新能力 | 3.13 | 产品创新能力 | 3.20 |
| 应变能力 | 3.12 | 应变能力 | 3.32 |
| 问题分析和解决的能力 | 3.11 | 问题分析和解决的能力 | 3.34 |
| 适应能力 | 3.21 | 适应能力 | 3.32 |
| 决策能力 | 3.21 | 决策能力 | 3.33 |
| 财务管理能力 | 3.12 | 财务管理能力 | 3.22 |
| 领导能力 | 3.22 | 领导能力 | 3.21 |
| 压力管理能力 | 3.12 | 压力管理能力 | 3.12 |
| 自我规划与管理能力 | 3.09 | 自我规划与管理能力 | 3.11 |
| 服从能力 | 3.15 | 服从能力 | 3.12 |

相对而言，平台型企业对新生代农民工比较不满意的职业迁徙能力是数字获取能力（平均值为3.10）、数字使用能力（平均值为

3.10)、自我规划与管理能力（平均值为 3.09）、资源使用能力（平均值为 3.09）、知识技能创新能力（平均值为 3.09）、数字安全与健康能力（平均值为 3.09）等；而新生代农民工则倾向于对自身的自我规划与管理能力（平均值为 3.11）、压力管理能力（平均值为 3.12）、服从能力（平均值为 3.12）、工作方法创新能力（平均值为 3.20）、产品创新能力（平均值为 3.20）、领导能力（平均值为 3.21）、财务管理能力（平均值为 3.22）等满意度评价较低。

为了更进一步了解平台型企业和新生代农民工对职业迁徙能力满意度评价的差异，本书将平台型企业对新生代农民工对职业迁徙能力满意度评价的平均值与新生代农民工对自身职业迁徙能力满意度评价的平均值进行差异比较分析，结果如表 6-19 和图 6-6 所示。

表 6-19　　平台型企业和新生代农民工对职业迁徙能力满意度评价差异分析

| 职业迁徙能力 | 平台型企业评价平均值 | 新生代农民工自身评价平均值 | 差值 |
|---|---|---|---|
| 数字获取能力 | 3.10 | 3.46 | -0.36 |
| 数字使用能力 | 3.10 | 3.47 | -0.37 |
| 数字社交能力 | 3.11 | 3.43 | -0.32 |
| 专业知识掌握能力 | 3.55 | 3.57 | -0.02 |
| 岗位技能掌握能力 | 3.53 | 3.56 | -0.03 |
| 操作设备工具能力 | 3.52 | 3.55 | -0.03 |
| 工作流程熟知能力 | 3.53 | 3.54 | -0.01 |
| 工作规章制度遵守能力 | 3.54 | 3.53 | 0.01 |
| 处理突发和异常情况能力 | 3.21 | 3.32 | -0.11 |
| 交往能力 | 3.22 | 3.45 | -0.23 |
| 口头表达能力 | 3.35 | 3.28 | 0.07 |
| 冲突管理能力 | 3.17 | 3.26 | -0.09 |
| 主动学习的能力 | 3.14 | 3.31 | -0.17 |

续表

| 职业迁徙能力 | 平台型企业评价平均值 | 新生代农民工自身评价平均值 | 差值 |
|---|---|---|---|
| 环境变化思考能力 | 3.37 | 3.32 | 0.05 |
| 知识技能反思能力 | 3.08 | 3.25 | −0.17 |
| 知识技能识别能力 | 3.14 | 3.25 | −0.11 |
| 资源使用能力 | 3.09 | 3.22 | −0.13 |
| 资源整合能力 | 3.13 | 3.25 | −0.12 |
| 资源拼凑能力 | 3.13 | 3.26 | −0.13 |
| 关系联络能力 | 3.11 | 3.27 | −0.16 |
| 关系沟通互动能力 | 3.12 | 3.26 | −0.14 |
| 关系维护能力 | 3.43 | 3.26 | 0.17 |
| 团队合作能力 | 3.36 | 3.52 | −0.16 |
| 数字分析能力 | 3.23 | 3.31 | −0.08 |
| 数字创意能力 | 3.35 | 3.32 | 0.03 |
| 数字安全与健康能力 | 3.09 | 3.23 | −0.14 |
| 数字伦理与道德能力 | 3.12 | 3.24 | −0.12 |
| 知识技能创新能力 | 3.09 | 3.21 | −0.12 |
| 工作方法创新能力 | 3.11 | 3.20 | −0.09 |
| 产品创新能力 | 3.13 | 3.20 | −0.07 |
| 应变能力 | 3.12 | 3.32 | −0.20 |
| 问题分析和解决的能力 | 3.11 | 3.34 | −0.23 |
| 适应能力 | 3.21 | 3.32 | −0.11 |
| 决策能力 | 3.21 | 3.33 | −0.12 |
| 财务管理能力 | 3.12 | 3.22 | −0.10 |
| 领导能力 | 3.22 | 3.21 | 0.01 |
| 压力管理能力 | 3.12 | 3.12 | 0.00 |
| 自我规划与管理能力 | 3.09 | 3.11 | −0.02 |
| 服从能力 | 3.15 | 3.12 | 0.03 |

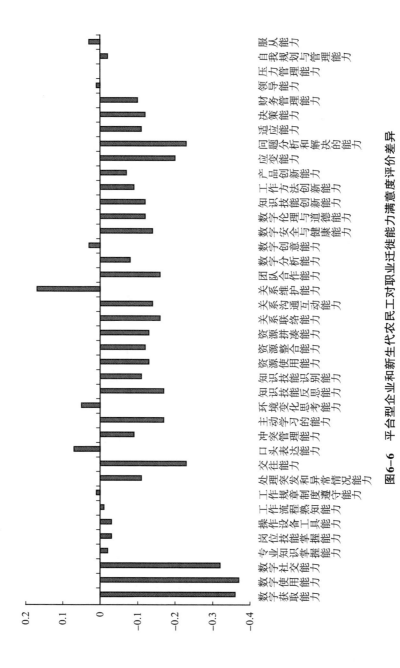

图6-6　平台型企业和新生代农民工对职业迁徙能力满意度评价差异

结合表6-19中的数据和图6-6中显示可以看出，平台型企业评价和新生代农民工评价差异普遍较大，而且绝大多数是平台型企业的满意度评价要低于新生代农民工自身评价的情况。其中，差异较大的十项能力依次是：数字使用能力、数字获取能力、数字社交能力、问题分析和解决的能力、交往能力、应变能力、主动学习的能力、知识和技能反思能力、团队合作能力、关系联络能力。平台型企业对新生代农民工在这些能力方面的表现满意度相对较低，这一现象在某种程度上揭示了新生代农民工职业迁徙能力与当前实际需求之间存在的主要"缺口"。

通过对这两组数据进行独立样本T检验（利用Excel工具），研究发现平台型企业与新生代农民工在职业迁徙能力现状的满意度评价上存在极其显著的差异（$p = 0.000 < 0.01$）。这一发现为新生代农民工、政府、高等院校以及职业院校提供了重要的借鉴和启示，即应着重加强新生代农民工在那些与平台型企业需求存在较大差距的能力上的培养和提升训练，以便更好地满足平台型企业的实际需求。

# 6.4  基于供需耦合的新生代农民工职业迁徙能力结构模型构建

本书共归纳形成2个核心范畴，分别是可迁徙的职业能力和实现迁移的职业能力，以及11个主范畴，分别为基础数字技术能力、基础就业能力、行业通适性能力、社会能力、可持续学习和探索能力、资源整合利用能力、关系管理能力、数字技术应用能力、数字意识态度、开放式创新能力和方法能力。各主范畴与从属范畴的对应关系，如表6-20所示。

表 6 – 20　　　　基于供需耦合的新生代农民工职业迁徙能力结构要素主从范畴

| 范畴 | 核心范畴 | 主范畴 | 从属范畴 |
|---|---|---|---|
| 平台型灵活就业的新生代农民工职业迁徙能力结构 | 可迁徙的职业能力 | 基础数字技术能力 | 数字获取能力 |
| | | | 数字使用能力 |
| | | | 数字社交能力 |
| | | 基础就业能力 | 专业知识掌握能力 |
| | | | 岗位技能掌握能力 |
| | | 行业通适性能力 | 操作设备工具能力 |
| | | | 工作流程熟知能力 |
| | | | 工作规章制度遵守能力 |
| | | | 处理突发和异常情况能力 |
| | 实现迁徙的职业能力 | 社会能力 | 交往能力 |
| | | | 口头表达能力 |
| | | | 冲突管理能力 |
| | | | 压力管理能力 |
| | | | 服从能力 |
| | | 可持续学习和探索能力 | 主动学习的能力 |
| | | | 环境变化思考能力 |
| | | | 知识技能反思能力 |
| | | | 知识技能识别能力 |
| | | | 自我规划与管理能力 |
| | | 资源整合利用能力 | 资源使用能力 |
| | | | 资源整合能力 |
| | | | 资源拼凑能力 |
| | | 关系管理能力 | 关系联络能力 |
| | | | 关系沟通互动能力 |
| | | | 关系维护能力 |
| | | | 团队合作能力 |
| | | 数字技术应用能力 | 数字分析能力 |
| | | | 数字创意能力 |

续表

| 范畴 | 核心范畴 | 主范畴 | 从属范畴 |
|---|---|---|---|
| 平台型灵活就业的新生代农民工职业迁徙能力结构 | 实现迁徙的职业能力 | 数字意识态度 | 数字安全与健康能力 |
| | | | 数字伦理与道德能力 |
| | | 开放式创新能力 | 知识技能创新能力 |
| | | | 工作方法创新能力 |
| | | | 产品创新能力 |
| | | 方法能力 | 应变能力 |
| | | | 问题分析和解决的能力 |
| | | | 适应能力 |
| | | | 决策能力 |
| | | | 财务管理能力 |
| | | | 领导能力 |

　　基于以上分析，根据农民工数字素养的胜任力模型[①]以及就业能力结构模型[②]，本书建构和发展出一个供需耦合视角的新生代农民工职业迁徙能力结构优化模型，可称之为"新生代农民工职业迁徙能力结构供需耦合模型"。该模型的结构类似一个"洋葱"，呈现明显的层级特点，由表及里对其解构。[③] 以洋葱模型为依据[④]，同时立足中国零工经济的实践特点，以新生代农民工职业迁徙能力的难易程度为划分标准，重点将新生代农民工职业迁徙能力拓展为"基础、核心、拓展、发展"四个等级层次，根据其结构特点，本书又将这一模型命名

---

　　① 武小龙，王涵. 农民数字素养：框架体系、驱动效应及培育路径——一个胜任素质理论的分析视角 [J]. 电子政务，2023（8）：105－119.

　　② 王峰. 基于供需耦合的大学生就业结构优化及实证研究 [D]. 徐州：中国矿业大学，2018.

　　③ 王嘉箐. 新业态下劳动者灵活就业研究 [D]. 沈阳：东北财经大学，2021.

　　④ 魏晨. 新生代农民工工作流动状况及其影响因素分析 [J]. 劳动经济，2013（5）：15－18.

为"新生代农民工职业迁徙能力洋葱模型",如图6-7所示。

新生代农民工职业迁徙能力包括可迁移的职业能力和实现迁移的职业能力。可迁移的职业能力是指在不同工作环境和任务中都能够应用的能力和技能。这些能力通常是相对不变的、更低层次的能力,是新生代农民工的基础能力。

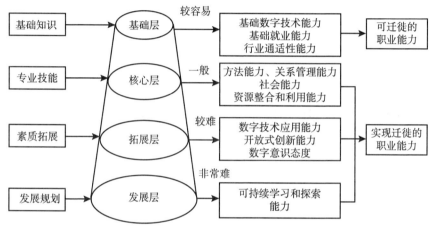

图6-7 新生代农民工职业迁徙能力结构优化模型

(1)基础能力。新生代农民工基础能力是指与工作岗位直接相关的基础能力,包括专业技能、工作经历和工作经验等,这些能力是他们能够胜任职业劳动的基本条件,也是新生代农民工在职业发展和日常生活中所必需的基本技能和知识。基础能力包括基础就业能力、行业通适性能力和基础数字技术能力。

①基础就业能力。基础就业能力包括专业知识掌握能力和岗位技能掌握能力。

专业知识掌握能力指的是指新生代农民工在特定职业或行业领域内,对相关专业知识的掌握和理解程度。这种能力对于他们在职场上的竞争力和个人发展至关重要。这些能力主要包括行业基础知识、职业技能知识、安全和健康知识、法律法规意识等。

岗位技能掌握能力是指新生代农民工在具体的工作岗位上所需具备的技能和实际操作能力，主要包括以下几个方面：技术操作能力，根据所在岗位的要求，掌握相关的技术操作技能和工艺流程，能够熟练地完成工作任务；设备使用和维护，熟悉并正确使用所在岗位所需的设备和工具，了解其基本维护和保养知识，确保设备的正常运行；安全生产知识，遵守安全操作规程，了解岗位上的安全风险和预防措施，确保自身和他人的安全。

②行业通适性能力。行业通适性能力包括操作设备工具能力、工作流程熟知能力、工作规章制度遵守能力和处理突发和异常情况能力。

新生代农民工的操作设备工具能力指的是他们在工作中对各类设备和工具的操作、使用和维护的技能。这种能力对于提高工作效率和保证工作质量至关重要。主要包括以下几个方面：设备操作，能够熟练、准确地操作各种设备和工具，包括机械、电子设备、手动工具等，以完成工作任务；设备维护，了解设备的基本结构和维护知识，能够进行日常的清洁、保养和简单的故障排除，确保设备的正常运行；安全操作，遵守设备操作的安全规范，正确使用防护装置和个人防护用品，确保操作过程中的安全。设备选择，根据工作需求选择合适的设备和工具，了解不同设备的性能和适用范围，以提高工作效率和质量。

工作流程熟知能力指的是他们对自己所从事工作的工作流程有清晰的认识和理解，并能够按照流程高效地完成任务。这种能力对于保证工作质量和提高工作效率都非常重要。主要包括以下几个方面：流程理解，能够全面、准确地理解自己所在岗位的工作流程，包括各个环节的任务、顺序和衔接关系；流程执行，严格按照工作流程进行操作，确保每个步骤都得到正确执行，不遗漏、不颠倒；流程优化，在理解流程的基础上，能够发现流程中存在的问题和瓶颈，提出改进措施，提高工作效率和质量；跨部门协作，了解其他部门或岗位的工作流程，能够与相关部门或人员进行有效的沟通和协作，确保整个工作流程的顺畅进行。

工作规章制度遵守能力指的是他们对自己所在岗位和企业的规章制度有清晰的认识，并能够自觉遵守和执行这些规定。这种能力对于维护工作秩序、促进团队协作和保障企业运营至关重要。主要包括以下几个方面：规章制度了解，全面、准确地了解所在岗位和企业的各项规章制度，包括工作纪律、安全生产、考勤管理等；自觉遵守，在工作中自觉遵守各项规章制度，不违规操作、不迟到早退、不擅离职守；规范行为，按照规章制度要求规范自己的行为，确保工作过程中的安全、高效和质量；问题反馈，发现规章制度执行中的问题或不合理之处，能够及时向相关部门或人员反馈，并提出改进建议。

处理突发和异常情况的能力是指他们在面对工作中突然出现的意外事件或不符合常规的情况时，能够迅速、冷静地作出判断和采取适当措施的能力。这种能力对于确保工作安全、减少损失和维持工作流程的连续性至关重要。

③基础数字技术能力。基础数字技术能力是指新生代农民工在数字时代所需具备的基本技术能力和信息素养。随着数字化、信息化的快速发展，掌握一定的数字技术能力对于农民工来说变得越来越重要。基础数字技术技能包括数字获取能力、数字使用能力和数字社交能力。

数字获取能力是指新生代农民工获取、处理和利用数字信息的能力。比如：信息检索、信息筛选和判断、信息获取。但随着信息技术的快速发展，数字信息的获取和利用对于新生代农民工来说变得越来越重要。这种能力不仅关系到他们在工作中的表现，也影响到他们日常生活的便利性和质量。

数字使用能力是指新生代农民工在日常生活和工作中，有效运用数字技术和工具来解决问题和完成任务的能力。这种能力不仅关乎他们在职场上的竞争力，也直接影响到他们融入现代社会的程度。比如：数字设备操作、数字软件应用、网络应用、数据理解和应用等。新生代农民工的数字社交能力是指他们在数字化环境中与他人建立、维护和发展社交关系的能力。

数字社交能力具体包括社交媒体使用。能够熟练使用社交媒体平台，如微信、微博、抖音等，创建和维护个人账号，发布和分享内容，与他人进行在线互动；在线沟通技巧。掌握有效的在线沟通技巧，包括文字表达、语音通话和视频聊天等，以确保在数字环境中能够清晰、准确地传达自己的意图和情感；建立和维护网络关系。通过数字社交方式，建立和维护与他人的关系，扩大社交圈子，获取支持和帮助。

（2）核心能力。实现迁移的职业能力是将这些能力从一种工作环境或任务中应用到另一种不同的环境或任务中，不断提升自己的职业迁徙能力，更好地适应跨行业、跨专业的不同工作环境和任务。实现迁移的职业能力对于跨行业职业发展尤为重要。当个人希望从一个行业转向另一个行业时，新生代农民工能够展示自己如何将已有的能力应用到新的领域中。实现迁移的职业能力是不断变化的、更高层次的能力。实现迁移的职业能力包括核心能力、拓展能力和发展能力。核心能力是指针对特定行业或岗位所需的核心技能和知识，包括方法能力、关系管理能力、社会能力、资源整合利用能力。

①方法能力是指新生代农民工在解决问题、完成任务和达成目标时所采用的方法和策略。它是实现迁移的职业能力中的重要组成部分，对于跨行业职业发展尤为重要。方法能力包括应变能力、问题分析和解决的能力、适应能力、决策能力、财务管理能力、领导能力。

应变能力是指新生代农民工在面对变化、压力或不确定性时，能够迅速、灵活地作出反应和调整的能力。现代社会环境变化快速，竞争激烈，因此拥有良好的应变能力对于职业发展至关重要。问题分析和解决的能力是指新生代农民工在面对问题时，能够系统地分析问题的本质、原因和影响，并有效地制定和实施解决方案的能力。这种能力对于跨行业职业发展尤为重要，因为它允许新生代农民工快速适应新环境，并有效解决各种复杂问题。

适应能力是指新生代农民工在面对环境变化、压力和挑战时，能够迅速调整自己的状态、行为和策略，以适应新环境并取得成功的能力。在跨行业职业发展中，适应能力尤为重要，因为它涉及新生代农民工从一个行业或领域转换到另一个行业或领域时，需要快速适应新的工作环境、任务要求和文化氛围的问题。

决策能力是指新生代农民工在面对各种选择和挑战时，能够理性分析、权衡利弊，并做出明智、果断决策的能力。在跨行业职业发展中，决策能力尤为重要，因为它涉及个人在职业路径选择、资源配置、风险管理等方面的决策。

财务管理能力是指新生代农民工在资金筹措、预算编制、成本控制、财务报告和风险管理等方面的能力。对于跨行业职业发展来说，掌握一定的财务管理能力是非常重要的，因为这有助于更好地理解公司的经济状况，制定合理的预算和策略，以及作出明智的决策。

领导能力是指新生代农民工在团队或组织中，能够引导和激励团队成员，实现共同目标的能力。无论是在哪个行业，领导能力都是非常重要的，因为它能够帮助个人在职业生涯中取得更好的成就和发展。

②关系管理能力是指新生代农民工在建立、维护和发展内外部关系方面的能力。这种能力对于跨行业职业发展来说至关重要，因为它能够帮助新生代农民工更好地与他人合作，实现共同目标，从而取得更好的业绩和成果。关系管理能力包括关系联络能力、关系沟通互动能力、关系维护能力和团队合作能力。

关系联络能力是指新生代农民工建立新的联系和关系网络方面的能力。这包括识别潜在的关系伙伴、主动发起接触、选择适当的沟通渠道以及建立初步的联系。这种能力对于拓展业务、寻求合作机会、获取资源以及了解行业动态都至关重要。

关系沟通互动能力是指新生代农民工在已经建立的关系中，进行有效沟通、交流和信息交换的能力。这包括清晰地表达自己的观点和需求，倾听并理解对方的意见，以及通过有效的互动来深化关系。良好的沟通能力有助于减少误解、增强信任，从而推动关系的持续发展。

关系维护能力是指新生代农民工在持续保持和发展已有关系方面的能力。这包括定期联系、提供必要的支持和帮助、解决可能出现的问题以及通过互惠互利的方式来增强关系的紧密度。关系维护能力有助于确保关系的长期稳定性和可持续发展。团队合作能力是指新生代农民工在团队中与他人协作、共同实现团队目标的能力。这包括理解团队目标、明确个人角色和责任、积极参与团队活动、与团队成员有效沟通以及处理团队冲突。

团队合作能力对于提高工作效率、增强团队凝聚力以及推动团队成功都至关重要。这些能力都是新生代农民工在跨行业职业发展中需要重视和培养的关键能力，不仅有助于建立和维护良好的人际关系，还能够提高工作效率、推动团队合作，从而为新生代农民工的成功提供有力支持。

③社会能力是指新生代农民工在社会生活中所表现出的综合能力，它涵盖了与他人互动、适应社会规则、参与社会活动以及解决社会问题的多个方面。社会能力不仅关乎个体的日常生活质量，更是其职业成功和社会融入的关键因素。包括交往能力、口头表达能力、冲突管理能力、压力管理能力和服从能力。这些能力不仅有助于新生代农民工在社交和工作中表现出色，还能够提高个人的适应性和竞争力，为未来的职业发展奠定坚实基础。

交往能力是指新生代农民工在与他人建立、保持和发展关系时展现出的能力。这包括识别他人的情感、需求和动机，以及通过有效沟通、互动和共享资源来建立深厚的关系。

口头表达能力是指新生代农民工在口头表达和交流中展现出的能力。这包括清晰、准确、有条理地表达自己的观点、想法和情感，以及通过语言来影响和说服他人。

冲突管理能力是指新生代农民工在处理和解决冲突时展现出的能力。这包括识别冲突的原因、分析冲突的各方立场、寻求妥协和解决方案，以及通过有效的沟通和谈判来化解冲突。

压力管理能力是指新生代农民工在面对压力和挑战时展现出的能力。这包括识别和管理压力源、调整心态和情绪、寻求支持和资源，以及通过有效的应对策略来减轻压力。

服从能力是指新生代农民工在遵守和执行命令、规定和决策时展现出的能力。这包括理解并接受上级的指示和要求、遵循组织的规章制度和流程，以及通过合作和协作来实现共同目标。这些能力是在跨行业职业发展中需要重视和培养的关键能力。

④资源整合利用能力是指新生代农民工在识别、获取、整合和优化利用各种资源，以实现特定目标或解决问题时所展现出的综合能力。资源整合利用能力包括资源使用能力、资源整合能力和资源拼凑能力。这些能力对于提高资源利用效率、实现目标以及应对资源挑战具有重要意义。通过培养和提升这些能力，新生代农民工可以更好地管理和利用资源，实现更高的效益和成就。

资源使用能力是指新生代农民工在有效利用和管理资源方面所展现出的能力。这包括识别资源的价值、确定资源的最佳用途，以及高效地利用这些资源来实现目标。资源整合能力是指新生代农民工在将不同来源、类型和形式的资源进行整合和优化配置时所展现出的能力。这包括识别并获取所需的资源、分析资源的特性和潜力，以及将不同的资源进行有效组合，以创造更大的价值。

资源拼凑能力是指新生代农民工在面对资源限制或缺乏时，通过创造性地组合和利用现有资源来解决问题的能力。这要求个人或组织具备创新思维和解决问题的能力，能够在有限的资源条件下，通过巧妙地组合和搭配，实现目标的达成。这些能力都是新生代农民工在管理和利用资源方面所展现出的重要能力。

（3）拓展能力是指为了适应未来职业发展或行业变化，新生代农民工需要学习和掌握的技能和知识，包括开放式创新能力、数字技术应用能力、数字意识态度。

①开放式创新能力是指新生代农民工在不断变化的环境中，通过运用已有知识和技能，提出并实施新的、有价值的想法和解决方案的能力。创新能力是个人或组织在竞争激烈的市场中脱颖而出的关键能力。开放式创新能力包括知识技能创新能力、工作方法创新能力和产品创新能力。这三种创新能力在新生代农民工的发展中都扮演着重要的角色。知识技能创新能力是新生代农民工持续学习和进步的基础，工作方法创新能力有助于提高工作效率和团队协作能力，而产品创新能力则是推动新生代农民工在市场竞争中取得优势的关键。因此，新生代农民工应该注重培养和提高这些创新能力，以适应不断变化的市场环境和竞争态势。

知识技能创新能力是指新生代农民工在掌握和应用现有知识技能的基础上，通过独立思考、学习和实践，发现新知识、新技能并将其应用于实际工作的能力。

工作方法创新能力是指新生代农民工在面对工作挑战时，能够打破传统的工作模式和方法，提出并实施新的、更有效的解决方案的能力。

产品创新能力是指新生代农民工在产品开发、设计、生产和服务过程中，能够提出并实施创新性的想法和解决方案，从而创造出具有市场竞争力的新产品和服务的能力。

②数字技术应用能力是指新生代农民工在特定职业任务中，运用已有的数学知识和技能处理问题的能力。这种能力不仅仅是计算或技

术能力，而且涵盖了数据获取与整理、数字计算与分析以及数据展示与应用等多个方面。具体体现在以下方面：在数字技术应用能力中，数据获取与整理能力指的是新生代农民工能够选择适当的方法和手段来收集、整理和组织数据，这包括从各种来源获取数据，对数据进行清洗、分类和整理，以便后续的分析和应用；数字计算与分析能力，新生代农民工能够运用数学和统计知识对数据进行计算和分析，这包括使用代数、几何、概率等数学工具来解决问题，以及运用数据分析方法来揭示数据的内在规律和趋势；数据展示与应用能力，是新生代农民工能够将分析结果以适当的形式展示出来，并应用于实际问题中，这包括使用图表、图像、报告等形式来展示数据，以及将分析结果应用于决策、预测、优化等实际任务中。在跨行业职业发展中，数字技术应用能力已经成为一项非常重要的技能。无论是从事哪个行业，都需要具备一定的数字技术应用能力来适应数字化时代的需求。因此，新生代农民工应该注重培养和提升自己的数字技术应用能力，以更好地应对未来的职业挑战和发展机遇。数字技术应用能力包括数字分析能力、数字创意能力。在现代社会，数字分析能力和数字创意能力正变得越来越重要。随着大数据和数字化技术的普及，平台型企业需要依靠数字分析来优化运营、制定策略，并通过数字创意来增强品牌影响力、提升用户体验。因此，培养和提高这两种能力对于新生代农民工职业发展以及组织竞争力提升具有重要意义。

数字分析能力是指新生代农民工在处理和分析数字数据时，能够准确理解、有效运用数字信息，并从中提取有价值信息的能力。这包括对数据的收集、整理、解读和运用，通过统计方法、数据模型或其他分析工具来揭示数据背后的趋势、模式或关联。

数字创意能力是指新生代农民工在数字技术和媒体平台上，能够创造出新颖、有趣和吸引人的数字内容的能力。这涉及对数字设计、多媒体制作、交互界面、数字艺术等方面的理解和应用。

③数字意识态度是指新生代农民工在日常生活和工作中，对数字和信息技术的敏感度和接受程度，以及在使用数字工具时表现出的态度和行为。这种意识态度反映了新生代农民工对数字化时代的认知、适应和响应能力。数字意识态度包括数字安全与健康能力、数字伦理与道德能力。数字安全与健康能力和数字伦理与道德能力是新生代农民工在数字世界中不可或缺的重要能力。它们共同构成了数字素养的重要组成部分，对于维护个人和组织的数字安全、促进数字社会的健康发展具有重要意义。

数字安全与健康能力是指新生代农民工在数字环境中保护自身系统和数据安全，以及维护数字健康和福祉的能力。这涵盖了多个方面，如网络安全防护、数据隐私保护、数字身份管理，以及合理使用数字设备和技术等。在网络安全方面，包括识别和预防网络攻击、保护数据免受未经授权的访问和泄露，以及维护系统的稳定运行。数据隐私保护则要求个人和组织妥善管理个人信息，防止未经授权的收集和滥用。数字身份管理涉及保护个人身份信息的真实性和完整性，防止身份盗窃和滥用。

数字伦理与道德能力是指新生代农民工在数字世界中遵循伦理准则和道德规范，以及承担相应责任和义务的能力。这涉及在数字环境中的行为准则、价值观判断和道德决策等方面。在数字伦理方面，新生代农民工需要遵循一些基本准则，如尊重他人隐私、保护知识产权、避免传播虚假信息等。

（4）发展能力主要是指有助于新生代农民工持续学习和成长的能力，主要是可持续学习和探索能力。

可持续学习和探索能力包括主动学习的能力、环境变化思考能力、知识技能反思能力、知识技能识别能力、自我规划与管理能力。

主动学习的能力是指新生代农民工积极寻找、筛选并吸收新知识、新技能的能力。这种能力不仅仅局限于传统的学习，更包括从日常经验、网络资源、与他人交流等多种途径中自主学习。

环境变化思考能力是指新生代农民工在面对外部环境变化时，能够迅速调整思维，适应新情境，并思考应对策略的能力。这包括对社会、经济、技术等多方面环境变化的敏感度和适应性。

知识技能反思能力是指新生代农民工在掌握和应用知识技能的过程中，能够对自己的学习成果进行反思和评价，从而不断改进和提高的能力。这包括对所学知识的深度思考，对技能应用效果的评估，以及对自身学习方法的调整。

知识技能识别能力是指新生代农民工在面对大量信息时，能够准确判断其价值和相关性，从而筛选出对自己有用的知识和技能的能力。这包括对信息来源的可靠性、信息内容的真实性和有用性进行判断和评价。

自我规划与管理能力是指新生代农民工能够根据自己的目标和需求，制定合理的学习计划，并有效管理自己的时间、资源和情绪的能力。这包括设定明确的学习目标，制定详细的学习计划，合理安排时间，以及对自己的学习进度和成果进行监控和评估，实现高效学习和自我发展。

从供给侧角度来讲，新生代农民工感知职业迁徙能力的重要程度是以基础知识、基本技能与基础就业能力的重要性为基础，以就业为方向，更为关注新生代农民工的行业通适性技能、基础数字技能等基础知识的培养。而从需求侧角度来讲，平台型企业对新生代农民工职业迁徙能力的要求是以是否符合该岗位的专业能力要求为基础，以胜任为方向，更为关注的是新生代农民工的社会能力、方法能力、关系管理能力以及资源整合和利用能力；以适应为方向，更为关注新生代农民工的数字技术应用能力、数字意识态度以及开放式创新能力；以发展为方向，更为关注新生代农民工的可持续学习和探索能力等综合素质的培养。

　　本书构建的新生代农民工就业能力供需耦合结构优化模型，综合考量了基于供给侧新生代农民工感知职业迁徙能力以及需求侧平台型企业评价分析，对比分析新生代农民工自身及用人单位这两种不同视角下的职业迁徙能力感知和评价的差异，并且融入了数字经济下供给侧适应及助力需求侧调整的改革方向，是一个较为系统的、实用的、优化的新生代农民工职业迁徙结构模型。

　　本书构建的新生代农民工职业迁徙能力结构模型层次分明，层级较为丰富，与胜任力模型中的洋葱模型相似。洋葱模型是美国学者理查德·博亚特兹根据麦克利兰冰山模型的演变而提出的，越向外层，越易于培养和评价；越向内层，越难以评价和习得。[①] 以新生代农民工职业迁徙能力的难易程度为划分标准，将新生代农民工职业迁徙能力拓展为"基础、核心、拓展、发展"四个等级层次。基础层是最外层，是新生代农民工较容易获得和培养的职业迁徙能力；核心层是次外层，是新生代农民工一般能获得和培养的职业迁徙能力；拓展层是中间层，是新生代农民工较难能获得和培养的职业迁徙能力；发展层是最中心层，是新生代农民工非常难能获得和培养的职业迁徙能力。

　　总体而言，新生代农民工职业迁徙能力结构优化模型是一个整合的职业迁徙能力分析框架，新生代农民工职业迁徙能力结构的四个要素不只是形成一个职业迁徙能力层次结构，而且不同的要素对职业迁徙能力的建构具有不同的作用和重要性程度，在许多情况下这些因素互相影响、共同促进就业。新生代农民工职业迁徙能力结构要素之间的关系，符合胜任力洋葱模型的基本逻辑，基本原理是职业迁徙能力结构核心层、深层次因素"推动"或"阻碍"外层、浅层次的因素，进而影响职业迁徙能力作用于就业的过程及结果。

---

　　① Borgmann A. Technology and the character of contemporary life: A philosophy inquiry [M]. London: The University of Chicago Press, 1984: 42.

# 第7章　基于供需耦合的新生代
## 农民工职业迁徙能力
## 结构模型实证研究

## 7.1　新生代农民工职业迁徙能力
### 结构问卷设计与预测试

针对新生代农民工职业迁徙能力结构要素，参考以往文献中的测量量表①，并结合本书的实际情况，进行量表修正、量表题项自编，形成了新生代农民工职业迁徙能力结构要素测量量表，如表7－1所示。

表7－1　　　　　新生代农民工职业迁徙能力测量量表

| 核心范畴 | 主范畴 | 范畴 | 测量题项 | 题号 |
|---|---|---|---|---|
| 可迁移的职业能力 | 基础数字技术能力 | 数字获取能力 | 我具有使用数字工具搜寻数据信息并对数字内容进行有效识别的知识能力 | SJ1 |
| | | 数字使用能力 | 我能熟练使用数字工具和平台 | SJ2 |
| | | 数字社交能力 | 我具有使用数字工具和数字平台完成互动交流、信息传递与资源共享的基本能力 | SJ3 |

---

① 郑爱翔，李肖夫. 新生代农民工市民化进程中职业能力动态演进 [J]. 华南农业大学学报（社会科学版），2019（1）：33－43.

续表

| 核心范畴 | 主范畴 | 范畴 | 测量题项 | 题号 |
|---|---|---|---|---|
| 可迁移的职业能力 | 基础就业能力 | 专业知识掌握能力 | 我掌握工作所需要的文化知识 | JY1 |
| | | 岗位技能掌握能力 | 我掌握能够满足岗位需要的专业技能 | JY2 |
| | 行业通适性能力 | 操作设备工具能力 | 我能够在工作中熟练操作设备工具 | TS1 |
| | | 工作流程熟知能力 | 我熟知工作各项流程 | TS2 |
| | | 工作规章制度遵守能力 | 我在日常工作中严格遵守公司的规章制度和规范 | TS3 |
| | | 处理突发和异常情况能力 | 遇到突发事件和异常情况时，我表现出良好的应对能力，并作出准确、明智的决策 | TS4 |
| 实现迁移的职业能力 | 社会能力 | 交往能力 | 我有较强的与客户和同事交往能力 | SH1 |
| | | 口头表达能力 | 我有较强的口头表达能力 | SH2 |
| | | 冲突管理能力 | 我能处理好与同事或客户之间的矛盾和冲突 | SH3 |
| | | 压力管理能力 | 压力过大时我能够控制情绪，保持冷静 | SH4 |
| | | 服从能力 | 我能很好地服从公司的安排 | SH5 |
| | 可持续学习和探索能力 | 主动学习的能力 | 我能够主动学习新的知识和新技术，并迅速应用到工作中 | XN1 |
| | | 环境变化思考能力 | 我会定期思考职业环境变化对个人职业发展的影响 | XN2 |
| | | 知识技能反思能力 | 为了满足职业发展需求，我经常思考现有知识技能的不足 | XN3 |
| | | 知识技能识别能力 | 我能够识别有发展潜力以及有价值的知识技能 | XN4 |
| | | 自我规划与管理能力 | 能够设定职业生涯规划目标和方向，并进行自我管理 | XN5 |
| | 资源整合利用能力 | 资源使用能力 | 我能使用现有的资源处理新问题 | ZN1 |
| | | 资源整合能力 | 我能整合现有的资源应对新的挑战 | ZN2 |
| | | 资源拼凑能力 | 我能拼凑现有的资源应对更大的挑战 | ZN3 |
| | 关系管理能力 | 关系联络能力 | 我能够与客户或同事保持密切的联系 | GN1 |
| | | 关系沟通互动能力 | 我能够与客户或同事相互有效沟通，并相互提供帮助 | GN2 |

续表

| 核心范畴 | 主范畴 | 范畴 | 测量题项 | 题号 |
|---|---|---|---|---|
| 实现迁移的职业能力 | 关系管理能力 | 关系维护能力 | 我能从双赢的角度来思考如何发展双方互惠互利的关系 | GN3 |
| | | 团队合作能力 | 我能与跨行业的单位、部门的同事和客户建立协同合作关系 | GN4 |
| | 数字技术应用能力 | 数字分析能力 | 我能对数据进行定性和定量分析 | SN1 |
| | | 数字创意能力 | 我能进行数字化包装和内容编辑，并能进行创意化表达、输出和传播 | SN2 |
| | 数字意识态度 | 数字安全与健康能力 | 我能够保护个体的数据、信息和隐私，合理健康地使用数字工具 | ST1 |
| | | 数字伦理与道德能力 | 我能在数字生活世界中履行数字责任、遵守数字法则和遵循数字礼仪 | ST2 |
| | 开放式创新能力 | 知识技能创新能力 | 我会利用已有的技术来增加、改良或者创新产品或服务的功能和种类 | CN1 |
| | | 工作方法创新能力 | 我会主动思考能够提高工作效率的新方法 | CN2 |
| | | 产品创新能力 | 我会非常重视开发全新的技术、产品和服务 | CN3 |
| | 方法能力 | 应变能力 | 我能对外界环境的变化或突发事件随机应变，并做出灵活、迅速、敏捷的反应 | FN1 |
| | | 问题分析和解决的能力 | 我能够分析工作中出现的问题并迅速解决 | FN2 |
| | | 适应能力 | 我能在不同岗位和职业之间转换，并快速地适应 | FN3 |
| | | 决策能力 | 我能够对大量决策方案的优缺点进行比较，之后确定决策 | FN4 |
| | | 财务管理能力 | 我能通过控制开支和优化流程等手段实现利润最大化 | FN5 |
| | | 领导能力 | 我具备一定的领导能力，能够在某些情况下带领团队或指导他人 | FN6 |

在量表形成的基础上，编制新生代农民工职业迁徙能力结构测评问卷，面向新生代农民工进行问卷调查（见附件7）。调查问卷包括两大部分：一是新生代农民工职业迁徙能力结构量表，二是新生代农民工基本信息。新生代农民工职业迁徙能力结构量表中，题项均按Likert5级评分法进行测量，询问被调查者题项与自己的真实情况是否相符，1为非常不符合，2为比较不符合，3为一般符合，4为比较符合，5为非常符合。

## 7.2　样本选择和数据收集

在市民化进程中，新生代农民工往往展现出一条明确的职业发展路径。[①] 对于他们而言，在数字平台型企业中的职业起点通常是初级零工岗位，随后这一群体可能逐步晋升至基层技术或管理岗位、中层技术或管理岗位，乃至高层技术或管理岗位等多个层级。[②③] 鉴于这一分类框架能够有效揭示新生代农民工的职业成长轨迹，研究团队在选定目标企业后，采纳了类似的岗位分层体系，并通过分层随机抽样的策略，对新生代农民工发放了问卷，以期获取更为精准的数据。

在浙江省等地区，本书共发放了532份问卷，成功回收502份，回收率高达94.37%。为确保回收问卷的数据质量，笔者对问卷进行了细致的筛选工作，剔除了那些包含单一重复选项或逻辑错误的问卷，最终的有效问卷回收率为91.2%，即有效问卷数量为458份，这

---

① 郑爱翔，李黎丹. 新生代农民工市民化进程中的职业技能开发策略及动态演进规律——一项基于扎根理论的研究 [J]. 教育发展研究，2022（3）：25-33.
② 刘传江. 新生代农民工的特点、挑战与市民化 [J]. 人口研究，2010（2）：34-39.
③ 张宏如，李群，彭伟. 供给侧改革视阈中的新生代农民工就业转型研究 [J]. 管理世界，2017（6）：170-171.

一样本规模满足了研究所需的数量要求。[①] 100 份问卷来自无技术零工或一线业务岗位；108 份问卷来自初级技术零工或初级管理岗位包括外卖送餐、快递配送、网约车、网络主播、电商微商推广和家政服务等人员，占比 45.3%；168 份问卷来自中级技术零工或中级管理岗位，包括站长、中队长、中级主播等相关人员，占比 36.7%；82 份来自高级技术零工或高级管理岗位，包括配送经理、直播运营经理、网约车大队长、家政服务经理等高级平台企业管理层领导岗位，占比 18%。本次调查样本描述性统计结果如表 7 - 2 所示。

表 7 - 2　　新生代农民工职业迁徙能力结构测评样本描述性统计

| 归类 | 类型 | 样本数 | 百分比（%） |
| --- | --- | --- | --- |
| 性别 | 男 | 294 | 64.3 |
| | 女 | 164 | 35.7 |
| 婚姻状况 | 已婚 | 357 | 78.0 |
| | 未婚 | 101 | 22.0 |
| 学历 | 本科及以上 | 17 | 3.70 |
| | 大专 | 95 | 20.7 |
| | 高中及中专 | 238 | 51.9 |
| | 初中及以下 | 109 | 23.7 |
| 年龄 | 16~20 岁 | 10 | 2.10 |
| | 21~25 岁 | 38 | 8.30 |
| | 26~30 岁 | 65 | 14.1 |
| | 31~35 岁 | 158 | 34.6 |
| | 36~41 岁 | 141 | 30.7 |
| | 41 岁以上 | 47 | 10.2 |
| 工作性质 | 专职 | 285 | 62.3 |
| | 兼职 | 173 | 37.7 |

① 吴明隆.SPSS 统计应用实务 [M].北京：中国铁道出版社，2000：77.

续表

| 归类 | 类型 | 样本数 | 百分比（%） |
|---|---|---|---|
| 工种 | 快递员 | 117 | 25.6 |
| | 外卖骑手 | 102 | 22.3 |
| | 网约车司机 | 99 | 21.6 |
| | 网络主播/电商 | 50 | 10.9 |
| | 平台自媒体创作者 | 41 | 8.9 |
| | 社群产品代理人 | 28 | 6.1 |
| | 家政服务人员 | 16 | 3.6 |
| | 依托于平台的自由职业者 | 11 | 2.5 |
| 工作年限 | 1 年以下 | 47 | 10.3 |
| | 1~3 年 | 228 | 49.7 |
| | 3~5 年 | 159 | 34.8 |
| | 5~10 年 | 24 | 5.20 |
| 收入 | 1600~3000 元 | 34 | 7.32 |
| | 3001~4000 元 | 71 | 15.4 |
| | 4001~6000 元 | 169 | 36.8 |
| | 6001~8000 元 | 136 | 29.8 |
| | 8001~10000 元 | 19 | 4.10 |
| | 10000~15000 元 | 17 | 3.79 |
| | 15000 元以上 | 13 | 2.79 |
| 工作岗位 | 无技术零工或一线业务人员 | 100 | 21.8 |
| | 初级技术零工或管理人员 | 108 | 23.5 |
| | 中级技术零工或管理人员 | 168 | 36.7 |
| | 高级技术零工或管理人员 | 82 | 18.0 |

从样本的基本特征来分析，本次调研中，男性新生代农民工的比例略高于女性。在年龄分布上，大多数受访者的年龄集中在 31~35 岁之间。婚姻状况方面，已婚人士占据了 78% 的比例。就学历而言，多数新生代农民工拥有高中或中专学历。关于工作岗位，初级技术或

初级管理人员占比达到了45.3%。在收入层面，多数新生代农民工的月收入位于4001～6000元。这些描述性统计分析的结果，与国家统计局发布的《2022年农民工监测调查报告》中相关类别的统计数据相近，从而表明本次调研的结果具有一定的代表性和参考价值。

## 7.3　新生代农民工职业迁徙能力结构量表的探索性因子分析

探索性因子分析是在尚不明确理论模型框架的前提下，通过分析结果来构建适合的概念模型框架的方法。[1] 探索性因子分析主要检验量表提取的因子数量是否与量表纬度一致，每个公因子对应的题项与量表各维度包含的题项是否一致。[2] 本书利用SPSS 24.0软件对458份数据进行新生代农民工职业迁徙能力结构量表的探索性因子分析。

进行探索性因子分析之前，本书首先采用了KMO检验和Bartlett球形检验来评估样本数据是否适宜进行因素分析。具体而言，KMO值的大小反映了变量间共同因素的多少，其值越大，表明越适合进行因子分析；相反，若KMO值小于0.5，则表明样本数据不适合进行因子分析。[3] 针对新生代农民工职业迁徙结构量表的数据，其KMO值为0.934，同时Bartlett球度检验的卡方值达到了92305.734，且球形度检验的显著性水平为0.000，如表7-3所示。这些统计结果共同表明，本次研究的样本数据非常适合进行后续的因子分析。

---

① 郑爱翔，蒋宏成，刘艳，等．基于混合研究方法的新生代农民工职业能力结构维度研究 ［J］．农村教育，2022，43（7）：59-65.

② ANDERSON N R，WEST M A. Measuring climate for work group innovation：development and validation of the team climate inventory ［J］. JOURNAL OF ORGANIZATIONAL BEHAVIOR，1998，19（3）：235-258.

③ 吴明隆．SPSS统计应用实务 ［M］．北京：中国铁道出版社，2000：77.

表 7 – 3　　　　新生代农民工职业迁徙能力结构测评 KMO 和巴特利特检验

| KMO 取样适切性量数 | | 0.934 |
| --- | --- | --- |
| 巴特利特球形度检验 | 近似卡方 | 92305.734 |
| | 自由度 | 5432 |
| | 显著性 | 0.000 |

　　随后，本书运用了主成分分析法来执行因子分析，过程中抽取了特征值大于 1 的因子，并且未对因子的提取数量进行预设限制。在旋转方法上，选择了最大方差法进行正交旋转。为了确保分析的准确性，我们剔除了因子载荷小于 0.50 的项目，以及那些存在多重载荷或交叉载荷较高的项目。每删除一个此类项目后，都会重新进行因子分析，这一探索过程被多次重复，直至变异累积率趋于稳定，同时抽取出的因子数目以及各因子所包含的项目也达到稳定状态。经过 10 次迭代后，分析收敛，最终成功提取出了基础数字技术能力、基础就业能力、行业通适性能力、社会能力、可持续学习和探索能力、资源整合利用能力、关系管理能力、数字技术应用能力、数字意识态度、开放式创新能力、方法能力 11 个公因子，共保留 39 个项目，总解释方差为 73.156%。具体项目及其在各因子的载荷如表 7 – 4 所示，总方差解释情况如表 7 – 5 所示。

　　通常来说，因子载荷系数要大于 0.5 才能说明该变量与因子之间存在明显的相关关系。[①] 由因子载荷可见，因子内所包含的项目在该因子上的载荷较高，最低为 0.537，最高为 0.908，说明各因子与对应的题项关系密切，题项对因子的依赖程度较高。

---

　　① 张文彤. SPSS 统计分析基础教程（第 3 版高等学校教材）［M］. 北京：高等教育出版社，2017：106.

表 7-4　新生代农民工职业迁徙能力结构因子载荷矩阵

| 项目 | 成分 | | | | | | | | | | |
|---|---|---|---|---|---|---|---|---|---|---|---|
| | 1 | 2 | 3 | 4 | 5 | 6 | 7 | 8 | 9 | 10 | 11 |
| 基础就业能力 1——专业知识掌握能力 | 0.871 | | | | | | | | | | |
| 基础就业能力 1——岗位技能掌握能力 | 0.842 | | | | | | | | | | |
| 行业通适性能力 2——操作设备工具能力 | | 0.784 | | | | | | | | | |
| 行业通适性能力 2——工作流程熟知能力 | | 0.765 | | | | | | | | | |
| 行业通适性能力 2——工作规章制度遵守能力 | | 0.773 | | | | | | | | | |
| 行业通适性能力 2——处理突发和异常情况能力 | | 0.787 | | | | | | | | | |
| 基础数字技术能力 3——数字获取能力 | | | 0.663 | | | | | | | | |
| 基础数字技术能力 3——数字使用能力 | | | 0.679 | | | | | | | | |
| 基础数字技术能力 3——数字社交能力 | | | 0.633 | | | | | | | | |
| 社会能力 4——交往能力 | | | | 0.833 | | | | | | | |
| 社会能力 4——口头表达能力 | | | | 0.809 | | | | | | | |
| 社会能力 4——冲突管理能力 | | | | 0.779 | | | | | | | |
| 社会能力 4——压力管理能力 | | | | 0.689 | | | | | | | |
| 社会能力 4——服从能力 | | | | 0.845 | | | | | | | |
| 可持续学习和探索能力 5——主动学习的能力 | | | | | 0.908 | | | | | | |

续表

| 项目 | 成分 | | | | | | | | | | |
|---|---|---|---|---|---|---|---|---|---|---|---|
| | 1 | 2 | 3 | 4 | 5 | 6 | 7 | 8 | 9 | 10 | 11 |
| 可持续学习和探索能力5——环境变化思考能力 | | | | | 0.879 | | | | | | |
| 可持续学习和探索能力5——知识技能反思能力 | | | | | 0.881 | | | | | | |
| 可持续学习和探索能力5——知识技能识别能力 | | | | | 0.763 | | | | | | |
| 可持续学习和探索能力5——自我规划与管理能力 | | | | | 0.837 | | | | | | |
| 资源整合利用能力6——资源使用能力 | | | | | | 0.537 | | | | | |
| 资源整合利用能力6——资源整合能力 | | | | | | 0.638 | | | | | |
| 资源整合利用能力6——资源拼凑能力 | | | | | | 0.722 | | | | | |
| 关系管理能力7——关系联络能力 | | | | | | | 0.737 | | | | |
| 关系管理能力7——关系沟通互动能力 | | | | | | | 0.783 | | | | |
| 关系管理能力7——关系维护能力 | | | | | | | 0.642 | | | | |
| 团队合作能力7——团队合作能力 | | | | | | | 0.540 | | | | |
| 数字技术应用能力8——数字分析能力 | | | | | | | | 0.901 | | | |
| 数字技术应用能力8——数字创意能力 | | | | | | | | 0.903 | | | |
| 数字意识态度9——数字安全与健康能力 | | | | | | | | | 0.711 | | |
| 数字意识态度9——数字伦理与道德能力 | | | | | | | | | 0.736 | | |

续表

| 项目 | 成分 | | | | | | | | | | |
|---|---|---|---|---|---|---|---|---|---|---|---|
| | 1 | 2 | 3 | 4 | 5 | 6 | 7 | 8 | 9 | 10 | 11 |
| 开放式创新能力 10——知识技能创新能力 | | | | | | | | | | 0.802 | |
| 开放式创新能力 10——工作方法创新能力 | | | | | | | | | | 0.763 | |
| 开放式创新能力 10——产品创新能力 | | | | | | | | | | 0.824 | |
| 方法能力 11——应变能力 | | | | | | | | | | | 0.834 |
| 方法能力 11——问题分析和解决的能力 | | | | | | | | | | | 0.799 |
| 方法能力 11——适应能力 | | | | | | | | | | | 0.643 |
| 方法能力 11——决策能力 | | | | | | | | | | | 0.527 |
| 方法能力 11——财务管理能力 | | | | | | | | | | | 0.732 |
| 方法能力 11——领导能力 | | | | | | | | | | | 0.859 |

注：提取方法：主成分分析法。旋转方法：凯撒正态化最大方差法。

a. 旋转在 10 次迭代后已收敛。

表 7 - 5　　　　　新生代农民工职业迁徙能力结构因子总方差解释率

| 成分 | 初始特征值 | | | 提取载荷平方和 | | | 旋转载荷平方和 | | |
|---|---|---|---|---|---|---|---|---|---|
| | 总计 | 方差百分比 | 累计（％） | 总计 | 方差百分比 | 累计（％） | 总计 | 方差百分比 | 累计（％） |
| 1 | 7.898 | 54.451 | 54.451 | 7.898 | 54.451 | 54.451 | 3.122 | 23.287 | 23.287 |
| 2 | 2.325 | 62.747 | 62.747 | 2.325 | 62.747 | 62.747 | 3.061 | 21.745 | 34.176 |
| 3 | 2.112 | 67.832 | 67.832 | 2.112 | 67.832 | 67.832 | 2.879 | 19.784 | 44.231 |
| 4 | 1.992 | 71.367 | 71.367 | 1.992 | 71.367 | 71.367 | 3.112 | 20.892 | 47.892 |
| 5 | 1.734 | 72.676 | 72.676 | 1.734 | 72.676 | 72.676 | 2.569 | 18.056 | 52.331 |
| 6 | 1.623 | 77.912 | 77.912 | 1.623 | 77.912 | 77.912 | 3.034 | 19.032 | 54.765 |
| 7 | 1.431 | 80.721 | 80.721 | 1.431 | 80.721 | 80.721 | 4.355 | 18.113 | 58.689 |
| 8 | 1.092 | 84.321 | 84.321 | 1.092 | 84.321 | 84.321 | 2.601 | 17.048 | 60.421 |
| 9 | 0.931 | 87.092 | 87.092 | 0.931 | 87.092 | 87.092 | 2.067 | 15.673 | 63.207 |
| 10 | 0.832 | 90.321 | 90.321 | 0.832 | 90.321 | 90.321 | 1.547 | 10.654 | 67.873 |
| 11 | 0.747 | 2.635 | 73.156 | 0.747 | 2.635 | 73.156 | 1.764 | 7.834 | 73.156 |

　　总方差解释率代表取出的因子对原有指标的解释能力，方差解释率越大，说明该因子包含的信息越多，对原有指标的解释能力越强，累积方差解释率一般认为大于60%为宜。[①] 如表7 - 5数据中旋转后累积方差解释率为73.156%，说明这11个因子共可以提取出原有指标73.156%的信息。

　　据因子分析的结果，我们得以揭示新生代农民工就业能力的结构维度及其各项构成要素，具体如表7 - 6所示。这一发现有效地验证了本书对于新生代农民工职业迁徙能力结构模型优化构想的正确性。总体来看，经过优化后的探索性因子分析所得出的维度分布，与原先

---

　　① 周俊. 问卷数据分析：破解 SPSS 软件的六类分析思路. 第2版 [M]. 北京：电子工业出版社，2020：4.

基于扎根理论所形成的职业迁移能力各维度分布保持了一致性。这一发现不仅表明前期的扎根理论研究结果具有合理性，而且得到了实证结果的有力支持。

表 7 - 6　　　　　新生代农民工职业迁徙能力结构及构成要素

| 结构维度 | 构成要素 |
| --- | --- |
| 基础就业能力 | 专业知识掌握能力、岗位技能掌握能力 |
| 行业通适性能力 | 操作设备工具能力、工作流程熟知能力、工作规章制度遵守能力、处理突发和异常情况能力 |
| 基础数字技术能力 | 数字获取能力、数字使用能力、数字社交能力 |
| 社会能力 | 交往能力、口头表达能力、冲突管理能力、压力管理能力、服从能力 |
| 可持续学习和探索能力 | 主动学习的能力、环境变化思考能力、知识技能反思能力、知识技能识别能力、自我规划与管理能力 |
| 资源整合利用能力 | 资源使用能力、资源整合能力、资源拼凑能力 |
| 关系管理能力 | 关系联络能力、关系沟通互动能力、关系维护能力、团队合作能力 |
| 数字技术应用能力 | 数字分析能力、数字创意能力 |
| 数字意识态度 | 数字安全与健康能力<br>数字伦理与道德能力 |
| 开放式创新能力 | 知识技能创新能力、工作方法创新能力、产品创新能力 |
| 方法能力 | 应变能力、问题分析和解决的能力、适应能力、决策能力、财务管理能力、领导能力 |

# 7.4　新生代农民工职业迁徙能力结构量表的验证性因子分析

验证性因子分析，是用于验证探索性因子分析的因子结构模型能否拟合其他样本数据。在通过探索性因子分析提取了具有理论意义的因子后，本书另外采集样本对探索性因子分析得到的新生代农民工职业迁徙能力结构模型进行验证。

本次调查采用网络问卷形式进行发放，本书委托浙江省省内20家平台型企业的人力资源部门的经理、招聘负责人以及各个站点的站长，向所在企业的管理群转发问卷链接，并设置使用微信填答，限定同一微信号仅能填答一次。为了鼓励大家积极填写，调查中还设置了红包问卷形式作为激励和感谢。本次调研回收问卷690份，剔除无效问卷以及异常值样本数据，最终有效问卷643份，回收率为93.18%，此次调查的样本分布情况如表7-7所示。

表7-7　　　　　　　新生代农民工样本描述性统计

| 归类 | 类型 | 样本数 | 百分比（%） |
|---|---|---|---|
| 性别 | 男 | 367 | 57.1 |
| | 女 | 276 | 42.9 |
| 婚姻状况 | 已婚 | 437 | 68.0 |
| | 未婚 | 206 | 32.0 |
| 学历 | 本科及以上 | 23 | 3.60 |
| | 大专 | 147 | 22.8 |
| | 高中及中专 | 334 | 51.9 |
| | 初中及以下 | 174 | 21.7 |
| 年龄 | 16~20岁 | 14 | 2.10 |
| | 21~25岁 | 34 | 5.30 |
| | 26~30岁 | 91 | 14.1 |
| | 31~35岁 | 242 | 37.6 |
| | 36~41岁 | 197 | 30.7 |
| | 41岁以上 | 66 | 10.2 |
| 工作性质 | 专职 | 470 | 73.1 |
| | 兼职 | 173 | 26.9 |

续表

| 归类 | 类型 | 样本数 | 百分比（%） |
|---|---|---|---|
| 工种 | 快递员 | 156 | 24.2 |
| | 外卖骑手 | 153 | 23.8 |
| | 网约车司机 | 139 | 21.6 |
| | 网络主播/电商 | 63 | 9.8 |
| | 平台自媒体创作者 | 54 | 8.4 |
| | 社群产品代理人 | 40 | 6.2 |
| | 家政服务人员 | 21 | 3.3 |
| | 依托于平台的自由职业者 | 17 | 2.7 |
| 工作年限 | 1 年以下 | 60 | 9.3 |
| | 1~3 年 | 326 | 50.7 |
| | 3~5 年 | 211 | 32.8 |
| | 5~10 年 | 46 | 7.20 |
| 收入 | 1600~3000 元 | 34 | 5.32 |
| | 3001~4000 元 | 112 | 17.4 |
| | 4001~6000 元 | 237 | 36.8 |
| | 6001~8000 元 | 192 | 29.8 |
| | 8001~10000 元 | 26 | 4.10 |
| | 10000~15000 元 | 25 | 3.89 |
| | 15000 元以上 | 17 | 2.69 |
| 工作岗位 | 无技术零工或一线业务人员 | 155 | 24.1 |
| | 初级技术零工或管理人员 | 103 | 16.1 |
| | 中级技术零工或管理人员 | 249 | 38.7 |
| | 高级技术零工或管理人员 | 136 | 21.1 |

运行 AMOS 22.0 软件，按照探索性因子分析得到的因子结构绘出初始模型，导入样本数据，采用最大似然估计法，选择标准化系数的方式进行样本数据估计，运行后，得到新生代农民工职业迁徙能力结构模型拟合度数据。

根据表7-8所展示的模型拟合度指数，本书模型的各项拟合指标均表现出良好水平。具体而言，CMIN/DF 的值为 2.781，落在了 1~3 的理想区间内；RMSEA 的值为 0.042，低于 0.05 的阈值；RMR 的值为 0.027，同样小于 0.05 的标准。此外，GFI、AGFI、CFI、NFI、IFI、PNFI、PCFI 以及 AGFI 等拟合度指数的值均超过了 0.9，且通常认为这些指数越接近 1，模型的拟合效果越好。综上所述，本书构建的模型具有良好的拟合效果。

表 7-8 验证性因子分析的模型拟合度

| 指标 | CMIN/DF | RMSEA | RMR | GFI | AGFI | CFI | IFI | NFI | PNFI | PCFI |
|------|---------|-------|------|------|------|------|------|------|------|------|
| 值 | 2.781 | 0.042 | 0.027 | 0.908 | 0.912 | 0.925 | 0.935 | 0.936 | 0.937 | 0.926 |
| 评价 | <3 | <0.05 | <0.05 | >0.9 | >0.9 | >0.9 | >0.9 | >0.9 | >0.9 | >0.9 |

在完成本阶段的检验之后，需要对模型进行信度和效度的进一步验证。信度即测量结果的稳定性、一致性和可靠性，通常采用 Cronbach's α 系数来评估。根据表7-9的数据，各潜变量的 Cronbach's α 系数均超过0.8，这表明测量模型具有较高的内部一致性。

效度检验则是用来评估量表的有效程度，即测量工具能否准确测出所需测量的事物，它主要包含内容效度和结构效度两个方面。从内容效度的角度来看，本书中的所有题项都来源于一手调研资料，并经过扎根理论的三级编码过程萃取形成，之后又通过因子分析进行了题项的纯化，因此可以认为具有较好的内容效度。

结构效度则进一步分为聚合效度和区分效度。聚合效度用于评估同一构想下多重指标间的聚合或关联程度，通常通过组合信度（C.R.）和平均提取方差值（AVE）等指标来测量。如果每个因子的 AVE 值大于 0.5，且 CR 值大于 0.7，则说明模型具有良好的聚合效度。根据表7－9的数据，本书中各潜变量的 C. R. 值均超过0.7，且 AVE 值均大于0.5，均达到了标准，这表明模型具有良好的聚合效度。

表7－9　　　各潜变量的 Cronbach's α 值、AVE 值和 C. R. 值

| 维度 | 测量题项 | Cronbach's α | AVE | C. R. |
|---|---|---|---|---|
| 基础就业能力 | JY1 | 0.807 | 0.673 | 0.824 |
| | JY2 | | | |
| 行业通适性能力 | TS1 | 0.821 | 0.553 | 0.835 |
| | TS2 | | | |
| | TS3 | | | |
| | TS4 | | | |
| 基础数字技术能力 | SJ1 | 0.832 | 0.612 | 0.833 |
| | SJ2 | | | |
| | SJ3 | | | |
| 社会能力 | SH1 | 0.853 | 0.511 | 0.821 |
| | SH2 | | | |
| | SH3 | | | |
| | SH4 | | | |
| | SH5 | | | |
| 可持续学习和探索能力 | XN1 | 0.867 | 0.714 | 0.857 |
| | XN2 | | | |
| | XN3 | | | |
| | XN4 | | | |
| | XN5 | | | |
| 资源整合利用能力 | ZN1 | 0.839 | 0.556 | 0.861 |
| | ZN2 | | | |
| | ZN3 | | | |
| 关系管理能力 | GN1 | 0.851 | 0.701 | 0.804 |
| | GN2 | | | |

续表

| 维度 | 测量题项 | Cronbach's α | AVE | C. R. |
|------|---------|:---:|:---:|:---:|
| 关系管理能力 | GN3 | 0.851 | 0.701 | 0.804 |
| | GN4 | | | |
| 数字技术应用能力 | SN1 | 0.862 | 0.681 | 0.862 |
| | SN2 | | | |
| 数字意识态度 | ST1 | 0.822 | 0.547 | 0.832 |
| | ST2 | | | |
| 开放式创新能力 | CN1 | 0.847 | 0.711 | 0.866 |
| | CN2 | | | |
| | CN3 | | | |
| 方法能力 | FN1 | 0.814 | 0.802 | 0.853 |
| | FN2 | | | |
| | FN3 | | | |
| | FN4 | | | |
| | FN5 | | | |
| | FN6 | | | |

　　区分效度表示当一个构想的多重指标相呼应时，该构想的多重指标也对应构想的测量指标存在负向相关。可使用 AVE 根号值和相关分析结果进行对比，如果每个因子的 AVE 根号值均大于"该因子与其他因子的相关系数最大值"，此时具有良好的区分效度。

　　由表 7 – 10 结果可知，基础就业能力的 AVE 平方根值为 0.907，大于因子间相关系数绝对值的最大值 0.613，意味着其具有良好的区分效度。行业通适能力的 AVE 平方根值为 0.876，大于因子间相关系数绝对值的最大值 0.613，意味着其具有良好的区分效度。基础数字技术能力同样如此。最终发现各因子的 AVE 根号值全部大于该因子与其他因子的相关系数值，说明具有很好的区分效度。

表 7－10

## 各潜变量的相关系数

| 潜变量 | 基础就业能力 | 行业通适性能力 | 基础数字技术能力 | 社会能力 | 可持续学习和探索能力 | 资源整合利用能力 | 关系管理能力 | 数字技术应用能力 | 数字意识态度 | 开放式创新能力 | 方法能力 |
|---|---|---|---|---|---|---|---|---|---|---|---|
| 基础就业能力 | 0.907 | | | | | | | | | | |
| 行业通适性能力 | 0.613 | 0.876 | | | | | | | | | |
| 基础数字技术能力 | 0.535 | 0.551 | 0.834 | | | | | | | | |
| 社会能力 | 0.521 | 0.603 | 0.732 | 0.823 | | | | | | | |
| 可持续学习和探索能力 | 0.520 | 0.711 | 0.721 | 0.667 | 0.795 | | | | | | |
| 资源整合利用能力 | 0.518 | 0.558 | 0.654 | 0.766 | 0.821 | 0.911 | | | | | |
| 关系管理能力 | 0.516 | 0.612 | 0.631 | 0.691 | 0.732 | 0.821 | 0.847 | | | | |
| 数字技术应用能力 | 0.551 | 0.632 | 0.622 | 0.702 | 0.767 | 0.862 | 0.871 | 0.893 | | | |
| 数字意识态度 | 0.503 | 0.622 | 0.693 | 0.711 | 0.717 | 0.729 | 0.736 | 0.754 | 0.766 | | |
| 开放式创新能力 | 0.543 | 0.611 | 0.648 | 0.699 | 0.701 | 0.708 | 0.715 | 0.721 | 0.755 | 0.789 | |
| 方法能力 | 0.501 | 0.655 | 0.678 | 0.723 | 0.744 | 0.755 | 0.777 | 0.797 | 0.801 | 0.803 | 0.812 |

　　通过对以上结果的分析，可以认为本书设计的新生代农民工职业迁徙能力量表具有较好的信度和效度，相关题项能够较好地反映和测量基础数字技术能力、基础就业能力、行业通适性能力、社会能力、可持续学习和探索能力、资源整合利用能力、关系管理能力、数字技术应用能力、数字意识态度、开放式创新能力、方法能力11个潜变量。

# 第8章 新生代农民工职业
# 迁徙能力动态演进

职业锚的概念最早由美国麻省理工学院斯隆管理学院的埃德加·施恩教授提出，它是指个体在职业选择中坚持的核心技能或价值观，即无论如何都不会放弃的职业中的至关重要的东西。① 职业锚的应用主要体现在以下两个方面：（1）个人职业规划。职业锚是个人职业规划和发展的基础。通过了解自己的职业锚，个人可以更加清晰地认识自己的职业目标和发展方向，从而制定出更加符合自己实际情况的职业规划。②（2）组织人力资源管理。职业锚对于组织的人力资源管理也有重要意义。组织可以通过了解员工的职业锚，更好地进行人才招聘、培训、晋升和留任等工作，从而提高员工的工作满意度和忠诚度，增强组织的竞争力。③ 在职业规划过程中，个人应充分考虑自己的职业锚，选择符合自己职业锚的职业和发展路径。同时，组织也应该关注员工的职业锚，提供符合员工职业锚的职业发展机会和工作环境，从而提高员工的工作积极性和满意度。④

---

① 徐玲. 基于职业锚理论的企业知识型员工激励机制研究［D］. 洛阳：河南科技大学，2015.

② 王文娟，赵鹏军，施梅. 三甲医院员工职业生涯规划研究［J］. 中国卫生产业，2020（6）：25 - 27.

③ SCHEIN E. H. Career dynamic：matching individual and organization needs，reading［M］. Boston：Addison - Wesley Publishing Company，1978：34.

④ 闫晓，婧杨，楠刘辉，等. 基于职业锚的医生职业生涯规划研究［J］. 人力资源管理，2022（11）：63 - 66.

新生代农民工实现高质量就业主要体现在职业可持续发展方面，因此构建新生代农民工职业生涯发展的规划体系是新生代农民工职业可持续发展、提升职场竞争力的重要保障，也可以为个人的未来奠定更加坚实的基础。同时，职业发展规划还可以帮助新生代农民工更好地适应市场需求和就业环境的变化。随着经济的发展和产业结构的调整，就业市场也在不断变化。制定职业发展规划可以让个人更加敏锐地把握市场变化，及时调整自己的职业方向和发展路径，保持竞争力。此外，职业发展规划还可以帮助新生代农民工提高自我认知和自我管理能力。通过规划自己的职业发展，个人可以更加清晰地认识自己的价值观、兴趣爱好、能力和优势等方面，从而更好地进行自我管理和发展。因此，对于新生代农民工而言，制定职业发展规划是非常重要的。新生代农民工应该注重自我探索和职业规划，不断提高自己的职业技能和综合素质，为自己的未来奠定更加坚实的基础。同时，政府和社会也应该为新生代农民工提供更多的职业发展机会和支持，促进他们的职业发展，并快速融入城市社会。

本书以职业锚理论为基础，探讨零工经济下新生代农民工职业锚类型与新生代农民工对职业生涯规划的满意度，以及新生代农民工在职业成长过程中的职业迁徙能力动态演进机制以及特征。为进一步推进新生代农民工职业迁徙能力的系统性开发；推动新生代农民工职业迁徙能力的重点性突破；设计新生代农民工职业迁徙能力差别化开发方案奠定坚实的基础。

## 8.1　零工经济下新生代农民工职业发展轨迹

本书的研究对象为 1980 年以后出生的浙江省内的新生代农民工，采用网络问卷调查方式，对浙江省新生代农民工的职业锚类型以及他们对于职业生涯规划的满意度进行调查。网络问卷调查内容包括三个部分，第一部分是个人基本情况的调查表；第二部分是对职业锚的测量，采用职业锚测评量表①；第三部分是新生代农民工对平台型企业的职业生涯规划的满意度调查。本次采用的网络问卷调查是匿名形式，并设置使用微信填答，限同一微信号仅能填答一次。为了鼓励大家积极填写，调查中还设置了红包问卷形式作为激励和感谢。

本次网络调研发放问卷 632 份，最终回收问卷 602 份，剔除无效问卷以及异常值样本数据，最终有效问卷 590 份，回收率为 93.35%。采用 Excel 表格进行描述性统计分析，对新生代农民工在性别、年龄、婚姻状况、学历、工作性质、工种、工作年限、收入、工作岗位等不同维度的分布进行统计描述。选择频数、所占百分比对不同类别职业锚下新生代农民工的分布情况进行描述。此次调查的样本分布情况如表 8-1 所示。

表 8-1　　　　　　　　新生代农民工样本描述性统计分布情况

| 归类 | 类型 | 样本数（人） | 百分比（%） |
|---|---|---|---|
| 性别 | 男 | 320 | 54.3 |
| | 女 | 270 | 45.7 |
| 婚姻状况 | 已婚 | 342 | 58.0 |
| | 未婚 | 158 | 42.0 |
| 学历 | 本科及以上 | 21 | 3.50 |
| | 大专 | 123 | 20.9 |
| | 高中及中专 | 318 | 53.9 |
| | 初中及以下 | 128 | 21.7 |

　　①　SCHEIN E. H. Career dynamic：matching individual and organization needs，reading［M］. Boston：Addison - Wesley Publishing Company，1978：34.

续表

| 归类 | 类型 | 样本数（人） | 百分比（%） |
|---|---|---|---|
| 年龄 | 16~20 岁 | 6 | 1.10 |
| | 21~25 岁 | 55 | 9.30 |
| | 26~30 岁 | 71 | 12.1 |
| | 31~35 岁 | 192 | 32.6 |
| | 36~41 岁 | 175 | 29.7 |
| | 41 岁以上 | 90 | 15.2 |
| 工作性质 | 专职 | 427 | 72.3 |
| | 兼职 | 163 | 27.7 |
| 工种 | 快递员 | 151 | 25.6 |
| | 外卖骑手 | 143 | 24.3 |
| | 网约车司机 | 139 | 23.6 |
| | 网络主播/电商 | 58 | 9.90 |
| | 平台自媒体创作者 | 53 | 8.90 |
| | 社群产品代理人 | 30 | 5.10 |
| | 家政服务人员 | 15 | 2.60 |
| | 依托于平台的自由职业者 | 9 | 1.50 |
| 工作年限 | 1 年以下 | 31 | 5.30 |
| | 1~3 年 | 206 | 49.6 |
| | 3~5 年 | 206 | 34.9 |
| | 5~10 年 | 60 | 10.2 |
| 收入 | 1600~3000 元 | 31 | 5.32 |
| | 3001~4000 元 | 103 | 17.4 |
| | 4001~6000 元 | 219 | 37.2 |
| | 6001~8000 元 | 173 | 29.4 |
| | 8001~10000 元 | 25 | 4.19 |
| | 10000~15000 元 | 22 | 3.70 |
| | 15000 元以上 | 16 | 2.79 |

续表

| 归类 | 类型 | 样本数（人） | 百分比（%） |
|------|------|------------|------------|
| 工作岗位 | 无技术零工或一线业务人员 | 108 | 18.3 |
| | 初级技术零工或管理人员 | 147 | 24.9 |
| | 中级技术零工或管理人员 | 217 | 36.8 |
| | 高级技术零工或管理人员 | 118 | 20.0 |

调研结果表明，数字经济下新生代农民工的职业锚可能会受到多方面的影响，呈现出多样化的特点，参考职业锚与零工经济时代的匹配①，新生代农民工职业锚类型主要有技术/职能型职业锚、管理型职业锚、自主/独立型职业锚、安全/稳定型职业锚这四种类型，如表 8-2 所示。

表 8-2　　　　　　　　　　新生代农民工职业锚类型

| 序号 | 类型 | 从业人员特点 | 职业偏好 |
|------|------|------------|---------|
| 1 | 技术/职能型 | 随着技术的发展和产业升级，一些新生代农民工可能通过学习和实践，掌握了特定的技能或技术，他们可能更加倾向于选择能够发挥自己技能的工作，追求在特定领域内的专业成长和技能提升 | 他们喜欢专业领域的挑战，一般不喜欢从事一般的管理工作 |
| 2 | 管理型 | 一些新生代农民工可能具有领导才能和组织能力，他们可能倾向于在管理岗位上发展，追求并致力于工作晋升，追求独立承担整个部门或团队的责任，并希望跨部门整合其他人的成果 | 他们想去承担整个部门的责任，具体的技术工作仅仅看作通向更高、更全面管理层的基础 |
| 3 | 自主/独立型 | 零工经济时代，个体经济、自由职业等形态越来越普遍，新生代农民工中有一部分人可能更倾向于自主创业或选择自由职业，追求独立的工作环境和灵活的工作时间，以满足个人发展和生活需求 | 热衷于创业，希望随心所欲地安排自己的工作方式、工作习惯和生活方式 |

---

① 王圣元，陈万明，赵彤. 零工经济：新经济时代的灵活就业生态系统［M］. 南京：东南大学出版社，2018.

续表

| 序号 | 类型 | 从业人员特点 | 职业偏好 |
|---|---|---|---|
| 4 | 安全/稳定型 | 尽管零工经济带来了更多的工作机会和灵活性，但一部分新生代农民工可能仍然追求稳定的工作和收入。他们可能更倾向于选择有稳定收入来源的工作，以确保生活的安全和稳定 | 他们渴望晋升到更高的职位，以获得更强的稳定感和忠诚度，他们忠诚地完成领导指派的任务，并期望通过此举获得更高的职位与更稳固的职业安全感 |

职业锚是一个动态的概念，随着新生代农民工的职业经历和发展而不断变化。因此，新生代农民工需要不断地进行自我探索和职业规划，以更好地了解自己的职业锚，实现个人职业发展的最大化。[①] 新生代农民工四种类型的职业锚分布情况如表8-3所示。

表8-3　　　　　　新生代农民工不同职业锚类型分布情况　　　　单位：%

| 归类 | 类型 | 技术型 | 管理型 | 自主/独立型 | 安全/稳定型 |
|---|---|---|---|---|---|
| 性别 | 男 | 43.4 | 30.10 | 10.40 | 10.40 |
| | 女 | 28.00 | 17.00 | 16.00 | 44.70 |
| 学历 | 本科及以上 | 35.7 | 48.9 | 27.9 | 6.30 |
| | 大专 | 47.8 | 17.4 | 35.7 | 23.6 |
| | 高中及中专 | 37.8 | 0 | 36.8 | 15.6 |
| | 初中及以下 | 27.9 | 0 | 31.2 | 13.4 |
| 工种 | 快递员 | 50.1 | 53.2 | 34.7 | 23.4 |
| | 外卖骑手 | 47.8 | 48.7 | 33.2 | 15.7 |
| | 网约车司机 | 43.2 | 23.7 | 21.6 | 14.2 |
| | 网络主播/电商 | 41.1 | 16.7 | 19.8 | 16.6 |
| | 平台自媒体创作者 | 31.1 | 14.7 | 43.1 | 15.1 |

---

① 李晋宏. 职业锚、职业特征与工作满意感之间的关系研究 [D]. 杭州：浙江大学，2006.

续表

| 归类 | 类型 | 技术型 | 管理型 | 自主/独立型 | 安全/稳定型 |
|---|---|---|---|---|---|
| 工种 | 社群产品代理人 | 30.1 | 10.5 | 34.5 | 17.8 |
| | 家政服务人员 | 20.1 | 11.9 | 33.1 | 13.4 |
| | 依托于平台的自由职业者 | 27.8 | 23.6 | 43.5 | 21.4 |
| 工作岗位 | 无技术零工或一线业务人员 | 13.4 | 16.0 | 41.7 | 13.9 |
| | 初级技术零工或管理人员 | 43.2 | 12.1 | 22.1 | 10.8 |
| | 中级技术零工或管理人员 | 23.1 | 43.2 | 17.8 | 11.2 |
| | 高级技术零工或管理人员 | 11.1 | 46.7 | 19.3 | 10.2 |
| 年龄 | 16~20 岁 | 8.91 | 3.41 | 7.99 | 1.23 |
| | 21~25 岁 | 34.2 | 20.1 | 16.7 | 10.3 |
| | 26~30 岁 | 36.5 | 21.2 | 20.2 | 11.2 |
| | 31~35 岁 | 37.8 | 23.2 | 21.2 | 12.4 |
| | 36~41 岁 | 21.2 | 42.2 | 43.2 | 27.8 |
| | 41 岁以上 | 21.4 | 45.1 | 40.1 | 34.2 |

在技术型人员中，从性别来看，男性的占比要高于女性；从不同学历所占比例来看，占比最高的是大专学历，其次是高中及中专学历；从工种类型来看，占比最高的是服务行业的工种快递员；从年龄结构来看，大多数集中在 31~35 岁；从工作岗位类型来看，占比最高的是基层技术或基层管理人员。在管理型人员中，从性别来看男性占比较高；从不同学历所占比例来看，占比最高的是本科学历，其次是专科学历；从工种类型来看，占比最高的是服务行业的工种快递员；从年龄结构来看，大多数集中在 36~41 岁；从工作岗位类型来看，占比最高的是高层技术或高层管理人员。在自主/独立型人员中，性别来看女性占比较高；从不同学历所占比例来看，占比最高的是高中及中专学历，其次是大专学历；从工种类型来看，占比最高的是平台自媒体创作者；从年龄结构来看，大多数集中在 36~41 岁；从工

作岗位类型来看，占比最高的是基层技术或基层管理人员。在安全/稳定型人员中，从性别来看女性占比较高；从不同学历所占比例来看，占比最高的是大专学历，其次是高中及中专学历；从工种类型来看，占比最高的是社群产品代理人；从年龄结构来看，大多数集中在41岁以上；从工作岗位类型来看，占比最高的是中层技术或中层管理人员。

本书借鉴医生职业生涯规划满意度调查，并参考相关文献设计新生代农民工职业生涯规划满意度调查问卷①，采取匿名方式进行。根据问卷调查的结果，有74.20%的受访者表示对平台型企业的相关培训体系总体情况非常了解或有所了解；53.32%的受访者表示对现行的人才培养项目非常了解或有所了解；关于后备储备干部计划，34.74%的受访者表示非常了解或有所了解；对于现行考核机制，34.59%的受访者表示非常了解或有所了解；关于岗位序列设置，30.93%的受访者表示非常了解或有所了解；而在绩效构成方面，仅有29.13%的受访者表示非常了解或有所了解。综上所述，新生代农民工对平台型企业相关培训体系的总体情况了解程度较高，但对于人才培养项目、后备储备干部计划、考核机制以及岗位序列的了解程度相对较低，而对绩效构成的了解程度则是最低的，结果如表8-4所示。

表8-4　新生代农民工对平台型企业职业发展规划了解程度的情况　　单位：%

| 条目 | 非常了解 | 了解 | 一般 | 不了解 | 非常不了解 |
|---|---|---|---|---|---|
| 对企业相关培训体系总体情况了解程度 | 23.00 | 51.20 | 17.11 | 8.69 | 0 |
| 对企业人才培养项目了解程度 | 17.60 | 35.72 | 23.71 | 19.30 | 3.67 |
| 对企业后备储备干部计划了解程度 | 13.40 | 21.34 | 23.71 | 36.99 | 4.56 |
| 对企业考核机制了解程度 | 12.11 | 22.48 | 22.89 | 34.63 | 7.89 |

---

① 闫晓，婧杨，楠刘辉，等. 基于职业锚的医生职业生涯规划研究 [J]. 人力资源管理，2022（11）：63-66.

续表

| 条目 | 非常了解 | 了解 | 一般 | 不了解 | 非常不了解 |
|---|---|---|---|---|---|
| 对企业岗位序列设置了解程度 | 10.26 | 20.67 | 23.58 | 33.29 | 12.20 |
| 对企业绩效构成情况了解程度 | 9.79 | 19.34 | 20.12 | 37.41 | 13.34 |

满意度调查的结果表明，对于现行相关培训体系的总体情况，有
31.29%的新生代农民工表示非常满意或满意；在现行人才培养项目
上，29.01%的受访者表示非常满意或满意；关于后备储备干部计划，
26.23%的受访者表达了非常满意或满意的态度；对于现行考核机制，
29.71%的受访者表示非常满意或满意；而在岗位序列设置方面，则有
20.86%的受访者表示非常满意或满意，对当前绩效水平非常满意和满
意的占 19.79%。新生代农民工对现行培训体系、人才培养项目、后备
储备干部计划、考核机制和绩效水平的满意度较差，如表 8-5 所示。

表 8-5　　　　　新生代农民工对职业生涯发展满意程度的情况　　　单位：%

| 条目 | 非常满意 | 满意 | 一般 | 不满意 | 非常不满意 |
|---|---|---|---|---|---|
| 对企业相关培训体系总体情况满意程度 | 12.32 | 18.97 | 23.23 | 43.03 | 2.45 |
| 对企业人才培养项目满意程度 | 11.34 | 17.67 | 22.19 | 44.13 | 4.67 |
| 对企业后备储备干部计划满意程度 | 10.34 | 15.89 | 19.98 | 49.01 | 4.78 |
| 对企业考核机制满意程度 | 9.84 | 19.87 | 21.23 | 40.17 | 8.89 |
| 对企业岗位序列设置满意程度 | 8.54 | 12.32 | 19.99 | 41.95 | 17.20 |
| 对企业绩效构成情况满意程度 | 8.23 | 11.56 | 18.79 | 42.68 | 18.74 |

新生代农民工认为绩效机制激励作用非常好和基本好的有
27.45%，认为绩效构成非常合理和基本可以的30.21%，认为企业晋
升机会非常好和基本好的23.97%，认为企业职业成长规划非常好和
基本好的24.61%，认为在工作中感受到被重视与关怀的程度非常好

和基本好的29.54%，对企业未来的发展愿景和信心非常好和基本好的34.01%。新生代农民工对职业生涯发展相关因素的认可度不高，甚至比较差，如表8-6所示。

表8-6　　　　新生代农民工对职业生涯发展相关因素的认可度　　　单位：%

| 条目 | 非常好 | 好 | 一般 | 不好 | 非常不好 |
|---|---|---|---|---|---|
| 对企业绩效机制激励作用的看法 | 7.89 | 19.56 | 23.78 | 46.32 | 2.45 |
| 对企业绩效构成合理程度的看法 | 8.08 | 22.13 | 27.87 | 37.25 | 4.67 |
| 对企业晋升机会的看法 | 6.08 | 17.89 | 27.90 | 43.35 | 4.78 |
| 对企业职业成长规划的看法 | 6.27 | 18.34 | 28.97 | 37.53 | 8.89 |
| 在工作中感受到被重视与关怀的程度 | 9.56 | 19.98 | 23.67 | 29.59 | 17.20 |
| 对企业未来的发展愿景和信心 | 10.34 | 23.67 | 28.97 | 18.28 | 18.74 |

综上所述，新生代农民工对平台型企业相关培训体系总体情况了解较好，对于人才培养项目、后备存储计划、考核机制、岗位序列的了解程度较差，对绩效构成的了解程度最差。他们对平台型企业的总体培训体系有一定的了解，这可能源于企业在招聘过程中对新员工的介绍，或者是他们在工作中逐渐接触和了解到了信息。然而，对于更深入、更具体的人才培养项目、后备存储计划、考核机制和岗位序列等方面，他们的了解程度较差。这可能是因为这些内容往往涉及企业的内部运营和管理，不是所有员工都能轻易接触到的。此外，新生代农民工对绩效构成的了解程度最差，这可能是因为绩效构成往往与员工的薪酬和晋升直接相关，而这部分信息企业可能会更加谨慎地处理，不会轻易透露给所有员工。另外，也可能是因为新生代农民工在工作中更多地关注于完成自己的任务，而较少关注于绩效构成等更宏观、更全局的问题。

新生代农民工对职业生涯发展的满意程度很差，是由于缺乏职业发展机会、培训和学习机会不足、薪酬待遇不满意、工作环境和氛围不佳和工作与家庭冲突等原因。平台型企业应该为新生代农民工提供明确的职业发展路径和晋升机会，让他们看到自己未来在公司中的位置；应该提供定期的培训和学习机会，帮助新生代农民工提升自己的技能和能力；应该根据新生代农民工的贡献和付出，给予合理的薪酬待遇和福利，让他们感到自己的价值被认可；应该努力创造一个和谐、积极的工作环境，让新生代农民工感到舒适和自在；应该理解新生代农民工在工作与家庭之间的压力，并提供相应的支持和帮助，如灵活的工作时间、远程工作等。通过关注这些方面，平台型企业可以帮助新生代农民工提高职业生涯发展的满意度，从而提高他们的工作积极性和忠诚度。

新生代农民工对职业生涯发展相关因素的认可度比较差，可能由于缺乏有效的职业指导和规划、工作环境和待遇不高、社会认同感和归属感不足以及家庭和社会期望的压力等原因。为了提高新生代农民工的职业生涯规划满意度，政府、企业和社会应该共同努力，提供更多的职业指导和规划服务，改善他们的工作环境和待遇，增强他们的社会认同感和归属感，以及减轻他们的家庭和社会期望压力。同时，也需要加强对新生代农民工的心理健康关怀和支持，帮助他们更好地应对职业生涯中的挑战和压力。

## 8.2　新生代农民工职业迁徙能力动态演进理论框架

新生代农民工实现职业可持续发展的关键就是技能的提升，新生代农民工技能的提升路径有从低技能、中技能到高技能的发展路径。本书将新生代农民工职业迁徙能力拓展为"基础能力、核心能力、拓展能力、发展能力"四个等级层次，不同层次的职业迁徙能力在新生代农民工职业成长的各个阶段发挥着重要的作用，并推动新生代农民工的职业成长。基于以上的理论推断，本书构建新生代农民工职业迁徙能力动态演进理论框架，探究新生代农民工职业迁徙能力动态演进路径和演进机制，为进一步提供新生代农民工职业可持续发展政策建议奠定基础。

（1）新生代农民工基础就业能力在职业成长过程中的作用。作为基础性就业能力，专业能力是完成上述职业成长过程中一系列特定岗位任务的技术型能力总和，该能力是新生代农民工在地域迁移和职业迁移中应具备的基本职业能力。[①] 基础就业能力是新生代农民工职业成长的基石。这些能力包括基本的专业知识掌握能力和岗位技能掌握能力等，这些能力是他们在新岗位上立足、发展并取得成功的基础。拥有较高的基础就业能力，新生代农民工更有可能获得职业晋升的机会。无论是在当前岗位还是在公司内部的其他岗位，他们的能力和表现都会得到上级的认可，从而获得更多的发展机会。当新生代农民工想要转换职业或行业时，他们的基础就业能力将发挥关键作用。这些能力可以帮助他们快速适应新环境、新岗位，从而在新的职业道路上取得成功。[②] 因此，对于新生代农民工来说，提升基础就业能力是他们职业成长过程中的关键任务。这不仅可以帮助他们在当前岗位上取得更好的成绩，还可以为他们的职业发展和转型打下坚实的基础。

基于以上分析，本书提出假设 H8 - 1：新生代农民工基础就业能力促进新生代农民工职业成长。

（2）新生代农民工行业通适性能力在职业成长过程中的作用。行

---

① 郑爱翔，李黎丹. 新生代农民工市民化进程中的职业技能开发策略及动态演进规律——一项基于扎根理论的研究 [J]. 教育发展研究，2022（3）：25 - 33.

② HERR E L. Counseling for personal flexibility in a global economy [J]. Educational and Vocational Guidance，1992，53：5 - 16.

业通适性能力包括操作设备工具能力、工作流程熟知能力、工作规章制度遵守能力和处理突发和异常情况能力。新生代农民工的操作设备工具能力指的是他们在工作中对各类设备和工具的操作、使用和维护的技能。这种能力对于提高工作效率和保证工作质量至关重要。工作流程熟知能力指的是他们对自己所从事工作的工作流程有清晰的认识和理解，并能够按照流程高效地完成任务。这种能力对于保证工作质量和提高工作效率都非常重要。规章制度遵守能力指的是他们对自己所在岗位和企业的规章制度有清晰的认识，并能够自觉遵守和执行这些规定。处理突发和异常情况的能力是指他们在面对工作中突然出现的意外事件或不符合常规的情况时，能够迅速、冷静地做出判断和采取适当措施的能力。这种能力对于确保工作安全、减少损失和维持工作流程的连续性至关重要。这些能力不仅有助于他们快速适应新的工作环境和要求，而且为他们的职业发展和转型提供更多的机会。

基于以上分析，本书提出假设 H8 - 2：新生代农民工行业通适性能力促进新生代农民工职业成长。

（3）新生代农民工基础数字技术能力在职业成长过程中的作用。基础数字技术能力是指新生代农民工在数字时代所需具备的基本技术能力和信息素养。随着数字化、信息化的快速发展，掌握一定的数字技术能力对于农民工来说变得越来越重要。基础数字技术技能包括数字获取能力、数字使用能力和数字社交能力。基础数字技术能力有利于新生代农民工提高工作效率，掌握基础数字技术能力的新生代农民工可以更加高效地完成工作任务；增强职业竞争力，新生代农民工如果具备这些能力，将在求职和晋升过程中更具竞争力；拓宽职业发展空间，随着数字化和信息化的不断深入，越来越多的行业和领域开始应用数字技术。掌握基础数字技术能力的新生代农民工将有更多的职业发展空间和机会。他们可以通过学习和提升数字技术能力，进一步拓宽自己的职业领域和发展空间；促进职业转型，对于想要转换职业或行业的新生代农民工来说，掌握基础数字技术能力将是一个重要的助力。许多新兴行业和领域都需要具备数字技术能力的人才，如数据分析、电子商务、网络安全等。因此，新生代农民工应该积极学习和提升自己的数字技术能力，以适应数字化和信息化的发展趋势，为自己的职业成长创造更多的机会和可能性。

基于以上分析，本书提出假设 H8 - 3：新生代农民工基础数字技术能力促进新生代农民工职业成长。

（4）新生代农民工方法能力在职业成长过程中的作用。方法能力是指新生代农民工在解决问题、完成任务和达成目标时所采用的方法和策略。它是实现迁移的职业能力中的重要组成部分，对于跨行业职业发展尤为重要。方法能力包括应变能力、问题分析和解决的能力、适应能力、决策能力、财务管理能力、领导能力。这些能力不仅可以帮助他们有效地应对工作中的问题和挑战，提高工作效率，还可以促进他们的职业发展和转型。因此，新生代农民工应该注重提升自己的方法能力，以更好地应对职业挑战，实现职业成长。

基于以上分析，本书提出假设 H8 - 4：新生代农民工方法能力促进新生代农民工职业成长。

（5）新生代农民工关系管理能力在职业成长过程中的作用。关系管理能力是指新生代农民工在建立、维护和发展内外部关系方面的能力。这种能力对于跨行业职业发展来说至关重要，因为它能够帮助新生代农民工更好地与他人合作，实现共同目标，从而取得更好的业绩和成果。关系管理能力包括关系联络能力、关系沟通互动能力、关系维护能力和团队合作能力。新生代农民工如果具备良好的关系管理能力，就能够与团队成员建立和谐的关系，促进团队合作，共同完成任务。提高沟通效率，有效的沟通是工作中不可或缺的一部分，新生代农民工通过提升关系管理能力，可以更好地理解他人的需求和想法，从而提高沟通效率，减少误解和冲突。提升职业声誉，在工作中，一个人的职业声誉往往与其人际关系处理能力密切相关，新生代农民工如果能够妥善处理各种人际关系问题，赢得同事和上级的信任和尊重，将有利于提升其在职场中的声誉。增加晋升机会，在许多情况下，晋升不仅仅取决于个人的工作能力，还与其人际关系处理能力有关，新生代农民工如果具备良好的关系管理能力，将更容易获得上级的认可和信任，从而增加晋升机会。拓宽职业网络，在职业发展过程中，广泛的人脉关系往往能够为个人带来更多的机会和资源，新生代农民工通过提升关系管理能力，可以扩大自己的职业网络，为未来的职业发展铺平道路。因此，新生代农民工应该注重提升自己的关系管理能力，以更好地应对职业挑战，实现职业成长。

基于以上分析，本书提出假设 H8 – 5：新生代农民工关系管理能力促进新生代农民工职业成长。

（6）新生代农民工社会能力在职业成长过程中的作用。社会能力是指新生代农民工在社会生活中所表现出的综合能力，它涵盖了与他人互动、适应社会规则、参与社会活动以及解决社会问题的多个方面。社会能力不仅关乎个体的日常生活质量，更是其职业成功和社会融入的关键因素，包括交往能力、口头表达能力、冲突管理能力、压力管理能力和服从能力。这些能力不仅有助于新生代农民工在社交和工作中表现出色，还能够提高个人的适应性和竞争力，为未来的职业发展奠定坚实基础。通过提升社会能力，他们能够更好地融入社会、扩展职业网络、提升职业声誉和形象，以及增强应对职业挑战的能力。因此，新生代农民工应该注重培养自己的社会能力，以更好地适应职业发展的需求。

基于以上分析，本书提出假设 H8 – 6：新生代农民工社会能力促进新生代农民工职业成长。

（7）新生代农民工资源整合利用能力在职业成长过程中的作用。资源整合利用能力是指新生代农民工在识别、获取、整合和优化利用各种资源，以实现特定目标或解决问题时所展现出的综合能力。资源整合利用能力包括资源使用能力、资源整合能力和资源拼凑能力。这些能力对于提高资源利用效率、实现目标以及应对资源挑战具有重要意义。通过培养和提升这些能力，新生代农民工可以更好地管理和利用资源，实现更高的效益和成就。例如，他们可以利用现代信息技术手段，如互联网、移动设备等，获取和分享工作所需的信息和资源，从而提高工作效率。促进职业发展和晋升，资源整合利用能力强的新生代农民工能够更好地识别和利用职业发展机会，他们可以通过整合内部和外部资源，如培训机会、人际关系网络、项目经验等，提升自己的职业技能和知识水平，为晋升和更好的职业发展打下基础。增强创新和创业能力，具备资源整合利用能力的新生代农民工更有可能进行创新活动和创业尝试，他们可以通过整合各种资源，如技术、资金、人才等，开发新的产品或服务，创造更多的职业机会和价值。应对职业挑战和风险：在职业发展过程中，新生代农民工可能会面临各种挑战和风险，通过整合利用资源，他们可以更好地应对这些挑战和风险，减少职业发展中的不确定性和风险。因此，新生代农民工应该注重培养和提升自己的资源整合利用能力，以更好地应对职业发展的挑战和机遇。

基于以上分析，本书提出假设 H8 – 7：新生代农民工资源综合利用能力促进新生代农民工职业成长。

（8）新生代农民工开放式创新能力在职业成长过程中的作用。开放式创新能力是指新生代农民工在不断变化的环境中，通过运用已有的知识和技能，提出并实施新的、有价值的想法和解决方案的能力。创新能力是个人或组织在竞争激烈的市场中脱颖而出的关键能力。开放式创新能力包括知识技能创新能力、工作方法创新能力和产品创新能力。这三种创新能力在新生代农民工的发展中都扮演着重要的角色。知识技能创新能力是新生代农民工持续学习和进步的基础，工作方法创新能力有助于提高工作效率和团队协作能力，而产品创新能力则是推动新生代农民工在市场竞争中取得优势的关键。因此，新生代农民工应该注重培养和提高这些创新能力，以适应不断变化的市场环境和竞争态势。

基于以上分析，本书提出假设 H8 - 8：新生代农民工开放式创新能力促进新生代农民工职业成长。

（9）新生代农民工数字技术应用能力在职业成长过程中的作用。数字技术应用能力是指新生代农民工在特定职业任务中，运用已有的数学知识和技能处理问题的能力。这种能力不仅仅是计算或技术能力，而且涵盖了数据获取与整理、数字计算与分析以及数据展示与应用等多个方面。在跨行业职业发展中，数字技术应用能力已经成为一项非常重要的技能。无论是从事哪个行业，都需要具备一定的数字技术应用能力来适应数字化时代的需求。比如使用电子表格进行数据处理、使用自动化工具进行任务管理等，可以更加高效地完成工作任务，减少人工操作的烦琐和错误。增强职业竞争力，在求职和职场竞争中，掌握数字技术应用能力的新生代农民工往往更具竞争力。拓宽职业发展空间，数字技术的应用已经渗透到各个行业和领域，具备数字技术应用能力的新生代农民工将有更多的职业发展空间和机会，他们可以通过学习和应用数字技术，进一步拓宽自己的职业领域，进入新兴行业或承担更高层次的工作职责。促进职业转型与升级，对于那些希望进行职业转型或升级的新生代农民工来说，掌握数字技术应用能力是一个重要的跳板，许多传统行业正在经历数字化转型，具备数字技术应用能力的人才将更容易适应这些变化，实现职业转型或升级。增强创新能力，数字技术的应用不仅可以提高工作效率，还可以激发创新思维，新生代农民工如果具备数字技术应用能力，可以利用数字技术进行创新尝试，开发出新的产品或服务，为企业创造更多的价值。因此，新生代农民工应该积极学习和提升自己的数字技术应用能力，以适应数字化时代的需求，为自己的职业成长创造更多的机会和可能性。

基于以上分析，本书提出假设 H8 - 9：新生代农民工数字技术应用能力促进新生代农民工职业成长。

（10）新生代农民工数字意识态度在职业成长过程中的作用。数字意识态度是指新生代农民工在日常生活和工作中，对数字和信息技术的敏感度和接受程度，以及在使用数字工具时表现出的态度和行为。这种意识态度反映了新生代农民工对数字化时代的认知、适应和响应能力。数字意识态度包括数字安全与健康能力、数字伦理与道德能力。数字安全与健康能力和数字伦理与道德能力是新生代农民工在数字世界中不可或缺的重要能力。它们共同构成了数字素养的重要组成部分，对于维护个人和组织的数字安全、促进数字社会的健康发展具有重要意义。

基于以上分析，本书提出假设 H8 - 10：新生代农民工数字意识态度促进新生代农民工职业成长。

（11）新生代农民工可持续学习和探索能力在职业成长过程中的作用。可持续学习和探索能力包括主动学习的能力、环境变化思考能力、知识技术能反思能力、知识技能识别能力、自我规划与管理能力。这些能力有利于新生代农民工适应快速变化的工作环境，在现代职场中，技术和工作流程的变化非常迅速。具备可持续学习和探索能力的新生代农民工能够更好地适应这些变化，不断更新自己的知识和技能，确保自己始终与市场需求保持同步。提升职业竞争力，持续学习和探索能够使新生代农民工保持在职场上的竞争力，通过不断学习和提升自己的能力，他们可以获得更多的职业机会，并在职业晋升和薪酬增长方面获得更多优势。拓展职业发展道路，通过持续学习和探索，新生代农民工可以拓展自己的职业发展道路，他们可以通过学习新的技能或领域，转型到更具挑战性和发展潜力的职业领域，实现职业转型和升级。增强创新能力，持续学习和探索有助于激发新生代农民工的创新能力，在不断学习的过程中，他们可以发现新的解决问题的方法，提出创新的想法和建议，为企业和组织带来更多的价值。促进个人成长和发展，持续学习和探索是个人成长和发展的关键，通过不断学习和提升自己的能力，新生代农民工可以实现自我价值的提升，获得更多的职业满足感和成就感。因此，新生代农民工应该注重培养自己的可持续学习和探索能力，不断学习和提升自己的能力，为自己的职业成长创造更多的机会和可能性。

基于以上分析，本书提出假设 H8 – 11：新生代农民工可持续学习和探索能力促进新生代农民工职业成长。

总体而言，各类型的职业迁徙能力是促进新生代农民工职业成长的基础，促进新生代农民工职业发展和职业晋升，随着新生代农民工的职业成长动态演进。

## 8.3　实　证　研　究

### 8.3.1　研究方法的选择

本章的研究主题是平台型灵活就业的新生代农民工职业迁徙能力动态演进，以新生代农民工的职业成长作为研究主线，聚焦于职业迁徙能力演进问题，重点从基础数字技术能力、基础就业能力、行业通适性能力、社会能力、可持续学习和探索能力、资源整合利用能力、关系管理能力、数字技术应用能力、数字意识态度、开放式创新能力、方法能力这十一方面着手构建新生代农民工职业能力动态演进模型。本模型中的被解释变量"职业成长"是按照"高级零工""非高级零工"设定的二分变量而非连续变量，因此适宜采用二元 Logistic 回归进行新生代农民工职业成长的职业迁徙能力影响因素分析。

为探测新生代农民工职业成长过程中的职业迁徙能力演进路径，参考郑爱翔，李肖夫（2019）建立并列关系的多个二元 Logit 模型进行新生代农民工市民化进程中职业能力演进路径的归纳和凝练，分析其职业能力演进过程中的规律，本书在此基础上，为了检验职业成长各阶段的关键职业迁徙能力，采用了三个二元 Logit 模型进行分析。①这些模型并未始终将职业成长中的初始岗位作为参考类别，而是灵活地将每次测量中的较低阶岗位设定为参考。具体而言，研究首先构建了针对基层技术或管理人员的初级零工职业成长的二元 Logistic 模型。随后，建立了中层技术或管理人员的中级零工职业成长二元 Logistic 模型。最后，构建了高层技术或管理人员的高级零工职业成长二元 Logistic 模型。通过这些模型，本书旨在深入分析平台型灵活就业模式下新生代农民工职业迁徙能力的动态演进及其内在规律。

### 8.3.2　研究对象与数据收集

本次调查采用网络问卷形式进行，本书委托浙江省省内灵活就业人数最多的杭州市、宁波市、绍兴市和温州市内 55 家平台型企业的人力资源部门的经理、招聘负责人以及各个站点的站长，向所在平台型企业的管理群转发问卷链接，并设置使用微信填答，限定同一微信号仅能填答一次。为了鼓励大家积极填写，调查中还设置了红包问卷形式作为激励和感谢。本次调研最终发放网络问卷 1000 份，回收 857 份，问卷回收率为 85.7%，其中有效问卷 832 份，有效问卷率占

---

① 郑爱翔，李肖夫. 新生代农民工市民化进程中职业能力动态演进 [J]. 华南农业大学学报（社会科学版），2019（1）：33 – 43.

83.2%。190 份问卷来自无技术零工或一线业务岗位，占比 22.8%；179 份问卷来自初级技术零工岗位包括外卖送餐、快递配送、网约车、网络主播、电商/微商推广和家政服务等人员，占比 44.3%；297 份问卷来自中级技术零工或管理岗位，包括站长、中队长、区域经理、主管、中级主播等相关人员，占比 35.7%；166 份来自高级技术零工或管理岗位，包括配送城市经理、直播运营经理、网约车大队长，家政服务经理等平台企业管理层领导岗位，占比 20.0%，样本的基本特征描述如表 8 - 7 所示。

表 8 - 7　　　　　　　　　　样本的描述性统计

| 归类 | 类型 | 样本数（人） | 百分比（%） |
|------|------|------|------|
| 性别 | 男 | 463 | 55.7 |
| | 女 | 369 | 44.3 |
| 婚姻状况 | 已婚 | 499 | 60.0 |
| | 未婚 | 333 | 40.0 |
| 学历 | 本科及以上 | 46 | 5.50 |
| | 大专 | 222 | 26.7 |
| | 高中及中专 | 409 | 49.2 |
| | 初中及以下 | 155 | 18.6 |
| 年龄 | 16~20 岁 | 17 | 2.10 |
| | 21~25 岁 | 69 | 8.30 |
| | 26~30 岁 | 92 | 11.1 |
| | 31~35 岁 | 263 | 31.6 |
| | 36~41 岁 | 255 | 30.7 |
| | 41 岁以上 | 135 | 16.2 |
| 工作性质 | 专职 | 729 | 87.6 |
| | 兼职 | 103 | 12.4 |
| 工种 | 快递员 | 221 | 26.6 |
| | 外卖骑手 | 204 | 24.5 |

续表

| 归类 | 类型 | 样本数（人） | 百分比（%） |
|---|---|---|---|
| 工种 | 网约车司机 | 178 | 21.4 |
| | 网络主播/电商 | 93 | 11.20 |
| | 平台自媒体创作者 | 66 | 7.90 |
| | 社群产品代理人 | 40 | 4.80 |
| | 家政服务人员 | 20 | 2.40 |
| | 依托于平台的自由职业者 | 10 | 1.20 |
| 工作年限 | 1 年以下 | 2 | 0.30 |
| | 1~3 年 | 413 | 49.6 |
| | 3~5 年 | 315 | 37.9 |
| | 5~10 年 | 102 | 12.2 |
| 收入 | 1600~3000 元 | 28 | 3.32 |
| | 3001~4000 元 | 130 | 15.6 |
| | 4001~6000 元 | 310 | 37.2 |
| | 6001~8000 元 | 278 | 33.4 |
| | 8001~10000 元 | 52 | 6.19 |
| | 10000~15000 元 | 22 | 2.70 |
| | 15000 元以上 | 13 | 1.61 |
| 工作岗位 | 无技术零工或一线业务人员 | 190 | 22.8 |
| | 初级技术零工或管理人员 | 179 | 21.5 |
| | 中级技术零工或管理人员 | 297 | 35.7 |
| | 高级技术零工或管理人员 | 166 | 20.0 |

## 8.3.3 变量的选择

本书中使用已经验证过的量表作为衡量变量的主要测量题项，保证了测量过程中的信度和效度。本书的变量分为被解释变量和解释变量两种，具体如下所示。

（1）被解释变量。职业迁徙能力在数字经济下对新生代农民工实现高质量就业及其职业的持续发展与成长起着关键作用。这一能力的高低可通过晋升至更高岗位的机会来有效衡量。[①] 职业成长的核心在于职业晋升，它同时彰显了职业主体的流动性（即职业变动能力）和未来的发展前景（即职业预期）。[②] 翁清雄等人在 2009 年的实证研究中指出，包括职业晋升在内的内部职业发展路径是构成职业成长的核心要素。综合以上学者的研究，可以明确，职业晋升是职业成长过程中一个尤为显著的特征。[③]

周化明（2021）的研究指出，制造业中的新生代农民工职业晋升路径涵盖四类关键岗位：初级农民工、基层技术或管理人员、中层技术或管理人员，以及高层技术或管理人员。[④] 这一晋升过程具体包括三个阶段：从初级农民工晋升至基层技术或管理人员的初级职业成长，从基层技术或管理人员晋升至中层技术或管理人员的中级职业成长，以及从中层技术或管理人员晋升至高层技术或管理人员的高级职业成长。[⑤] 本书的核心被解释变量聚焦于新生代农民工的职业发展岗位级别状态，具体而言，是他们在初级零工、中级零工和高级零工这三个成长阶段中所处的岗位级别，分为"高"和"低"两类状态。在特定的职业成长阶段，我们将高级零工岗位级别设定为"1"，而低级零工岗位级别则设定为"0"。[⑥]

（2）解释变量。本书在职业迁徙能力变量的选择上主要选取了已经验证的量表，解释变量采用 Likert5 级量表进行变量测量设定，其

①　NKEREUWEM E E. Job performance attributions and career advancement prospects for women in the academic libraries [J]. Librarian Career Development, 1996, 4 (1): 18 – 24.

②　CARMELIET P, DORY, HERBERT J M, et al. Role of HIF – 1 alpha in hypoxia-mediated apoptosis, cell proliferation and tumour angiogenesis [J]. Nature, 1998, 394 (6692): 485 – 490.

③　翁清雄. 职业成长对员工承诺与离职的作用机理研究 [D]. 武汉：华中科技大学，2009.

④⑤　周化明. 中国农民工职业发展问题研究 [D]. 长沙：湖南农业大学，2012.

⑥　郑爱翔，李肖夫. 新生代农民工市民化进程中职业能力动态演进 [J]. 华南农业大学学报（社会科学版），2019 (1): 33 – 43.

中"1"表示非常不同意,"5"表示非常同意。其中职业迁徙能力量表中的基础就业能力从专业知识掌握能力、岗位技能掌握能力两方面测量,包括"具备专业文化知识"和"掌握工作技能"等题项。行业通适性能力从操作设备工具能力、工作流程熟知能力、工作规章制度遵守能力和处理突发和异常情况能力四个方面测量,包括"操作设备工具""熟知工作各项流程""遵守公司规章制度"和"良好的应对能力"等题项。基础数字技术能力从数字获取能力、数字使用能力和数字社交能力三方面测量,包括"搜索数据信息""使用数字工具""数字平台互动交流共享"等题项。社会能力从交往能力、口头表达能力、冲突管理能力、压力管理能力和服从能力五方面测量,包括"客户和同事交往""口头表达能力""处理矛盾冲突""控制情绪"和"服从公司安排"等题项。可持续学习和探索能力从主动学习的能力、环境变化思考能力、知识技能反思能力、知识技能识别能力和自我规划与管理能力五方面测量,包括"主动学习新知识和新技术""思考职业环境变化对个人的影响""反思知识和技能不足""识别有价值的知识和技能"和"设定职业生涯规划"等题项。资源整合利用能力从资源使用能力、资源整合能力和资源拼凑能力三方面测量,包括"使用现有资源""整合现有资源""拼凑现有资源"等题项。关系管理能力从关系联络能力、关系沟通互动能力、关系维护能力和团队合作能力四方面测量,包括"保持联系""有效沟通""互惠互利"和"跨行业部门协同合作"等题项。数字技术应用能力从数字分析能力和数字创意能力两方面测量,包括"定性和定量分析"和"数字内容营销"等题项。数字意识态度从数字安全与健康能力和数字伦理与道德能力两方面测量,包括"保护数字信息隐私"和"使用数字安全和伦理"等题项。开放式创新能力从知识技能创新能力、工作方法创新能力和产品创新能力三方面测量,包括"改良产品和服务""创新工作方法"和"创新产品和服务"等题项。方法能力从应变能力、问题分析和解决能力、适应能力、决策能力、领导能力和财务管理能力六方面测量，包括"随机应变""问题分析和解决"和"快速转换和适应""快速决策""控制开支和节流"和"领导团队和个人"等题项。

（3）控制变量。除前述被解释变量与解释变量之外，学术界普遍认为，年龄、受教育程度以及工作年限等因素同样对职业成长轨迹具有显著影响。[①] 为深入探究职业迁徙能力动态变化与职业成长之间的内在联系，本书在后续实证分析中，将这三个因素作为控制变量纳入考量，旨在更全面、准确地剖析并阐述各变量之间的理论关联与相互作用机制。

在确定上述变量的基础上，本书最终解释变量和被解释变量的描述性统计分析结果如表 8 - 8 所示。

表 8 - 8　　　最终解释变量和被解释变量的描述性统计分析结果

| 变量 | | 初级技术零工或管理人员 | | 中级技术零工或管理人员 | | 高级技术零工或管理人员 | |
|---|---|---|---|---|---|---|---|
| | | 均值 | 标准差 | 均值 | 标准差 | 均值 | 标准差 |
| 职业成长 | 初级职业成长 | 0.23 | 0.41 | — | — | — | — |
| | 中级职业成长 | — | — | 0.48 | 0.49 | — | — |
| | 高级职业成长 | — | — | — | — | 0.32 | 0.52 |
| 人口特征 | 年龄 | 3.11 | 0.65 | 3.24 | 0.78 | 4.13 | 0.89 |
| | 学历 | 2.87 | 0.52 | 3.39 | 0.69 | 3.87 | 0.76 |
| | 工作年限 | 3.25 | 0.49 | 2.89 | 0.43 | 3.67 | 0.55 |
| 基础数字技术能力 | 数字获取能力 | 3.78 | 1.03 | 3.87 | 1.19 | 3.95 | 0.87 |
| | 数字使用能力 | 3.90 | 1.14 | 3.94 | 0.81 | 4.01 | 1.11 |
| | 数字社交能力 | 3.65 | 1.07 | 3.75 | 0.67 | 4.11 | 0.69 |

---

① NKEREUWEM E E. Job performance attributions and career advancement prospects for women in the academic libraries [J]. Librarian Career Development, 1996, 4 (1): 18 - 24.

续表

| 变量 | | 初级技术零工或管理人员 | | 中级技术零工或管理人员 | | 高级技术零工或管理人员 | |
|---|---|---|---|---|---|---|---|
| | | 均值 | 标准差 | 均值 | 标准差 | 均值 | 标准差 |
| 基础就业能力 | 专业知识掌握能力 | 4.12 | 0.68 | 3.77 | 0.65 | 3.55 | 0.64 |
| | 岗位技能掌握能力 | 3.98 | 0.55 | 3.65 | 0.81 | 3.45 | 0.76 |
| 行业通适性能力 | 操作设备工具能力 | 3.76 | 0.76 | 3.23 | 1.02 | 2.97 | 0.45 |
| | 工作流程熟知能力 | 4.02 | 0.65 | 3.68 | 0.69 | 3.12 | 0.71 |
| | 工作规章制度遵守能力 | 3.98 | 0.58 | 3.45 | 0.72 | 3.02 | 0.63 |
| | 处理突发和异常情况能力 | 3.78 | 0.43 | 3.32 | 0.77 | 2.93 | 0.21 |
| 社会能力 | 交往能力 | 3.41 | 0.77 | 3.87 | 0.74 | 3.97 | 0.25 |
| | 口头表达能力 | 3.52 | 0.63 | 3.62 | 0.75 | 3.77 | 0.27 |
| | 压力管理能力 | 3.63 | 0.49 | 3.52 | 0.64 | 3.74 | 0.63 |
| | 服从能力 | 3.75 | 0.56 | 3.45 | 0.58 | 3.60 | 0.55 |
| | 冲突管理能力 | 3.66 | 0.92 | 3.65 | 0.53 | 3.43 | 0.59 |
| 可持续学习和探索能力 | 主动学习的能力 | 3.52 | 0.38 | 3.23 | 0.43 | 3.22 | 0.73 |
| | 环境变化思考能力 | 3.88 | 0.80 | 4.12 | 0.67 | 4.15 | 0.93 |
| | 知识技能反思能力 | 3.76 | 0.82 | 4.02 | 0.65 | 3.78 | 0.92 |
| | 知识技能识别能力 | 3.67 | 0.84 | 4.01 | 0.66 | 3.79 | 0.84 |
| | 自我规划与管理能力 | 3.54 | 0.72 | 3.99 | 0.71 | 3.69 | 0.73 |
| 资源整合利用能力 | 资源使用能力 | 4.12 | 0.75 | 4.03 | 0.67 | 3.97 | 0.77 |
| | 资源整合能力 | 4.13 | 0.73 | 4.02 | 0.56 | 3.95 | 0.76 |
| | 资源拼凑能力 | 3.97 | 0.67 | 3.98 | 0.35 | 3.78 | 0.75 |
| 关系能力 | 关系联络能力 | 3.67 | 0.53 | 3.94 | 0.55 | 3.66 | 0.65 |
| | 关系沟通互动能力 | 3.78 | 0.41 | 3.84 | 0.43 | 3.25 | 0.46 |
| | 关系维护能力 | 3.64 | 0.36 | 3.77 | 0.54 | 3.35 | 0.49 |
| | 团队合作能力 | 3.52 | 0.67 | 3.59 | 0.57 | 3.33 | 0.39 |
| 数字技术应用能力 | 数字分析能力 | 3.89 | 0.87 | 4.02 | 0.76 | 4.13 | 0.63 |
| | 数字创意能力 | 3.79 | 0.64 | 4.11 | 0.66 | 4.09 | 0.68 |

| 变量 | | 初级技术零工或管理人员 | | 中级技术零工或管理人员 | | 高级技术零工或管理人员 | |
|---|---|---|---|---|---|---|---|
| | | 均值 | 标准差 | 均值 | 标准差 | 均值 | 标准差 |
| 数字意识态度 | 数字安全与健康能力 | 3.76 | 0.54 | 3.87 | 0.38 | 3.92 | 0.57 |
| | 数字伦理与道德能力 | 3.55 | 0.76 | 3.84 | 0.73 | 3.96 | 0.61 |
| 开放式创新能力 | 知识技能创新能力 | 4.02 | 0.64 | 4.11 | 0.57 | 3.92 | 0.75 |
| | 工作方法创新能力 | 3.18 | 0.43 | 4.12 | 0.46 | 3.94 | 0.46 |
| | 产品创新能力 | 3.37 | 0.27 | 3.88 | 0.37 | 3.84 | 0.51 |
| 方法能力 | 应变能力 | 3.76 | 0.81 | 4.09 | 0.57 | 4.15 | 0.93 |
| | 问题分析和解决的能力 | 3.46 | 0.84 | 4.11 | 0.65 | 3.78 | 0.92 |
| | 适应能力 | 3.27 | 0.89 | 4.03 | 0.65 | 3.79 | 0.54 |
| | 决策能力 | 3.44 | 0.62 | 3.97 | 0.71 | 3.42 | 0.73 |
| | 财务管理能力 | 3.76 | 0.58 | 3.91 | 0.55 | 3.52 | 0.44 |
| | 领导能力 | 3.71 | 0.43 | 3.64 | 0.43 | 3.25 | 0.46 |

# 8.4　结果与分析

## 8.4.1　研究结果

如表 8 - 9 所示，在新生代农民工的初级职业成长阶段，即初级技术零工发展阶段，人口特征变量中的学历变量 β 值为 0.129，P < 0.1，年龄变量 β 值为 1.038，P < 0.001，均通过显著性检验，表明学历和年龄变量能够正向促进新生代农民工完成初级职业成长。工作年限（β = - 0.041，P > 0.05）未通过显著性检验，不能够促进新生代农民工完成初级职业成长。在基础就业能力变量中，专业知识掌握能力（β＝1.457，P＜0.1）和岗位技能掌握能力（β＝1.376，P＜0.01）均通过显著性检验，表明专业知识掌握能力和岗位技能掌握能力能够正向促进新生代农民工完成初级职业成长。在行业通适型能力变量中，操作设备工具能力（β＝1.621，P＜0.1）、工作流程熟知能力（β＝2.031，P＜0.01）、工作规章制度遵守能力（β＝2.211，P＜0.001）和处理突发和异常情况能力（β＝1.785，P＜0.001）均通过显著性检验，表明工作设备工具能力、工作流程熟知能力、工作规章制度遵守能力和处理突发和异常情况能力能够正向促进新生代农民工完成初级职业成长。在基础数字技术能力变量中，数字获取能力（β＝1.138，P＜0.01）、数字使用能力（β＝1.031，P＜0.01）和数字社交能力（β＝1.021，P＜0.01）均通过显著性检验，表明数字获取能力、数字使用能力和数字社交能力能够正向促进新生代农民工完成初级职业成长。此外，方法能力、关系管理能力、社会能力、资源整合利用能力、开放式创新能力、数字技术应用能力、数字意识态度、可持续学习和探索能力对初级职业成长的影响未通过显著性检验。

表 8-9　　　　　　　职业迁徙能力对初级职业成长的影响

| 变量类型 | 变量名称 | 初级技术零工或管理人员 | |
|---|---|---|---|
| | | β | Exp(β) |
| 人口特征 | 年龄 | 1.038 *** | 2.899 |
| | 学历 | 0.129 * | 1.158 |
| | 工作年限 | −0.041 | 0.860 |
| 基础数字技术能力 | 数字获取能力 | 1.138 ** | 0.906 |
| | 数字使用能力 | 1.031 ** | 0.934 |
| | 数字社交能力 | 1.021 ** | 0.845 |
| 基础就业能力 | 专业知识掌握能力 | 1.457 * | 1.045 |
| | 岗位技能掌握能力 | 1.376 ** | 1.121 |

续表

| 变量类型 | 变量名称 | 初级技术零工或管理人员 | |
|---|---|---|---|
| | | β | Exp(β) |
| 行业通适性能力 | 操作设备工具能力 | 1.621 * | 0.945 |
| | 工作流程熟知能力 | 2.031 ** | 1.023 |
| | 工作规章制度遵守能力 | 2.211 *** | 1.065 |
| | 处理突发和异常情况能力 | 1.785 *** | 1.023 |
| 社会能力 | 交往能力 | 1.002 | 1.112 |
| | 口头表达能力 | 0.013 | 1.034 |
| | 压力管理能力 | 0.003 | 1.027 |
| | 服从能力 | 0.076 | 1.004 |
| | 冲突管理能力 | 0.063 | 1.064 |
| 可持续学习和探索能力 | 主动学习的能力 | 0.043 | 1.022 |
| | 环境变化思考能力 | 0.023 | 1.072 |
| | 知识技能反思能力 | 0.083 | 1.005 |
| | 知识技能识别能力 | 0.025 | 1.033 |
| | 自我规划与管理能力 | 0.060 | 1.087 |
| 资源整合利用能力 | 资源使用能力 | 0.032 | 1.117 |
| | 资源整合能力 | 0.115 | 1.001 |
| | 资源拼凑能力 | 0.094 | 1.002 |
| 关系管理能力 | 关系联络能力 | 0.621 | 1.023 |
| | 关系沟通互动能力 | 0.008 | 1.135 |
| | 关系维护能力 | 0.032 | 1.054 |
| | 团队合作能力 | 0.084 | 1.089 |
| 数字技术应用能力 | 数字分析能力 | 0.004 | 1.006 |
| | 数字创意能力 | 0.112 | 1.145 |
| 数字意识态度 | 数字安全与健康能力 | 0.125 | 1.123 |
| | 数字伦理与道德能力 | 0.102 | 1.003 |
| 开放式创新能力 | 知识技能创新能力 | 0.118 | 1.018 |
| | 工作方法创新能力 | 0.077 | 1.112 |
| | 产品创新能力 | 0.045 | 1.088 |

续表

| 变量类型 | 变量名称 | 初级技术零工或管理人员 | |
|---|---|---|---|
| | | β | Exp(β) |
| 方法能力 | 应变能力 | 0.065 | 1.137 |
| | 问题分析和解决的能力 | 0.043 | 1.016 |
| | 适应能力 | 0.764 | 1.021 |
| | 决策能力 | 0.623 | 1.012 |
| | 财务管理能力 | 0.044 | 1.017 |
| | 领导能力 | 0.007 | 1.001 |
| | cons | -6.307 | 0.002 |
| | Wald chi2 | 62.302 | |
| | Prob > Chi2 | 0.0000 | |

注: * 表示 p < 0.1, ** 表示 p < 0.01, *** 表示 p < 0.001。

如表 8 - 10 所示，在中级职业成长阶段，即中级技术零工发展阶段，人口特征变量中的学历变量 β 值为 0.046，P < 0.1，且通过显著性检验，表明学历因素能够促进新生代农民工实现中级职业成长。而年龄（β = -1.037，P > 0.05）和工作年限（β = =0.479，P > 0.05）均未通过显著性检验，表明年龄和工作年限并不能促进新生代农民工实现中级职业成长。在社会能力变量中，交往能力（β = -0.062，P < 0.001）、口头表达能力（β = 0.033，P < 0.1）、压力管理能力（β = 0.352，P < 0.01）、服从能力（β = 0.321，P < 0.1）、冲突管理能力（β = 0.087，P < 0.1）均通过显著性检验，表明交往能力、口头表达能力、压力管理能力、服从能力、冲突管理能力有助于新生代农民工的中级职业成长。在资源综合利用能力变量中，资源使用能力（β = 0.032，P < 0.001）、资源整合能力（β = 0.115，P < 0.001）和资源拼凑能力（β = 0.094，P < 0.001）均通过显著性检验，表明资源使用能力、资源整合能力和资源拼凑能力有助于新生代农民工的中级职

业成长。在数字技术应用能力变量中，数字分析能力（$\beta = 0.102$，$P < 0.1$）和数字创意能力（$\beta = 0.118$，$P < 0.1$）均通过显著性检验，表明数字分析能力和数字创意能力有助于新生代农民工的中级职业成长。在开放式创新能力变量中，知识技能创新能力（$\beta = 0.037$，$P < 0.01$）、工作方法创新能力（$\beta = 0.231$，$P < 0.01$）和产品创新能力（$\beta = 0.016$，$P < 0.01$）均通过显著性检验，表明知识技能创新能力、工作方法创新能力和产品创新能力有助于新生代农民工的中级职业成长。在关系能力变量中，关系沟通互动能力（$\beta = 0.008$，$P < 0.001$）、关系联络能力（$\beta = 0.621$，$P < 0.01$）、关系维护能力（$\beta = 0.112$，$P < 0.1$）和团队合作能力（$\beta = 0.125$，$P < 0.001$）均通过显著性检验，表明关系沟通互动能力、关系联络能力、关系维护能力和团队合作能力有助于新生代农民工的中级职业成长。在方法能力变量中，应变能力（$\beta = 0.401$，$P < 0.001$）、问题分析和解决能力（$\beta = 0.004$，$P < 0.01$）、适应能力（$\beta = 0.216$，$P < 0.1$）、决策能力（$\beta = 0.501$，$P < 0.001$）、财务管理能力（$\beta = 0.412$，$P < 0.001$）和领导能力（$\beta = 0.026$，$P < 0.001$）均通过显著性检验，表明应变能力、问题分析和解决能力、适应能力、决策能力、财务管理能力和领导能力有助于新生代农民工的中级职业成长。在可持续学习和探索能力中，主动学习能力（$\beta = 0.321$，$P < 0.1$）、环境变化思考能力（$\beta = 0.123$，$P < 0.1$）、知识技能反思能力（$\beta = 0.112$，$P < 0.1$）均通过显著性检验，表明主动学习能力、环境变化思考能力、知识技能反思能力有助于新生代农民工的中级职业成长。

与初级职业成长阶段相比，社会能力、资源整合利用能力、关系能力、数字技术应用能力、可持续学习和探索能力、开放式创新能力、数字意识态度、方法能力变量是本阶段新增加的影响变量。此外数字意识态度对中级职业成长的影响未通过显著性检验。

表 8 – 10　　　　　　　　职业迁徙能力对中级职业成长的影响

| 变量类型 | 变量名称 | 中级技术零工或管理人员 | |
| --- | --- | --- | --- |
| | | β | Exp(β) |
| 人口特征 | 年龄 | – 1.037 | 0.577 |
| | 学历 | 0.046 * | 1.358 |
| | 工作年限 | 0.479 | 1.586 |
| 基础数字技术能力 | 数字获取能力 | 0.564 | 1.112 |
| | 数字使用能力 | 0.732 | 1.034 |
| | 数字社交能力 | 0.433 | 1.027 |
| 基础就业能力 | 专业知识掌握能力 | – 0.677 | 1.004 |
| | 岗位技能掌握能力 | 0.383 | 1.064 |
| 行业通适性能力 | 操作设备工具能力 | 0.478 | 1.022 |
| | 工作流程熟知能力 | – 0.032 | 1.135 |
| | 工作规章制度遵守能力 | 0.043 | 1.054 |
| | 处理突发和异常情况能力 | 0.087 | 1.089 |
| 社会能力 | 交往能力 | – 0.062 *** | 1.006 |
| | 口头表达能力 | 0.033 * | 1.145 |
| | 压力管理能力 | 0.352 ** | 1.123 |
| | 服从能力 | 0.321 * | 1.003 |
| | 冲突管理能力 | 0.087 * | 1.018 |
| 可持续学习和探索能力 | 主动学习的能力 | 0.321 * | 1.112 |
| | 环境变化思考能力 | 0.123 * | 0.993 |
| | 知识技能反思能力 | 0.112 * | 1.137 |
| | 知识技能识别能力 | 0.218 | 1.016 |
| | 自我规划与管理能力 | 0.312 | 1.021 |
| 资源整合利用能力 | 资源使用能力 | 0.032 *** | 1.012 |
| | 资源整合能力 | 0.115 *** | 1.017 |
| | 资源拼凑能力 | 0.094 *** | 1.001 |
| 关系能力 | 关系联络能力 | 0.621 ** | 0.002 |
| | 关系沟通互动能力 | 0.008 *** | 1.655 |

续表

| 变量类型 | 变量名称 | 中级技术零工或管理人员 | |
|---|---|---|---|
| | | β | Exp(β) |
| 关系能力 | 关系维护能力 | 0.112 * | 1.088 |
| | 团队合作能力 | 0.125 *** | 0.934 |
| 数字技术应用能力 | 数字分析能力 | 0.102 * | 0.837 |
| | 数字创意能力 | 0.118 * | 1.387 |
| 数字意识态度 | 数字安全与健康能力 | 0.077 | 0.857 |
| | 数字伦理与道德能力 | 0.045 | 1.012 |
| 开放式创新能力 | 知识技能创新能力 | 0.037 ** | 0.933 |
| | 工作方法创新能力 | 0.231 ** | 0.655 |
| | 产品创新能力 | 0.016 ** | 0.777 |
| 方法能力 | 应变能力 | 0.401 *** | 1.233 |
| | 问题分析和解决的能力 | 0.004 *** | 1.166 |
| | 适应能力 | 0.216 *** | 0.785 |
| | 决策能力 | 0.501 *** | 1.126 |
| | 财务管理能力 | 0.412 *** | 0.887 |
| | 领导能力 | 0.026 *** | 1.072 |
| | cons | −5.577 | 0.007 |
| | Wald chi2 | 47.476 | |
| | Prob > Chi2 | 0.0000 | |

注：＊表示 $p < 0.1$，＊＊表示 $p < 0.01$，＊＊＊表示 $p < 0.001$。

如表 8-11 所示，在高级职业成长阶段，即高级技术零工发展的阶段，人口特征变量中的年龄变量 β 值为 −0.549，$P < 0.1$，学历变量 β 值为 0.076，$P < 0.1$ 且通过显著性检验，表明年龄因素对新生代农民工高级职业成长具有一定的负面影响，而学历因素对新生代农民工高级职业成长具有一定的正面影响。在可持续学习和探索能力中，知识技能识别能力（$β = 0.232$，$P < 0.1$）、自我规划与管理能力

（β = 0.321，P < 0.1）均通过显著性检验，表明知识技能识别能力、自我规划与管理能力有助于新生代农民工的高级职业成长。在数字意识态度变量中，数字安全与健康能力（β = 0.073，P < 0.1）和数字伦理与道德能力（β = 0.043，P < 0.1）均通过显著性检验，表明数字安全与健康能力和数字伦理与道德能力有助于新生代农民工的高级职业成长。在数字技术应用能力变量中，数字分析能力（β = 0.107，P < 0.1）和数字创意能力（β = 0.065，P < 0.1）均通过显著性检验，表明数字分析能力和数字创意能力有助于新生代农民工的高级职业成长。与中级职业成长阶段相比，数字意识态度是本阶段新增加的影响变量。而基础数字技术能力、基础就业能力、行业通适性能力、社会能力、资源整合利用能力、关系能力、开放式创新能力、方法能力变量对高级职业成长的影响未通过显著性检验。

**表 8 – 11**         **职业迁徙能力对高级职业成长的影响**

| 变量类型 | 变量名称 | 高级技术零工或管理人员 | |
| --- | --- | --- | --- |
| | | β | Exp(β) |
| 人口特征 | 年龄 | − 0.549 * | 0.571 |
| | 学历 | 0.076 * | 1.458 |
| | 工作年限 | 0.379 | 1.546 |
| 基础数字技术能力 | 数字获取能力 | 0.344 | 1.132 |
| | 数字使用能力 | 0.512 | 1.024 |
| | 数字社交能力 | 0.333 | 1.007 |
| 基础就业能力 | 专业知识掌握能力 | − 0.277 | 1.024 |
| | 岗位技能掌握能力 | 0.313 | 1.054 |
| 行业通适性能力 | 操作设备工具能力 | 0.321 | 1.023 |
| | 工作流程熟知能力 | 0.122 | 1.112 |
| | 工作规章制度遵守能力 | − 0.021 | 1.034 |
| | 处理突发和异常情况能力 | 0.077 | 1.077 |

续表

| 变量类型 | 变量名称 | 高级技术零工或管理人员 | |
|---|---|---|---|
| | | β | Exp(β) |
| 社会能力 | 交往能力 | − 0.042 | 1.009 |
| | 口头表达能力 | 0.078 | 1.045 |
| | 压力管理能力 | 0.521 | 1.023 |
| | 服从能力 | 0.432 | 1.004 |
| | 冲突管理能力 | 0.091 | 1.008 |
| 可持续学习和探索能力 | 主动学习的能力 | 0.094 | 1.102 |
| | 环境变化思考能力 | 0.101 | 0.873 |
| | 知识技能反思能力 | 0.121 | 1.107 |
| | 知识技能识别能力 | 0.232 * | 1.006 |
| | 自我规划与管理能力 | 0.321 * | 1.007 |
| 资源整合利用能力 | 资源使用能力 | 0.946 | 1.032 |
| | 资源整合能力 | 0.111 | 1.014 |
| | 资源拼凑能力 | − 0.074 | 1.002 |
| 关系能力 | 关系联络能力 | 0.521 | 0.007 |
| | 关系沟通互动能力 | 0.038 | 1.612 |
| | 关系维护能力 | − 0.142 | 1.018 |
| | 团队合作能力 | 0.225 | 0.956 |
| 数字技术应用能力 | 数字分析能力 | 0.107 * | 0.773 |
| | 数字创意能力 | 0.065 * | 1.234 |
| 数字意识态度 | 数字安全与健康能力 | 0.073 * | 0.765 |
| | 数字伦理与道德能力 | 0.043 * | 1.011 |
| 开放式创新能力 | 知识技能创新能力 | 0.031 | 0.334 |
| | 工作方法创新能力 | 0.221 | 0.546 |
| | 产品创新能力 | 0.043 | 0.677 |
| 方法能力 | 应变能力 | 0.421 | 1.231 |
| | 问题分析和解决的能力 | 0.009 | 1.103 |
| | 适应能力 | 0.202 | 0.745 |

续表

| 变量类型 | 变量名称 | 高级技术零工或管理人员 | |
| --- | --- | --- | --- |
| | | β | Exp(β) |
| 方法能力 | 决策能力 | 0.402 | 1.162 |
| | 财务管理能力 | −0.412 | 0.771 |
| | 领导能力 | 0.023 | 1.032 |
| | cons | −5.328 | 0.004 |
| | Wald chi2 | 46.576 | |
| | Prob > Chi2 | 0.0000 | |

注：*表示 p < 0.1，**表示 p < 0.01，***表示 p < 0.001。

## 8.4.2 结果分析

研究假设的验证结果，如表 8 - 12 所示。

表 8 - 12　　　　　　　　　　研究假设验证结果

| 研究假设 | 结论 |
| --- | --- |
| H8 - 1：新生代农民工基础就业能力促进新生代农民工职业成长 | 支持 |
| H8 - 2：新生代农民工行业通适性能力促进新生代农民工职业成长 | 支持 |
| H8 - 3：新生代农民工基础数字技术能力促进新生代农民工职业成长 | 支持 |
| H8 - 4：新生代农民工方法能力促进新生代农民工职业成长 | 支持 |
| H8 - 5：新生代农民工关系管理促进新生代农民工职业成长 | 支持 |
| H8 - 6：新生代农民工社会能力促进新生代农民工职业成长 | 支持 |
| H8 - 7：新生代农民工资源整合利用能力促进新生代农民工职业成长 | 支持 |
| H8 - 8：新生代农民工开放式创新促进新生代农民工职业成长 | 支持 |
| H8 - 9：新生代农民工数字技术应用能力促进新生代农民工职业成长 | 支持 |
| H8 - 10：新生代农民工数字意识态度能力促进新生代农民工职业成长 | 支持 |
| H8 - 11：新生代农民工可持续学习和探索能力促进新生代农民工职业成长 | 支持 |

由实证研究结果可见，十一类职业迁徙能力中的基础数字技术能力、基础就业能力、行业通适性能力、社会能力、资源整合利用能力、关系能力、数字技术应用能力、开放式创新能力、数字意识态度、方法能力、可持续学习和探索能力对新生代农民工职业成长不同阶段的影响存在一定的消长态势。

## 8.5　总结与启示

（1）随着职业成长的深入，新生代农民工的基础能力虽然仍然重要，但其影响力趋于下降。其中，基础就业能力、行业通适性能力对初级职业成长具有显著性，对中级和高级职业成长影响并不明显，这说明专业能力仅对初级职业成长具有一定的促进作用。随着职业上升，工作内容和职责往往会发生显著变化。在早期业务岗位，专业操作能力，如技术型能力可能是决定工作表现的关键因素。然而，随着职位的提升，工作内容逐渐从具体的技术执行转向更为复杂的决策、管理、协调等非技术性任务。基础数字技术能力对初级职业成长具有显著性，对中级高级职业成长影响并不明显，这说明基础数字技术能力对初级和中级职业成长具有一定的促进作用。随着数字化、信息化的快速发展，掌握一定的基础数字技术能力对于新生代农民工来说变得越来越重要。综上所述，假设 H8-1、H8-2、H8-3 通过验证。

（2）核心能力和拓展能力对职业成长的显著性始于中级职业成长阶段，在后续职业成长中演进趋势逐渐递减。核心能力是针对特定行业或岗位所需的核心技能和知识，包括方法能力、关系管理能力、社会能力、资源整合利用能力。拓展能力是为了适应未来职业发展或行业变化，新生代农民工需要学习和掌握的技能和知识，包括开放式创新能力和数字技术应用能力。其中方法能力、关系管理能力、社会能力、资源整合利用能力对中级职业成长具有显著性，对高级职业成长影响不明显，说明方法能力、关系管理能力、社会能力、资源整合利用能力仅对中级职业成长具有一定的促进作用。其中开放式创新能力和数字技术应用能力对中级职业成长具有显著性，说明开放式创新能力和数字技术应用能力对中级职业成长具有一定的促进作用。核心能力和拓展能力包括沟通、团队协作、解决问题、创新思维等，这些技能在农民工的职业发展中至关重要。通过提升这些核心能力，农民工可以更好地适应职场环境，提高工作效率，从而推动职业成长。随着经济的发展和产业结构的升级，平台型企业对新生代农民工的要求也在不断提高。具备核心能力和拓展能力的新生代农民工在求职过程中更具竞争力，更容易获得更好的工作机会和更高的薪资待遇。核心能力和拓展能力有助于新生代农民工在工作中脱颖而出，获得更多晋升和发展的机会。通过不断积累经验和提升能力，新生代农民工可以逐步晋升到更高的职位，实现职业成长。综上，假设 H8 - 4、H8 - 6、H8 - 9、H8 - 10、H8 - 11 通过验证。

（3）随着职业成长的深入和发展，基础数字技术能力的影响趋于下降，但数字技术应用能力逐步上升。基础数字技术能力对初级职业成长具有显著性，对中级、高级职业成长影响并不明显，这表明基础数字技术能力主要对初级阶段的职业成长展现出一定的推动作用。这一结论的得出，与基础数字技术能力的固有特性紧密相关。鉴于基础数字技术能力主要属于技术型范畴，而在职业晋升路径中的各个岗位上，工作内容往往超越了初级业务岗位的范畴，此时，非技术型能力的作用显得尤为突出和重要，因此数字技术应用能力具有软能力和应用能力的特征，在职业成长的中级阶段具有显著性。进言之，在新生代农民工的职业成长情境中，数字专业技能优良与否是作为岗位胜任标准，而非晋升标准。综上，假设 H8 - 3、H8 - 9 通过验证。

（4）数字技术应用能力对职业成长的显著性影响始于中级职业成

长阶段，在后续职业成长中演进趋势逐渐明显。数字技术应用能力在初级职业成长阶段的影响并不显著，但对于中级和高级职业成长阶段则表现出明显的促进作用，这与高级职业成长阶段岗位内容的特性紧密相关。通常而言，相较于基层岗位，中高级职业成长阶段的相关岗位更强调技能迁移与职业转换的能力，这一要求是由高级岗位复杂多变的工作内容所决定的。在高级职业成长阶段，岗位日常工作中充斥着大量的例外管理和不确定性管理，这不仅要求从业者具备扎实的专业能力，还需拥有出色的软技能以及职业迁徙能力。数字技术应用能力不仅仅是技术层面的，包括运用数字技术进行信息处理、数据分析、数字营销、软件开发、编程等方面的能力，而且还需要良好的数字逻辑思维、数据分析思维和数据创新思维，用数据化思维解决问题。除此之外，随着数字化和智能化技术的快速发展，职业环境也在不断变化。许多传统的职业岗位正在被自动化和智能化技术所替代，而新兴的职业岗位则不断涌现。因此，新生代农民工要具备把数字技术应用能力应用到其他行业和岗位中，以推动创新和效率提升的能力，例如，通过大数据分析进行市场预测，通过人工智能和区块链进行智能服务线上支付等活动。综上，假设 H8 - 7 通过验证。

（5）随着职业成长的不断深入和发展，硬技能的影响趋于下降，软技能在后续职业成长中具有不断上升的趋势。硬技能通常指的是具体的、可度量的技术能力，如岗位专业知识、技能或工具的使用。对中级和高级职业成长影响并不明显，这说明硬技能仅对初级职业成长具有一定的促进作用。在高级职业阶段，尽管硬技能仍然重要，但相对于初级和中级阶段，其重要性可能有所降低。这是因为高级职位往往更加注重战略思考、决策能力、团队管理等软技能。此外，随着技术的发展和工具的更新，一些传统的硬技能可能会变得不那么重要或被新的技能所取代。软技能是指那些难以量化但同样重要的能力，如沟通能力、领导力、团队合作、问题解决和适应性等。在中级、高级职业阶段，这些技能变得尤为重要。例如，一个优秀的领导者需要具备良好的沟通能力来激励团队，需要具备领导力来引导团队朝着目标前进，还需要具备问题解决能力和适应性能力来应对各种挑战和变化。虽然硬技能在某些方面的重要性可能会降低，但这并不意味着它们不再重要。事实上，在许多中级、高级职业发展阶段，硬技能和软技能是相辅相成的。不仅需要具备战略眼光和决策能力，还需要具备足够的专业知识来指导团队。因此，新生代农民工在追求高级职业成长时，应努力平衡硬技能和软技能的发展，确保自己在各个方面都能胜任。当新生代农民工面临硬技能减低的情况时，他们可以通过提升软技能来弥补这一不足。例如，他们可以通过增强沟通能力、领导力和团队合作来提升自己的影响力，从而在职业生涯中取得更高的成就。这样，他们不仅能够走出低技能困境，还能够在高级职位中发挥更大的作用。综上所述，硬技能降低和软技能提升是新生代农民工高级职业成长中的一个重要方面。通过平衡发展硬技能和软技能，并不断提升自己的软技能水平，他们可以更好地适应高级职位的要求，实现更高的职业成就。综上，假设 H8 – 4、H8 – 6、H8 – 9、H8 – 10、H8 – 11 通过验证。

（6）持续学习和探索能力对职业成长的显著性影响始于中级职业成长阶段，在后续的职业成长中呈现由量变向质变的演进趋势。持续学习和探索能力对初级职业成长影响不显著，但对中级和高级职业成长有显著影响，表明持续学习和探索能力对中级和高级职业成长具有一定的促进作用。持续学习和探索能力在中级和高级的职业成长的不同阶段呈现不同的影响特征。其中主动学习能力、环境变化思考能力、知识技能反思能力有助于新生代农民工的中级职业成长。通过主动学习不仅能够帮助新生代农民工跟上技术和行业发展的步伐，而且可以使他们更好地掌握新技能、新知识，提高自己的竞争力，为晋升到更高职位或承担更复杂任务打下基础。具备环境变化思考能力可以帮助新生代农民工迅速适应这些变化，找到新的机遇；有助于他们预测未来趋势，从而提前做好准备，避免被市场淘汰；在不断变化的环境中保持灵活性和敏锐度，有助于新生代农民工在职业生涯中取得更好的发展。在工作中不断反思自己的知识和技能；他们可以更加明确自己的职业发展方向和目标，制定更加合理的职业规划；反思还能帮助他们总结经验和教训，避免在未来的工作中犯同样的错误，从而更快地成长和进步。在高级职业成长过程中，知识技能识别能力和自我规划与管理能力具有显著性，知识技能识别能力、自我规划与管理能力有助于新生代农民工的高级职业成长。在高级职业阶段，新生代农民工需要能够准确地识别和理解所在领域的关键知识和技能。这种能力使他们能够迅速掌握新的工作要求和行业标准，从而在职业生涯中保持领先；通过有效识别所需的知识和技能，他们可以更好地规划自己的学习和培训路径，确保自己的专业能力不断提升。此外，知识技能识别能力还有助于新生代农民工在工作中发现新的机遇和挑战，推动他们在职业生涯中不断进步。在高级职业阶段，新生代农民工需要具备明确的职业目标和规划。自我规划能力使他们能够根据自己的兴趣、优势和市场需求来制定长期和短期的职业计划。自我管理能力则有助于他们高效地实现这些目标。这包括时间管理、情绪管理、压力应对等方面，使他们能够在工作中保持高效和专注。通过自我规划与管理，新生代农民工可以更好地平衡工作与生活，确保自己在职业发展的道路上稳步前行。综上，假设 H8 – 5 通过验证。

（7）数字技术应用能力和数字意识态度对高级职业成长影响显著，有利于降低数字控制，走出低技能困境。数字意识态度仅对高级职业成长具有显著性的影响，对初级和中级职业成长影响不显著，这说明初级、中级职业成长主要依赖于数字素养"量"的提高，而高级职业成长则依赖于数字素养"质"的提升。随着数字化和自动化的发展，许多高级职位需要员工具备数字技术应用能力，这种能力可以帮助新生代农民工在数据分析、人工智能、云计算等领域中取得更高的技能水平，从而更容易获得高级职位；数字技术应用能力可以激发新生代农民工的创新思维，帮助他们发现新的工作方法和解决方案，这种能力可以使他们在工作中脱颖而出，更容易得到认可和晋升；数字技术应用能力使新生代农民工能够更快地适应不断变化的工作环境，随着技术的发展，许多行业和职位都在发生变化，具备这种能力的人更容易适应这些变化。高级职业管理人员更应该意识到数字安全与健康、数字伦理与道德的重要性，通过提高数字技术应用能力和培养数字意识态度，新生代农民工可以更好地掌握数字工具和技术，从而减少对外部数字控制的依赖，意识到数字控制对职业成长的不利因素，通过数字包容来降低数字控制，同时，这些能力还有助于帮助他们走出低技能困境，提高自己在数字化时代中的竞争力。综上，假设 H8 - 7、H8 - 8 通过验证。

# 第9章 新生代农民工职业迁徙能力提升意愿的影响因素分析

数字经济下随着技术的发展，许多行业和职位都在发生变化，具备和增强自身的职业迁徙能力的新生代农民工更容易适应这些变化，促进职业可持续发展和职业成长。新生代农民工的职业迁徙能力提升意愿受到多种因素的影响，包括个体因素、职业培训、受教育程度、薪资待遇、就业机会、职业升迁等。这些因素相互作用，共同影响着他们的职业成长和发展。本章探究数字经济下新生代农民工职业迁徙能力提升意愿的影响因素，为企业、政府、社会和学校等相关部门提出政策建议奠定基础。

## 9.1 理论基础与研究假设

通过对有关新生代农民工职业转换影响因素以及新生代农民工职业能力提升意愿的影响因素的文献进行梳理，研究得出个体特征[1][2]、受教育经历及职业技能培训[3]、职业升迁[4]、薪资待遇及福

① HERR E L. Counseling for personal flexibility in a global economy [J]. Educational and Vocational Guidance, 1992, 53: 5 – 16.

② 殷红霞，宋会芳. 新生代农民工职业转换的影响因素分析 [J]. 统计与信息论坛，2014 (6): 98 – 102.

③ 魏晨. 新生代农民工工作流动状况及其影响因素分析 [J]. 劳动经济，2013 (5): 15 – 18.

④ 俞林，张路遥，许敏. 新型城镇化进程中新生代农民工职业转换能力驱动因素 [J]. 人口与经济，2016 (6): 102 – 113.

利①和产业升级态度②对新生代农民工职业迁徙能力提升意愿影响较大，这在学术界得到了普遍的认同。本书以此为基础，探究新生代农民工职业迁徙能力提升意愿的影响因素，通过设计网络问卷随机抽样选择样本进行实证研究，用实证的结果来指导我国新生代农民工实现职业迁徙能力提升和职业发展，为政府及相关职业教育培训学校和机构提供理论参考。研究理论模型框架如图 9 - 1 所示。

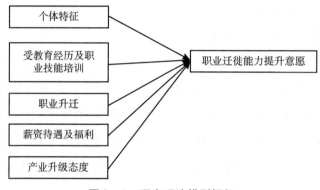

图 9 - 1　研究理论模型框架

理论研究假设如下：

H9 - 1：新生代农民工个体特征与职业迁徙能力提升意愿之间呈现一定的相关性。

H9 - 2：新生代农民工受教育经历及职业技能培训与职业迁徙能力意愿提升之间呈现一定的相关性。

H9 - 3：新生代农民工职业升迁与职业迁徙能力提升意愿之间呈现一定的相关性。

---

① 金迪，蒋剑勇. 基于社会嵌入理论的农民创业机理研究 [J]. 管理世界，2014（12）：180 - 181.

② 陈至发，陈野，赵欢君，等. 新生代农民工就业能力提升意愿的影响因素—基于浙江问卷调查数据的实证分析 [J]. 嘉兴学院学报，2020（4）：73 - 79.

H9-4：新生代农民工薪资待遇及福利与职业迁徙能力提升意愿之间呈现一定的相关性。

H9-5：新生代农民产业升级态度与职业迁徙能力提升意愿之间呈现一定的相关性。

# 9.2　研究方案设计

## 9.2.1　数据来源

本章所用数据来源于本书对浙江省平台型企业就业的新生代农民工（1980 年及以后出生的农民工）进行的随机抽样问卷调查，样本涵盖浙江省 11 个地级市，共发放调查问卷 1000 份，收回 980 份，问卷回收率为 98.0%。审核和筛选后，共获得有效问卷 921 份，有效率为 92.1%。本次调查样本描述性统计结果如表 9-1 所示。

表 9-1　　　　　　　　　调查样本描述性统计结果

| 归类 | 类型 | 样本数 | 百分比（%） |
|---|---|---|---|
| 性别 | 男 | 504 | 54.7 |
| | 女 | 417 | 45.3 |
| 婚姻状况 | 已婚 | 709 | 77.0 |
| | 未婚 | 212 | 23.0 |
| 学历 | 本科及以上 | 34 | 3.7 |
| | 大专 | 191 | 20.7 |
| | 高中及中专 | 478 | 51.9 |
| | 初中及以下 | 218 | 23.7 |

续表

| 归类 | 类型 | 样本数 | 百分比（%） |
|---|---|---|---|
| 年龄 | 16～20 岁 | 19 | 2.1 |
| | 21～25 岁 | 76 | 8.3 |
| | 26～30 岁 | 130 | 14.1 |
| | 31～35 岁 | 319 | 34.6 |
| | 36～41 岁 | 283 | 30.7 |
| | 41 岁以上 | 94 | 10.2 |
| 工作性质 | 专职 | 574 | 62.3 |
| | 兼职 | 347 | 37.7 |
| 工种 | 快递员 | 236 | 25.6 |
| | 外卖骑手 | 205 | 22.3 |
| | 网约车司机 | 199 | 21.6 |
| | 网络主播/电商 | 100 | 10.9 |
| | 平台自媒体创作者 | 82 | 8.9 |
| | 社群产品代理人 | 56 | 6.1 |
| | 家政服务人员 | 33 | 3.6 |
| | 依托于平台的自由职业者 | 10 | 1.0 |
| 工作年限 | 1 年以下 | 95 | 10.3 |
| | 1～3 年 | 458 | 49.7 |
| | 3～5 年 | 321 | 34.8 |
| | 5～10 年 | 47 | 5.2 |
| 收入 | 1600～3000 元 | 67 | 7.3 |
| | 3001～4000 元 | 142 | 15.4 |
| | 4001～6000 元 | 339 | 36.8 |
| | 6001～8000 元 | 274 | 29.8 |
| | 8001～10000 元 | 38 | 4.12 |
| | 10000～15000 元 | 35 | 3.79 |
| | 15000 元以上 | 26 | 2.79 |

续表

| 归类 | 类型 | 样本数 | 百分比（%） |
|------|------|--------|------------|
| 工作岗位 | 无技术零工或一线业务人员 | 143 | 15.5 |
| | 初级技术零工或管理人员 | 274 | 29.8 |
| | 中级技术零工或管理人员 | 338 | 36.7 |
| | 高级技术零工或管理人员 | 166 | 18.0 |

## 9.2.2 模型与变量的选择

本章选取新生代农民工职业迁徙能力提升意愿作为被解释变量，根据现有相关研究成果，选取新生代农民工个体特征、家庭因素、受教育经历及职业技能培训、职业升迁、薪资待遇及福利和产业升级态度等因素作为解释变量。[①] 被解释变量新生代农民工职业迁徙能力提升意愿为有序多分类变量，定义为1（非常不愿意）、2（不愿意）、3（基本愿意）、4（愿意）、5（非常愿意）五个等级；新生代农民工个体特征包括性别、年龄和受教育程度；家庭因素包括家庭人口数、家庭月均收入；受教育经历及职业培训包括社会、平台型企业、学校以及社区所提供的职业技能培训；职业升迁包括技术升迁、职务升迁、创新创业以及职业转换；薪资待遇及福利包括基本工资水平、绩效考核制度、权益保障政策；新生代农民工对产业升级态度包括对数字赋能产业升级的认知以及对产业升级在职业技能上的要求、就业机会、就业风险和就业信心的看法。

## 9.2.3 量表设计与预测试

针对新生代农民工职业迁徙能力提升意愿影响因素，本书通过梳

---

① 陈至发，陈野，赵欢君，等. 新生代农民工就业能力提升意愿的影响因素——基于浙江问卷调查数据的实证分析 [J]. 嘉兴学院学报，2020，32（4）：73-79.

理相关的文献，参考以往文献中的测量量表，并结合专家访谈、小范围预调研，基于本书的实际情况，进行量表修正、量表题项自编，形成了新生代农民工职业迁徙能力提升意愿影响因素测量量表，具体测量题项如表9-2所示。

表9-2                           研究变量的测量量表

| 变量 | 量表题项 | 题号 |
|---|---|---|
| 个体特征 | 新生代农民工年龄对职业迁徙能力提升意愿有很大影响 | GT1 |
| | 新生代农民工性别对职业迁徙能力提升意愿有很大影响 | GT2 |
| | 新生代农民工受教育程度对职业迁徙能力提升意愿有很大影响 | GT3 |
| 受教育经历及职业培训 | 社会组织所提供的职业技能培训对职业迁徙能力提升意愿有很大影响 | PX1 |
| | 社会组织所提供的教育机会对职业迁徙能力提升意愿有很大影响 | PX2 |
| | 高职院校提供的职业教育和技能培训对职业迁徙能力提升意愿有很大影响 | PX3 |
| | 高职院校提供的学历培训对职业迁徙能力提升意愿有很大影响 | PX4 |
| | 平台型企业提供的岗位培训对职业迁徙能力提升意愿有很大影响 | PX5 |
| | 平台型企业提供的技能证书培训对职业迁徙能力提升意愿有很大影响 | PX6 |
| | 平台型企业提供的晋升培训对职业迁徙能力提升意愿有很大影响 | PX7 |
| | 社区提供的创新创业培训对职业迁徙能力提升意愿有很大影响 | PX8 |
| 职业升迁 | 平台型企业提供的职务晋升岗位对职业迁徙能力提升意愿有很大影响 | SQ1 |
| | 平台型企业提供的职称晋升岗位对职业迁徙能力提升意愿有很大影响 | SQ2 |
| | 鼓励和扶持创业政策对职业迁徙能力提升意愿有很大影响 | SQ3 |
| 薪资待遇及福利 | 平台型企业薪资政策与员工绩效挂钩对职业迁徙能力提升意愿有很大影响 | XZ1 |
| | 平台型企业薪资政策与员工职业技能挂钩对职业迁徙能力提升意愿有很大影响 | XZ2 |
| | 平台型企业五险一金的权益保障水平对职业迁徙能力提升意愿有很大影响 | XZ3 |
| | 平台型企业基本工资水平对职业迁徙能力提升意愿有很大影响 | XZ4 |
| 产业升级态度 | 数字赋能产业升级所产生的就业机会对职业迁徙能力提升意愿有很大影响 | TD1 |

| 变量 | 量表题项 | 题号 |
|---|---|---|
| 产业升级态度 | 数字赋能产业升级所产生的就业信心对职业迁徙能力提升意愿有很大影响 | TD2 |
| | 数字赋能产业升级所产生的就业风险对职业迁徙能力提升意愿有很大影响 | TD3 |
| | 数字赋能产业升级所导致的技能提升对职业迁徙能力提升意愿有很大影响 | TD4 |
| 职业迁移能力提升意愿 | 到更高待遇的跨行业和跨岗位发展的希望对职业迁徙能力提升意愿有很大影响 | ZQY1 |
| | 到更有发展空间的跨行业和跨岗位发展的希望对职业迁徙能力提升意愿有很大影响 | ZQY2 |

在量表形成的基础上，编制新生代农民工职业迁徙能力提升意愿影响因素结构测评问卷，面向新生代农民工进行问卷调查。调查问卷包括两大部分：一是新生代农民工职业迁徙能力提升意愿影响因素量表，二是新生代农民工基本信息。新生代农民工职业迁徙能力提升意愿影响因素结构量表中，题项均按 Likert5 级评分法进行测量，询问被调查者与自己的真实情况是否相符，1 为非常不同意，2 为比较不同意，3 为一般同意，4 为比较同意，5 为非常同意。在正式调查前，本书先组织了小规模的预调研，对量表题项的语义、修辞、表述等进行了微调，最终形成正式问卷（见附件8）。

运用 AMOS 22.0 软件，按照探索性因子分析得到的因子结构绘制出初始模型，导入样本数据，采用最大似然估计法，选择标准化系数的方式进行样本数据估计，运行后，得到新生代农民工职业迁徙能力提升意愿结构模型拟合度数据。根据本书模型拟合度指数，如表 9-3 所示，本书模型的各种拟合度指数比较良好。

表 9 – 3 验证性因子分析的模型拟合度

| 指标 | CMIN/DF | RMSEA | RMR | GFI | AGFI | CFI | IFI | NFI | PNFI | PCFI |
|------|---------|-------|-----|-----|------|-----|-----|-----|------|------|
| 值 | 2.671 | 0.038 | 0.033 | 0.907 | 0.917 | 0.927 | 0.932 | 0.933 | 0.935 | 0.925 |
| 评价 | <3 | <0.05 | <0.05 | >0.9 | >0.9 | >0.9 | >0.9 | >0.9 | >0.9 | >0.9 |

## 9.2.4 信效度检验

通过以上验证性因子分析，接下来对模型进行信效度检验。由表 9 – 4 可见，各潜变量的 Cronbach's $\alpha$ 均在 0.8 以上，说明测量模型具有较高的内部一致性，说明本书使用的问卷信度较高。

表 9 – 4 各潜变量的 Cronbach's $\alpha$ 值、AVE 值和 C. R. 值

| 维度 | 测量题项 | Cronbach's $\alpha$ | AVE | C. R. |
|------|---------|--------------------|-----|-------|
| 个体特征 | GT1 | 0.802 | 0.663 | 0.825 |
| | GT2 | | | |
| | GT3 | | | |
| 职业培训及受教育经历 | PX1 | 0.829 | 0.542 | 0.836 |
| | PX2 | | | |
| | PX3 | | | |
| | PX4 | | | |
| | PX5 | | | |
| | PX6 | | | |
| | PX7 | | | |
| | PX8 | | | |
| 职业升迁 | SQ1 | 0.844 | 0.524 | 0.833 |
| | SQ2 | | | |
| | SQ3 | | | |

续表

| 维度 | 测量题项 | Cronbach's α | AVE | C. R. |
|---|---|---|---|---|
| 薪资待遇及福利 | XZ1 | 0.852 | 0.708 | 0.861 |
| | XZ2 | | | |
| | XZ3 | | | |
| | XZ4 | | | |
| 产业升级态度 | TD1 | 0.825 | 0.545 | 0.856 |
| | TD2 | | | |
| | TD3 | | | |
| | TD4 | | | |
| 职业迁移能力提升意愿 | ZQY1 | 0.832 | 0.601 | 0.822 |
| | ZQY2 | | | |

若标准化载荷系数落在 0.5 ~ 0.7 的区间内，即被视为效度可接受；而当该系数超过 0.7 时，则表明效度较高。[①] 如表 9 - 5 所示，所有潜变量的标准化载荷系数最小值为 0.5591，最大值为 0.8347，同时，t 值的最小和最大值分别为 5.332 和 9.134。基于标准化载荷系数与 t 值的分布状况，我们可以推断，本文中所有量表的测量项在 0.01 水平上均呈现显著性，从而证明各量表之间具备良好的聚合效度。

表 9 - 5　　　　　　　　　潜在变量的效度检验

| 概念 | 指标 | 载荷系数 | t 值 | 衡量误差 |
|---|---|---|---|---|
| 个体特征 | GT1 | 0.6445 | 9.134 | 0.445 |
| | GT2 | 0.6511 | 9.012 | 0.451 |
| | GT3 | 0.6732 | 8.953 | 0.447 |

---

① CARMELI A，GEFEN D. The relationship between work commitment models and employee withdrawal intentions [J]. Journal of Managerial Psychology, 2005, 20 (2)：63 - 95.

续表

| 概念 | 指标 | 载荷系数 | t 值 | 衡量误差 |
|---|---|---|---|---|
| 职业培训及受教育经历 | PX1 | 0.7341 | 8.642 | 0.432 |
| | PX2 | 0.7764 | 8.541 | 0.334 |
| | PX3 | 0.6982 | 7.921 | 0.448 |
| | PX4 | 0.6472 | 8.002 | 0.521 |
| | PX5 | 0.8012 | 6.412 | 0.431 |
| | PX6 | 0.7832 | 7.511 | 0.356 |
| | PX7 | 0.6753 | 7.321 | 0.401 |
| 职业升迁 | SQ1 | 0.5591 | 5.782 | 0.501 |
| | SQ2 | 0.6218 | 7.183 | 0.327 |
| | SQ3 | 0.7774 | 9.002 | 0.422 |
| 薪资待遇及福利 | XZ1 | 0.6453 | 8.775 | 0.311 |
| | XZ2 | 0.8347 | 8.365 | 0.278 |
| | XZ3 | 0.7923 | 7.823 | 0.213 |
| | XZ4 | 0.7522 | 5.823 | 0.436 |
| 产业升级态度 | TD1 | 0.8213 | 6.774 | 0.572 |
| | TD2 | 0.7623 | 7.664 | 0.663 |
| | TD3 | 0.7124 | 8.023 | 0.432 |
| | TD4 | 0.6995 | 5.332 | 0.427 |
| 职业迁移能力提升意愿 | ZQY1 | 0.6734 | 6.784 | 0.566 |
| | ZQY2 | 0.6914 | 5.634 | 0.643 |

# 9.3　基于 SEM 的新生代农民工职业迁徙能力提升意愿影响因素实证研究

## 9.3.1　SEM 模型参数估计和拟合指数

通过前面对问卷信度和效度的检验，说明本书所使用的问卷适合进行结构方程分析，即可以对前面所设定的各潜在变量进行度量指标的测定。

利用 AMOS22.0 软件，我们首先构建了新生代农民工职业迁徙能力提升意愿影响因素的结构方程模型图。采用最大似然估计法，并选取标准化系数，对所选样本数据进行了验证性因子分析。分析后得到了职业迁徙能力提升影响因素的结构方程模型图。根据 AMOS22.0 软件的输出结果，该结构方程模型的拟合度指标如表 9 - 6 所示，各项拟合度指数均表现出较优水平，表明该模型具有良好的拟合效果。

表 9 - 6　　　　　　　　　SEM 模型估计参数和拟合指数

| 指标 | CMIN/DF | RMSEA | RMR | GFI | AGFI | CFI | IFI | NFI | PNFI | PCFI |
|------|---------|-------|-----|-----|------|-----|-----|-----|------|------|
| 值 | 2.976 | 0.041 | 0.029 | 0.957 | 0.944 | 0.976 | 0.972 | 0.975 | 0.978 | 0.978 |
| 评价 | <3 | <0.05 | <0.05 | >0.9 | >0.9 | >0.9 | >0.9 | >0.9 | >0.9 | >0.9 |

## 9.3.2　SEM 模型的理论假设验证

根据 SEM 模型的计算结果，本章构建的理论假设模型通过各潜在变量间的回归系数得以验证，本章的五个理论假设均能得以验证。各结构变量间关系假设的标准化值与 t 值，如表 9 - 7 所示。

表 9 - 7　　　　　　　　　理论假设模型检验情况

| 理论假设 | 标准化参数估计 | t 值 | 检验情况 |
|----------|----------------|------|----------|
| H9 - 1：新生代农民工个体特征与职业迁徙能力提升意愿之间呈现一定的相关性 | 0.231 | 4.663 | 接受 |
| H9 - 2：新生代农民工受教育经历及职业技能培训与职业迁徙能力意愿提升之间呈现一定的相关性 | 0.357 | 7.762 | 接受 |

续表

| 理论假设 | 标准化参数估计 | t 值 | 检验情况 |
|---|---|---|---|
| H9－3：新生代农民工职业升迁与职业迁徙能力提升意愿之间呈现一定的相关性 | 0.512 | 5.367 | 接受 |
| H9－4：新生代农民工薪资待遇及福利与职业迁徙能力提升意愿之间呈现一定的相关性 | 0.643 | 7.432 | 接受 |
| H9－5：新生代农民产业升级态度与职业迁徙能力提升意愿之间呈现一定的相关性 | 0.701 | 5.214 | 接受 |

本章所构建的 SEM 模型各变量之间的路径系数如表 9－8 所示。通过对新生代农民工职业迁徙能力提升意愿的影响因素与职业迁徙能力提升意愿影响因素之间的各影响系数进行分析发现，在影响新生代农民工职业迁徙能力提升意愿的多个因素中，职业培训与受教育经历展现出了最强的影响力，其影响系数高达 0.923，紧随其后的是职业升迁，其影响系数为 0.883。相比之下，薪资待遇及福利对新生代农民工职业迁徙能力提升意愿的影响系数最小，但仍达到了 0.576，值得注意的是，其间接影响因素相对较大。此外，薪资待遇与福利、职业升迁、职业培训与受教育经历这三个变量之间存在着显著的相互影响。具体而言，职业培训与受教育经历对职业升迁机会的影响系数为0.836，而职业升迁对薪资待遇与福利的影响系数则为 0.812。另外，新生代农民工的个体特征对其职业迁徙能力提升意愿的影响系数为0.533，且不存在间接影响。

表 9－8                          潜在变量之间的影响系数

| 潜变量之间的关系 | 直接影响系数 | 间接影响系数 | 总影响系数 |
|---|---|---|---|
| ZQY ←——GT | 0.533 | — | 0.533 |
| ZQY ←——PX | 0.335 | 0.548 | 0.883 |

续表

| 潜变量之间的关系 | 直接影响系数 | 间接影响系数 | 总影响系数 |
|---|---|---|---|
| ZQY ←——SQ | 0.412 | 0.221 | 0.633 |
| ZQY ←——XZ | 0.364 | 0.212 | 0.576 |
| ZQY ←——TD | 0.228 | — | 0.228 |
| XZ ←——PX | 0.321 | 0.602 | 0.923 |
| SQ ←——PX | 0.441 | 0.395 | 0.836 |
| XZ ←——SQ | 0.812 | — | 0.812 |

## 9.4　结果与讨论

　　本章基于文献综述，构建了新生代农民工职业迁徙能力提升意愿影响因素的理论假设模型。为验证此模型，我们设计了问卷，并对921名新生代农民工进行了实地调研。采用结构方程模型（SEM）对样本数据进行分析，实证结果揭示了个体特征、职业培训与受教育经历、薪资待遇与福利、职业升迁以及产业升级态度等因素，均与新生代农民工职业迁徙能力提升意愿呈现正相关关系。据此可以推断，这些因素对新生代农民工职业迁徙能力提升意愿具有显著的影响作用。

　　这些关系表明，为了提升新生代农民工职业迁移能力提升意愿，可以从以上几个方面入手。作为职业院校或者社会培训机构，根据新生代农民工职业需求，其培训内容不仅实用性要强，还要突出前瞻性，涵盖未来出现的新技术和新趋势，以此为基础构建以新生代农民工职业发展为导向的终身职业教育体系，从而更加有效地提供职业培训，促进新生代农民工职业转换和职业发展。平台型企业应为新生代农民工提供与市场相符的薪酬待遇，确保他们的劳动得到应有的回报，除了基本工资，还应提供如年终奖、健康保险、住房补贴等福利，增强员工的归属感和忠诚度；为农民工设置明确的晋升通道，提供培训和发展机会，让他们看到在公司内部的长期发展前景；营造包容、和谐的企业文化，让农民工感受到自己是企业大家庭的一员，增强他们的城市融合意愿。

首先，从实证结果中研究发现职业培训与受教育经历与职业升迁、职业升迁与薪资待遇与福利间均存在正相关关系。一方面，职业培训与受教育经历对职业升迁的积极影响表明，通过提升技能和知识水平，新生代农民工不仅能够适应更广泛的工作岗位，还能够在职业生涯中获得更高的职位。这种职业上的晋升不仅有助于新生代农民工实现个人职业发展目标，还能为他们带来更好的薪资待遇和福利。另一方面，职业升迁与薪资待遇和福利之间的正相关关系表明，随着新生代农民工在职业生涯中的晋升，他们的薪资待遇和福利也会相应提高。这种提高不仅是对新生代农民工工作能力和贡献的认可，还能进一步增强他们的城市融合意愿。因为，随着薪资和福利的提升，新生代农民工能够更好地融入城市生活，享受与城市居民相似的物质和精神文化条件。

其次，从实证结果中研究发现新生代农民工的产业升级态度与职业迁徙能力提升意愿间呈现出正相关关系。这表明对产业升级态度显著、正向影响新生代农民工职业迁徙能力提升意愿。随着新生代农民工对产业升级态度的积极程度提升，其职业迁徙能力提升的意愿也随之增强。态度作为个体对客观事物的看法和行为倾向，对一个人的行为意愿和行为方式具有决定性影响。态度越积极，行为意愿便越强，行为表现也更加主动。新生代农民工对待产业升级的态度，直接影响了他们面对产业升级所带来的就业机会变化时的主动性和应对方式。因此，在产业升级的背景下，当新生代农民工对产业升级的态度由消极转变为积极时，他们提升职业迁徙能力的意愿也会相应增强。①

---

① 陈至发，陈野，赵欢君，等. 新生代农民工就业能力提升意愿的影响因素——基于浙江问卷调查数据的实证分析 [J]. 嘉兴学院学报，2020，32（4）：73–79.

　　最后，通过构建相关的理论假设模型，并运用 AMOS 21.0 软件对本书构建的 SEM 模型进行计算的结果可知，新生代农民工的性别、年龄、受教育程度等个体特征与他们的职业迁徙能力提升意愿有较强的关联。性别在一定程度上决定了新生代农民工的职业选择和迁移意愿。例如，某些行业或工种可能对男性或女性更为青睐，从而影响了他们的职业迁移能力。此外，性别还可能影响农民工的社会交往和人际关系，进而影响其职业迁移的机会和成功率。年龄是影响新生代农民工职业迁移能力的重要因素。年轻的新生代农民工通常更具活力和适应力，更容易接受新技能和新知识，因此在职业迁移方面可能更具优势。相反，年龄较大的新生代农民工可能面临技能过时或身体条件限制等问题，从而影响其职业迁移能力。受教育程度是决定新生代农民工职业迁移能力的关键因素之一。较高的受教育水平意味着更好的学习能力、理解能力和适应能力，有助于农民工快速掌握新技能和适应新环境。此外，受过高等教育的新生代农民工通常具有更广泛的人脉资源和更好的职业发展前景，从而提高了他们的职业迁移能力。总之，新生代农民工的个体特征差异对他们的职业迁徙能力提升意愿有一定的影响。

# 第 10 章　新生代农民工职业迁徙能力提升路径研究

根据前期调研数据，本书勾勒出平台型灵活就业的新生代农民工群体画像，包括新生代农民工个体属性和家庭属性特征的生活画像以及职业画像。基于平台型灵活就业的新生代农民工群体的画像，提出新生代农民工职业迁徙能力提升的内部和外部的可持续发展路径。可持续发展的内部路径是通过提升自身的迁徙能力实现自身的可持续发展。根据新生代农民工的技能需求层次，从职业培训等途径入手，探索提升新生代农民工职业迁徙能力的内部路径。在职培训作为其中的关键环节，对于他们的技能提升和职业发展具有不可或缺的作用。可持续发展的外部路径是通过构建包括政府、平台型企业、全日制教育机构、培训机构、公益组织和社区以及新生代农民工自身的多元主体协同合作共治的制度体系来促进新生代农民工职业迁徙能力提升。

## 10.1　平台型灵活就业的新生代农民工群体画像

根据尹德挺等（2020）描绘出新生代农民工的画像，[①] 本书在此

---

① 尹德挺，史毅，高亚慧. 新生代农民工人力资本问题研究 [M]. 北京：中国社会科学出版社，2020：33.

基础上结合数字经济下平台经济的特点以及调研的结果，发现平台型灵活就业的新生代农民工群体画像主要包括个人属性和家庭属性特征的生活画像和新生代农民工职业画像。

## 10.1.1　平台型灵活就业的新生代农民工的"生活画像"

平台型灵活就业的新生代农民工的包括个人属性和家庭属性特征的生活画像主要表现为以下几个方面：

通过前期研究数据勾勒出的平台型灵活就业的新生代农民工群体的"生活画像"呈现为以男性为主的特点，但是女性的占比也在不断上升；年龄主要集中在 31～40 岁，呈现出青年化趋势，未婚、无生计压力的年轻人和已婚、有养家责任的中年人构成了平台型灵活就业的新生代农民工主力；学历结构相对较高，主要集中在高中及以上学历；大多数平台型灵活就业的新生代农民工来自现代服务行业，他们每周的平均工作时间超过 60 个小时，月收入在 5001～7000 元；从身体健康状况来看，相比于已婚、离异和丧偶的新生代农民工，未婚的新生代农民工的身体健康状况最好；职业技能提升和职业发展意愿强烈，期盼高质量地融入城市。

## 10.1.2　平台型灵活就业的新生代农民工的"职业画像"

本书凝练出平台型灵活就业的新生代农民工的职业画像有以下七大特征：

（1）学习意识强，职业技术资格证书持有率低。学习意识强可能源于新生代农民工对于个人成长和职业发展的追求。他们普遍具有较高的教育水平，对新知识、新技能有着更为敏锐的感知和学习能力。同时，随着社会的快速发展和职业的多样化，他们也更加意识到学习对于提升职业竞争力的重要性。然而，尽管学习意识强，但职业技术资格证书持有率低的现象仍然普遍存在。这可能与以下因素有关：①信息不对称。部分新生代农民工可能并不清楚职业技术资格证书的重要性，或者不知道如何获取这些证书。这导致他们在学习新技能后，没有意识到需要获得相应的证书来证明自己的能力。②经济成本。获得职业技术资格证书通常需要一定的经济投入，包括培训费用、考试费用等。对于一些经济条件有限的新生代农民工来说，这可能是一个不小的负担。③时间成本。获得职业技术资格证书需要投入一定的时间和精力进行学习和备考。而新生代农民工往往需要在工作和学习之间维护平衡，这可能导致他们难以抽出足够的时间来备考和参加考试。

为了解决这个问题，我们可以从以下几个方面入手：①加强宣传教育。通过各种渠道加强关于职业技术资格证书的宣传教育，让新生代农民工了解证书的重要性以及如何获取证书。②提供政策支持。政府可以出台相关政策，对获得职业技术资格证书的新生代农民工给予一定的奖励或补贴，降低他们的经济负担。③优化考试制度。针对新生代农民工的特点和需求，优化考试制度，降低考试难度和门槛，使他们更容易获得证书。总之，提高新生代农民工职业技术资格证书持有率需要政府、社会和个人共同努力。通过加强宣传教育、提供政策支持和优化考试制度等措施，帮助他们更好地实现个人成长和职业发展。

（2）学历层次提高，新业态转型态度消极。与老一代农民工相比，新生代农民工的受教育程度显著提高，主要是以高中以上学历为主。新生代农民工学历层次的提高是一个积极的趋势，这通常意味着他们具备更强的学习能力和更广泛的视野，有助于他们在现代社会中更好地适应和发展。然而，与此同时，如果他们在面对新业态转型时表现出消极态度，这确实是一个值得关注和解决的问题。首先，新业态往往伴随着新的技术、新的管理模式和新的工作要求，这可能对新生代农民工构成一定的挑战。尽管他们的学历层次有所提高，但如果缺乏相应的技能培训和经验积累，他们可能感到难以适应新业态的要求，从而产生消极态度。其次，新业态转型往往意味着工作环境、工作内容和工作方式的改变，这可能导致新生代农民工对未知的恐惧和不确定性的担忧。他们可能担心自己无法胜任新的工作要求，或者担心转型过程中可能失去原有的工作机会和稳定收入。此外，一些新生代农民工可能受到传统观念的影响，对新业态转型持保守态度。他们可能更倾向于选择稳定、熟悉的工作方式，而不愿意冒险尝试新的领域。

针对这些问题，我们可以采取以下措施来引导新生代农民工积极面对新业态转型。首先，加强技能培训和教育引导。通过提供针对新业态的技能培训，帮助新生代农民工提升适应新业态的能力。同时，加强宣传教育，引导他们认识到新业态转型的重要性和机遇，激发他们的积极性和创造力。其次，建立完善的就业服务体系。为新生代农民工提供就业咨询、职业规划等服务，帮助他们了解新业态的发展趋势和就业前景，为他们提供更多就业机会和选择。最后，加强政策支持和保障。政府可以出台相关政策，鼓励和支持新业态的发展，为新生代农民工提供更多的创业和就业机会。同时，完善社会保障制度，保障他们在转型过程中的合法权益。综上所述，虽然新生代农民工学历层次的提高是一个积极的趋势，但他们在面对新业态转型时表现出的消极态度也需要引起我们的关注。通过加强技能培训、完善就业服务体系和加强政策支持和保障等措施，帮助他们更好地适应新业态转型的需求，实现个人和社会的共同发展。

（3）渴望自我价值实现，高质量就业满意度低。新生代农民工由于成长环境和教育背景的变化，普遍具有较高的文化素养和自我认知，他们渴望通过工作实现自我价值，追求更高层次的精神满足。他们不再仅仅满足于生存需求，而是更加关注职业发展、工作环境、个人成长等方面的因素。尽管社会对于新生代农民工的关注和保障在不断提高，但高质量就业的机会仍然有限。新生代农民工仍然面临着缺少晋升的空间、个人职业成长的机会、工作不体面、工作不稳定、社会认可度低等问题，这些都对工作满意度造成负面影响。此外，一些制度性障碍也可能影响新生代农民工的高质量就业。例如，户籍制度、社会保障制度等方面的限制可能阻碍他们平等地获得高质量就业的机会。同时，职业培训和教育体系的不完善也可能导致他们的技能与市场需求不匹配，从而影响就业质量。

为了解决这一问题，我们可以从以下几个方面入手：①加强职业培训和教育，提升新生代农民工的职业技能和竞争力，使他们更好地适应市场需求和职业发展。②完善就业服务体系，为新生代农民工提供更多高质量的就业机会和渠道，促进他们实现稳定就业和职业发展。③加强政策支持和保障，消除制度性障碍，为新生代农民工创造更加公平、公正的就业环境。④加强社会宣传和教育，提高社会对新生代农民工的认可度和尊重度，增强他们的社会归属感和自我价值感。综上所述，解决新生代农民工渴望自我价值实现与高质量就业满意度低之间的矛盾需要全社会的共同努力。通过加强职业培训、完善就业服务、加强政策支持和社会宣传等措施，逐步改善农民工的就业环境和生活状况，实现他们的自我价值追求。

（4）职业智能化数字化，数字技术欠缺。互联网、大数据、人工智能、物联网等高科技和新技术的不断发展和数字化时代的到来，给传统的职业结构带来了巨大的挑战和机遇，特别是在服务业等领域，越来越多的工作正在被智能化、数字化的工具和流程所取代或辅助。数字经济下的职业结构特点呈现出跨岗位、跨行业、跨领域的职业转换，数字技能和智能化应用等显著特征。这就要求新生代农民工职业结构和职业发展要与时俱进，不断更新知识和技能，适应未来市场需求的变化。然而，新生代农民工在面临这一趋势时，普遍存在着数字技术欠缺的问题，这在一定程度上限制了他们适应和融入新型职业环境的能力。

首先，数字技术的欠缺主要体现在新生代农民工对于智能化、数字化工具的使用能力有限。他们可能不熟悉基本的计算机操作、网络应用以及专业软件的使用，这使得他们在面对数字化工作流程时感到困惑和无助。其次，由于缺乏必要的数字技能，新生代农民工在职业竞争中可能处于不利地位。随着智能化、数字化设备的普及，许多岗位对于求职者的数字技术要求越来越高。而由于数字技术欠缺，新生代农民工可能错失一些就业机会，或者难以在现有岗位上发挥出最大的潜力。

为了解决这一问题，可以从以下几个方面着手：①加强数字技能培训。政府、企业和社会组织可以联合开展针对新生代农民工的数字技能培训，帮助他们掌握基本的计算机操作、网络应用以及专业软件的使用技能。②推动数字化设备的普及和应用。政府可以出台相关政策，鼓励平台型企业为新生代农民工提供必要的数字化设备，如智能手机、平板电脑等，同时推动数字化技术在企业生产和管理中的广泛应用。③加强宣传和引导。通过媒体宣传、案例分享等方式，引导新生代农民工认识到数字技术的重要性，激发他们学习数字技能的积极性。此外，还需要注意的是，数字技能培训和应用推广应该结合新生代农民工的实际需求和特点，采取灵活多样的方式，确保培训效果和应用实效。综上所述，职业智能化数字化对新生代农民工提出了新的挑战，但也为他们提供了更多的发展机遇。通过加强数字技能培训、推动数字化设备的普及和应用以及加强宣传和引导等措施，可以帮助新生代农民工克服数字技术欠缺的问题，更好地适应和融入新型职业环境。

（5）职业迁徙能力层次性，职业发展瓶颈突破难。本书发现新生代农民工职业迁徙能力拓展为"基础、核心、拓展、发展"四个等级层次。基础层是最外层,是新生代农民工较容易获得和培养的职业迁徙能力;核心层是次外层,是新生代农民工一般能获得和培养的职业迁徙能力;拓展层是中间层,是新生代农民工较难能获得和培养的职业迁徙能力;发展层是最中心层,是新生代农民工非常难能够获得和培养的职业迁徙能力。

职业迁徙能力层次性确实反映了不同职业阶段或层次对个体能力的不同要求,这对于新生代农民工而言,意味着在职业发展过程中需要不断提升自身能力以适应更高的职业层次。然而,新生代农民工在突破职业发展瓶颈方面面临着诸多困难。首先,由于他们的初始职业能力和技能水平可能相对较低,难以直接满足更高层次职业的要求,这成为他们向上迁徙的一道障碍。同时,随着职业层次的提升,对个体的综合素质、创新能力、管理能力等方面的要求也越来越高,这对于缺乏相关经验和教育背景的新生代农民工来说,无疑是一个巨大的挑战。其次,新生代农民工在职业发展过程中往往缺乏有效的指导和支持。他们可能对自己的职业定位和发展方向感到迷茫,不知道如何提升自己的能力和技能,也难以获取有效的职业信息和资源。这导致他们在面临职业发展瓶颈时,往往无法找到有效的突破路径。此外,社会环境和制度因素也可能制约新生代农民工的职业发展。例如,一些行业或地区可能存在户籍、社保等方面的限制,使得新生代农民工在职业迁徙和晋升方面受到阻碍。同时,劳动力市场的不完善和信息不对称也可能导致新生代农民工在求职和晋升过程中遭遇不公平待遇。

为了帮助新生代农民工突破职业发展瓶颈,我们可以采取以下措施:①加强职业指导和咨询服务,帮助他们明确职业定位和发展方向,制定合理的职业规划。②提供针对性的职业技能培训和教育,提升他们的技能水平和综合素质,增强职业竞争力。③优化就业环境和政策支持,消除制度性障碍,为农民工提供更多的职业发展机会和空间。④加强社会宣传和教育，提高社会对农民工的认可度和尊重度，增强他们的职业自信心和归属感。综上所述，突破职业发展瓶颈需要新生代农民工自身努力提升能力，同时也需要政府、企业和社会各界的支持和帮助。多方共同努力，可以为新生代农民工创造更好的职业发展环境，帮助他们实现个人价值和社会价值的共同提升。

（6）职业发展阶段性，低技能发展陷阱。新生代农民工在市民化进程中通常遵循特定的职业发展轨迹，本书发现平台型灵活就业的新生代农民工职业发展轨迹通常以初级零工为起点，其间涵盖基层技术或管理人员、中层技术或管理人员，以及高层技术或管理人员等各岗位级别，职业发展具有阶段性的特点，平台型灵活就业的新生代农民工职业发展阶段分为初级零工、中级零工和高级零工三个阶段。

新生代农民工流动的次数过于频繁，表明他们可能并不拥有太多扎实的就业技能，因而容易失去工作，也不得不频繁地寻找新的工作机会。就业稳定性和连续性的缺乏不利于他们的自身发展，最终陷入低技能发展陷阱。这种低技能发展陷阱主要表现在以下几个方面：①在职业发展初期，新生代农民工往往只能从事一些技能要求相对较低的工作，如体力劳动或简单的操作工种。这些工作虽然为他们提供了就业机会，但长期从事此类工作会限制他们提升技能和职业发展。由于缺乏足够的技能积累和学习机会，他们很难跨越到更高技能要求的岗位。②技术的不断进步和产业结构的升级，对劳动者的技能要求也在不断提高。然而，由于新生代农民工在技能提升方面缺乏足够的投入和机会，他们的技能水平往往难以跟上市场需求的变化。这导致他们在面对新的就业机会和职业发展机会时，往往因为技能不足而错失良机。③低技能发展陷阱还表现在新生代农民工的职业迁徙能力不足。由于技能水平有限，他们在寻求更好的职业发展机会时往往受到诸多限制。他们可能难以适应新的工作环境和岗位要求，也难以在职业市场中获得更好的待遇和机会。为了突破低技能发展陷阱，新生代农民工需要采取积极的措施来提升自身的技能水平。他们可以通过参加职业培训、学习新的技能和技术、积累工作经验等方式来提升自己的职业竞争力。同时，政府、企业和社会组织也应该提供更多的支持和帮助，为新生代农民工提供技能培训、就业指导、职业规划等服务，帮助他们实现更高层次的职业发展。总之，新生代农民工的职业发展是一个长期而复杂的过程，需要他们自身、政府、企业和社会各界的共同努力。通过不断提升技能水平、拓展职业迁徙能力、突破低技能发展陷阱等方式，实现更加稳定和可持续的职业发展，为社会经济发展做出更大的贡献。

（7）职业生涯规划持续性低，职业成长路径模糊。研究发现大多数新生代农民工倾向于追求短期经济利益，而忽视了长远清晰的职业规划，他们往往选择"快就业"。"快就业"存在就业岗位与技能不匹配、缺乏职业技能培训、缺乏职业发展晋升机会等弊端，严重影响新生代农民工的职业能力提升和职业发展。他们的职业成长路径往往显得较为模糊，缺乏明确的规划和指导。首先，新生代农民工往往面临职业信息不对称的问题。他们可能难以获取全面、准确的职业信息，无法了解不同职业的发展前景、技能要求以及市场需求等关键信息。这导致他们在制定职业生涯规划时缺乏足够的依据和参考，难以做出明智的选择。其次，新生代农民工的职业发展往往受到多种因素的制约。例如，户籍制度、社会保障制度等社会因素可能对他们的职业迁徙和晋升产生限制；同时，家庭背景、教育资源等个人因素也可能影响他们的职业选择和成长速度。这些因素使得他们的职业成长路径充满了不确定性和挑战。此外，新生代农民工在职业技能和素质方面也存在一定的欠缺。由于教育背景和技能培训的不足，他们可能缺乏必要的职业技能和素质，难以适应市场需求的变化和职业发展的要求。这进一步增加了他们职业成长路径的不确定性和模糊性。

为了解决这个问题，我们需要从多个方面入手，帮助新生代农民工明确职业成长路径，提升职业生涯规划的持续性。具体而言，可以采取以下措施：①加强职业指导和咨询服务，帮助新生代农民工提供提升职业技能和素质，使他们更好地适应市场需求和职业发展的要求。②优化就业环境和政策支持，消除制度性障碍，为新生代农民工提供更多的职业机会和发展空间。③加强社会宣传和教育，提高社会对农民工的认可度和尊重度，增强他们的职业自信心和归属感。通过这些措施，帮助新生代农民工明确职业成长路径，提升职业生涯规划的持续性，实现更加稳定和可持续的职业发展。提供个性化的职业规划服务，帮助他们了解自身优势和不足，明确职业目标和方向。

# 10.2　新生代农民工职业培训需求及培训现状

2024 年作者通过线上问卷星发放问卷以及深度访谈（见附件 9），分别从职业培训现状和培训需求两个方面展开调研，对回收的 486 份问卷数据进行了深入的分析，调查数据结果分析具体如下。

## 10.2.1　新生代农民工职业培训现状

新生代农民工职业培训现状主要从培训内容、培训方式、培训地点、培训次数、培训结果认定、培训信息来源以及培训费用谁承担等方面展开调研①，数据结果具体如表 10 - 1 所示。

（1）培训内容。调研发现企业为新生代农民工提供职业培训的培训内容分别是职业技能（77.9%）、管理技能（26.8%）、日常工作行为规范（96.2）、公司制度和企业文化（98.4%）、团队精神

---

① 银平均.新生代农民工的教育培训［M］.北京：社会科学文献出版社，2019：22.

（43.6%）、心理健康（73.3%）、职业素养（67.2%）和法律知识（54.2%），其中公司制度和企业文化、日常工作行为规范以及职业技能位居前三位。数据表明企业开始探索与新生代农民工建立稳定长久的雇佣关系，愿意投入更多的精力提升其对企业的制度和文化认同。另外，基于新生代农民工的素质和职业技能参差不齐的现状，为增强企业的核心竞争力，要对岗位规范进行认知，并同时提升专业知识和专业技能。但是企业为新生代农民工提供的管理技能培训较少，主要是基于成本控制和效益最大化的考虑。由于管理技能培训的投入成本较高，且短期内难以看到明显的回报，同时新生代农民工的流动性强，企业担心培训投资发生收益外溢，因此缺乏为农民工提供管理技能培训的动力。此外，企业往往更关注与自身发展直接相关的专业技能培训，以快速提高农民工的生产效率和企业的经济效益，这就导致企业仍然将新生代农民工定位在技术技能人才层面，限制其职业晋升机会和职业发展的空间。

表10－1　　　　　　　　　　　新生代农民工职业培训现状

| 变量 | | 占比（%） |
|---|---|---|
| 培训主要内容 | 职业技能 | 77.9 |
| | 管理技能 | 26.8 |
| | 日常工作行为规范 | 96.2 |
| | 公司制度和企业文化 | 98.4 |
| | 团队精神 | 43.6 |
| | 心理健康 | 73.3 |
| | 职业素养 | 67.2 |
| | 法律知识 | 54.2 |
| 培训方式 | 师徒一对一培训 | 33.4 |
| | 课堂授课 | 32.9 |
| | 网络授课 | 13.9 |

续表

| 变量 | | 占比（%） |
|---|---|---|
| 培训方式 | 现场实操示范 | 31.8 |
| | 参观考察 | 11.2 |
| | 工作轮换 | 10.3 |
| | 其他 | 1.2 |
| 培训地点 | 在工作单位 | 95.3 |
| | 培训机构 | 43.2 |
| | 在专业的学校 | 11.5 |
| | 其他 | 0.8 |
| 培训次数 | 1~2 次 | 24.6 |
| | 3~4 次 | 12.4 |
| | 5 次及以上 | 0.7 |
| 培训结果认定 | 结业证书 | 20.1 |
| | 技能等级证书 | 16.3 |
| | 行业准入资格证书 | 14.7 |
| | 没有认定 | 77.8 |
| 培训信息来源 | 所在工作单位通知 | 48.7 |
| | 身边亲朋好友告知 | 30.2 |
| | 政府发布信息 | 21.3 |
| | 通过网络等媒体获知 | 12.3 |
| | 其他 | 7.6 |
| 培训费用谁承担 | 户口所在地政府 | 68.7 |
| | 用人单位所在地政府 | 54.3 |
| | 社会机构 | 33.2 |
| | 用人单位 | 48.9 |
| | 村集体 | 18.9 |
| | 自己 | 6.3 |
| 培训主办方 | 户口所在地政府 | 16.7 |
| | 用人单位所在地政府 | 23.4 |

续表

| 变量 | | 占比（%） |
|---|---|---|
| 培训主办方 | 社会机构 | 20.3 |
| | 用人单位 | 38.7 |
| | 村集体 | 12.3 |
| | 其他 | 4.5 |

（2）培训方式。新生代农民工参加过的培训中，师徒一对一培训方式占比 33.4%，课堂授课占比 32.9%、网络授课占比 13.9%、现场实操示范 31.8%、参观考察占比 11.2%、工作轮换占比 10.3% 和其他占比 1.2%。其中师徒一对一培训、课堂授课和现场实操示范排名前三位。数据表明在新生代农民工职业培训中，这三种方式更加普遍，以更好地满足农民工的学习需求和增强培训效果。网络授课在新生代农民工职业培训中不够普遍的原因主要包括技术限制、情感交流缺失、培训内容与方式不匹配、自律性与监督问题、培训效果评估困难、培训资源分配不均以及市场与政策支持不足等方面。考虑到新生代农民工的工作时间和成本，企业可以在未来制作更合适的互联网 + 培训课程，为了促进网络授课在职业培训中的普及和应用，需要从多个方面入手进行改进和推动。

（3）培训地点。在工作单位进行内部培训占 95.3%，在培训机构的培训占 43.2%，在专业的学校培训占 11.5% 和其他占 0.8%，数据表明企业在新生代农民工培训中起到重要的作用。培训机构和专业的学校对新生代农民工培训不足的原因主要包括资源有限、培训内容与市场需求脱节、培训体系不健全、培训形式单一、缺乏有效地宣传和推广以及政策和市场支持不足等方面。为了解决这些问题，政府、企业、高职和应用型院校和社会各方应共同努力，加大投入和支持力度，推动职业培训体系的完善和发展。

（4）培训次数。参加过 1 ～ 2 次培训的新生代农民工占比为 24.6%，参加过 3 ～ 4 次的新生代农民工占比为 12.4%，参加过 5 次及以上的新生代农民工占比为 0.7%。数据表明随着经济结构的调整和产业升级，人工智能和数字经济背景下市场对农民工的职业技能要求不断提高。然而，当前市场上针对新生代农民工的培训供给仍然存在严重的滞后现象，无法满足市场需求。为了提高新生代农民工的培训次数和效果，需要政府、企业、培训机构、高校和农民工自身共同努力，加强政策宣传和执行、增加培训资源投入、提高培训质量和针对性以及加强企业与用人单位的培训意识和投入。

（5）培训结果认定。培训后发放结业证书的占比为 20.1%，培训后发放技能等级证书的占比为 16.3%，培训后发放行业准入资格证书的占比为 14.7%，培训后没有发放任何证书也没有任何认定的占比为 77.8%。数据表明绝大多数企业不会在新生代农民工培训后组织取证或者鼓励他们去考证。一是培训内容和方式可能不符合职业技能认证的标准，导致无法获得相应的证书或认定。二是目前，针对企业参与农民工培训的政策和法律支持相对有限，缺乏具体的财政补助和奖励政策，这可能降低了企业参与培训和认证的积极性。三是企业可能由于资金、师资等培训资源的限制，无法提供完整的培训和认证服务。政府对新生代农民工职业技能培训的投入虽然逐年增加，但相对于庞大的需求仍然有限，导致培训资源无法满足所有需求。四是新生代农民工可能由于收入在培训期间得不到保障、培训内容与个人需求不匹配等原因，对参与培训和获得认证的积极性不高。五是现有的新生代农民工培训和认证体系可能不完善，缺乏统一的认证标准和操作流程，使得企业在培训和认证过程中面临困难。新生代农民工可能面临多个不同机构和部门的培训和认证要求，导致他们难以获得统一的认证和证书。

（6）培训信息来源。48.7% 的培训信息来源于新生代农民工所在单位通知，来自身边亲朋好友告知的占比为30.2%，政府发布信息的占比为21.3%，通过网络等媒体获知的占比为12.3%，其他的占比为7.6%。数据表明新生代农民工在获取培训信息时主要依赖于所在单位通知和亲朋好友的告知，而政府和媒体在信息传播方面的影响力相对较弱。为了提高农民工的培训参与度和效果，需要政府、企业和社会各界共同努力，加大信息发布和宣传力度，特别是要充分利用现代信息技术，提高信息的传播效率和覆盖面。同时，也需要加强对农民工的信息素养培训，提高他们的信息获取和处理能力。

（7）培训费用承担问题。新生代农民工选择户口所在地政府承担培训费用的占比为68.7%，新生代农民工选择用人单位所在地政府承担培训费用的占比为54.3%，新生代农民工选择社会机构承担培训费用的占比为33.2%，新生代农民工选择用人单位承担培训费用的占比为48.9%，新生代农民工选择村集体承担培训费用的占比为18.9%，新生代农民工选择自己承担培训费用的占比为6.3%。数据表明新生代农民工希望政府、用人单位和培训机构能为他们提供职业培训服务，他们总体倾向于政府出资培训，也意识到自己在职业培训方面的责任和义务。

（8）培训主办方。在新生代农民工参加过的培训中，户口所在地政府举办的占比为16.7%，用人单位所在地政府举办的占比为23.4%，社会机构举办的占比为20.3%，用人单位举办的占比为38.7%，村集体举办的占比为12.3%，其他举办的占比为4.5%。主办方占比前三名分别是用人单位、用人单位所在地政府和社会机构。数据表明新生代农民工更信任工作单位和政府举办的培训班，除了单位和政府的培训外，他们还会选择去社会上的培训机构进行学习。

## 10.2.2　新生代农民工职业培训需求

新生代农民工职业培训需求主要从有无必要参加培训、培训方式需求、培训内容需求、培训类型需求等方面展开调研,[①] 数据结果具体如表 10 - 2 所示。

表 10 - 2　　　　　　　　　　新生代农民工职业培训需求

| 变量 | | 占比（%） |
|---|---|---|
| 有无必要参加培训 | 很有必要 | 87.6 |
| | 没必要 | 12.4 |
| 培训方式 | 脱产培训 | 24.2 |
| | 边工作边培训 | 75.8 |
| 培训内容 | 专业能力培训 | 76.3 |
| | 职业安全教育培训 | 44.3 |
| | 创业知识培训 | 37.8 |
| | 社会和情感技能培训 | 13.3 |
| | 数字技术培训 | 56.7 |
| | 数字素养培训 | 48.3 |
| | 职业迁徙能力培训 | 67.9 |
| | 法律法规培训 | 23.5 |
| | 管理技能培训 | 41.2 |
| 培训类型 | 学历教育（中等、高职以及应用型本科职业技术学校） | 65.3 |
| | 技能培训 | 87.7 |
| | 其他 | 17.1 |

---

① 赵宝柱. 新生代农民工培训：意愿与行动［M］. 北京：中国社会科学出版社, 2016：55.

（1）有无必要参加培训。87.6%的新生代农民工认为很有必要参加培训，只有12.4%的新生代农民工认为没有必要参加培训。数据表明新生代农民工愿意参加培训的意愿很高，主要是因为培训可以提升他们的职业技能和竞争力、适应产业发展和技术进步、增加就业机会和收入、实现个人发展和职业规划以及融入城市生活和提升社会地位。

（2）培训方式。75.8%的新生代农民工需要边工作边培训，只有24.2%的新生代农民工选择脱产培训。数据表明由于经济和时间的成本，新生代农民工边工作边培训的方式可以在一定程度上降低这些成本，使他们能够在不失去收入来源的同时，进行职业技能的提升。

（3）培训内容需求。在培训内容方面的需求上，专业能力培训占比为76.3%、职业安全教育培训占比为44.3%，创业知识培训占比为37.8%，社会和情感技能培训占比为13.3%，数字技术培训占比为56.7%，数字素养培训占比为48.3%，职业迁徙能力培训占比为67.9%，法律法规培训占比为23.5%、管理技能培训占比为41.2%。排在前三位的培训内容需求分别是专业能力培训需求、职业迁徙能力培训需求、数字技术培训需求这三方面需求。数据表明随着经济结构的调整和转型升级，劳动力市场对技能的需求也在发生变化。一些传统产业的就业机会逐渐减少，而新兴行业如IT、互联网、电子商务、人工智能等则迅速兴起。新生代农民工需要接受相关技能培训，以提高自身的竞争力，适应市场需求的变化。随着数字化技术的快速发展，越来越多的行业开始采用数字化手段进行管理和运营。新生代农民工需要掌握一定的数字技能，以适应数字化时代的职业需求。新生代农民工不仅希望在城市中稳定就业，还希望有更多的职业迁徙机会，以实现自身价值的最大化。因此，他们渴望通过培训提高职业迁徙能力，为未来的职业发展打下坚实基础。

## 10.3　新生代农民工职业迁徙能力培训框架

　　根据浙江省推动新能源制造业高质量发展实施意见（2023 – 2025）以及《浙江省人民政府关于印发浙江省"415X"先进制造业集群建设行动方案（2023—2027 年）的通知》，未来浙江省产业发展总体思路是积极推动传统产业的技术升级与转型，大力引进并应用尖端科技，助力装备制造、纺织服装、五金制品等领先行业向更高端的市场定位发展。同时，该省也致力于提升产业基础的高级化水平，推动产业链实现现代化，以加快建设一个全球领先的制造业中心。这一战略旨在推动制造业向集群化、高端化方向演进，优化并增强战略性新兴产业和未来产业的实力，以及促进现代服务业的迅速发展。通过这些举措，浙江省将形成更加高效、优质的投入产出关系，从而持续提升其现代产业体系的综合竞争力，具体如表 10 – 3 所示。

　　根据调查数据，先进制造业是新生代农民工技工大规模就业的主要领域，然而，随着现代服务业新业态的迅猛拓展，越来越多的新生代农民工被其吸引。这些在制造业中发挥关键作用的新生代农民工，在服务业中也同样扮演着举足轻重的角色。以美团外卖为例，其庞大的送餐队伍中，有高达四分之三的成员源自农村地区，且这一群体中，"80 后"成为主力军，占比超过八成。同样地，在滴滴网约车平台上，拥有农村背景的司机比例高达 76.34%，其中，新一代农民工占据了近六成的比例，彰显出他们在这一行业中的显著存在。这一现象清晰地表明，随着数字经济的蓬勃发展，服务业已成为农民工群体寻求就业机会的一个重要且有效的渠道，为他们提供了广泛的职业发展空间。

表 10 - 3                          浙江省产业发展总体思路

| 环节 | 主要内容 |
|---|---|
| 传统产业转型升级 | 支持并鼓励传统产业采纳前沿且适用的技术，推进超过 5000 项的重点技术改造项目，以此助推装备制造、纺织服装、五金制品等具有优势的产业向中高端市场进军。同时，对丝绸、茶叶、黄酒、青瓷、木雕、中药材等具有深厚历史文化底蕴的产业，提供扶持，助其焕发新的生机与活力，再创辉煌。此外，将积极推动建筑业的高质量发展，以实现行业整体质量与效益的双向提升 |
| 制造业集群式、高端化发展 | 优化全省的产业分布，强化由"核心区 + 协同区"构成的省级特色产业集群建设，致力于构建大规模、高产值的制造业集群，推动其向集群化、高端化方向发展。同时，打造全新的产业平台和具有专业特色的小镇。将综合规划并推进培育世界一流企业、领航企业及在产业链中起主导作用的企业，助力上市公司实现优质发展。目标是新增 30 家具有强大实力的"雄鹰"企业，50 家上市公司，20 家国家单项冠军企业或产品，以及 300 家以上的专精特新"小巨人"企业 |
| 培育未来产业 | 积极推动新质生产力的大力发展，通过"一链一策"的策略，促进新兴产业的质量提升和规模扩大。前瞻性地布局一系列未来产业，包括未来网络、元宇宙、空天信息、仿生机器人、合成生物、未来医疗等领域。同时，全力支持杭州、宁波等城市努力成为未来产业的先导区域，以期战略性新兴产业的增加值能够增长 10% 以上 |

《浙江省现代服务业"十四五"发展规划》明确指出了未来五年的战略重点，将聚焦于六大支柱产业的深化发展，包括信息服务业、金融业、现代物流业、旅游业、商贸流通业及房地产业，并致力于扶持与壮大电子商务、健康（含养老服务）、科技服务与文化创意四大新兴领域。随着现代服务业的蓬勃兴起，工作机会也迎来了显著的增长契机。特别是在新型城镇化进程加快、人口老龄化趋势加剧以及家庭服务需求日益社会化的背景下，中国的家庭服务业正迎来一个前所未有的高速增长期，为就业市场注入了新的活力。例如，受到新型城镇化、人口老龄化以及家庭服务社会化的推动，中国的家庭服务业正迈入一个高速发展的阶段。2020 年，该行业已吸引超过 3000 万新生代农民工加入，据作者预测，到了 2035 年，这个数字将增长到 5000

万人以上。与此同时，新生代农民工的就业偏好正经历着显著的变迁。研究揭示，一个日益增长的趋势是更多新生代农民工倾向于在服务业中寻找就业机会或选择自主创业道路，他们偏好那些能提供更大灵活性的服务行业岗位，并明确表示对传统工厂工作的意愿降低。具体而言，表达创业意向的农民工比例高达 40.77%，而有意投身服务业的比例也达到了 24.94%，这一数据变化凸显了其就业偏好的新动向。

简而言之，随着现代服务业的崛起，新生代农民工的就业选择正变得更加多元化，他们越来越倾向于灵活的服务业岗位或自主创业，而非传统的工厂工作。随着浙江省重点产业布局的推进，对数字经济、现代服务业、高端装备与智能制造、战略性新兴产业等多个领域的技能人才需求显著增大。这种需求增长与浙江省产业发展战略紧密相关，反映了该省产业升级和转型的必然趋势，新生代农民工需要通过提升自身的职业技能来适应和满足多个领域对技能人才的需求。[①]浙江省重点产业规划布局以及浙江省经济社会发展技能人才紧缺职业需求如表 10-4 所示。

表 10-4　浙江省重点产业布局对应适应新生代农民工人才紧缺职业需求示例

| 产业体系 | 紧缺职业需求示例 |
| --- | --- |
| 高端装备与智能制造 | 智能流水线普工/操作工、半导体芯片制造工、工业机器人系统运维员、维保技师（电梯）、电工、焊工、半导体分立器件和集成电路装调工、质检员、汽车生产线操作工、智能制造工程技术人员等 |
| 战略性新兴产业 | 销售工程师、大客户销售、数据运维人员、电气电子产品环保检测员、人工智能训练师、工业互联网工程技术人员、无人机装调检修工等 |

--------

① 张学英. 新时期产业工人技能形成：农民工的视角 [M]. 天津：南开大学出版社，2023：67.

续表

| 产业体系 | 紧缺职业需求示例 |
|---|---|
| 数字经济 | 网约车、电商直播运营、网络送餐、快递物流、电商/跨境电商运营员、电商助理、电商推广、新媒体运营专员、短视频创意运营人员,视频直播、城市管理网格员等 |
| 现代服务业 | 装配式建筑施工员、家政服务人员、育婴员、养老护理员、餐厅服务员、保安、物流、汽车维修工、智能楼宇管理员、智能客户服务人员、智能采购人员、宠物美容师等 |

　　基于浙江省新生代农民工"个人画像"特征、培训需求和培训现状,结合扎实推进浙江省共同富裕先行和省域现代化先行示范区的相关要求,围绕浙江省重点产业规划布局以及浙江省经济社会发展技能人才紧缺职业需求,制定出新生代农民工职业迁徙能力提升路径框架,如表 10-5 所示。该框架的总体政策目标是初级技能零工投资帮扶、中级技能零工技能进阶、高级技能零工创新引领。底层逻辑是浙江省新生代农民工"个人画像"特征、浙江省两个"先行"、技能人才紧缺职业需求。职业技能提升路径框架可以不断推进新生代农民工职业技能提升、实现清晰的职业生涯规划和实现终身学习的目标。基于新生代农民工职业迁徙能力提升路径框架,各个参与主体应协同治理并展开具体的实施路径。

表 10-5　　　　　新生代农民工职业迁徙能力提升路径框架

| 提升路径 | 参与主体 | 职业能力 | 实施路径 |
|---|---|---|---|
| 职业迁徙能力内部提升路径 | 初级技能零工 | 可迁徙能力 | "工学一体化"培训模式 |
| | 中级技能零工 | 实现迁徙的能力 | "职业培训包"培训模式 |
| | 高级技能零工 | 实现迁徙的能力 | "数字经济 + 创新创业"培训模式 |

续表

| 提升路径 | 参与主体 | 职业能力 | 实施路径 |
|---|---|---|---|
| 职业迁徙能力外部提升路径 | 政府 | 各参与主体形成协同治理的制度体系和实施路径提升职业迁徙能力 | （1）新生代农民工义务教育约束机制<br>（2）保障新生代农民工享受教育政策<br>（3）制定国家职业培训标准和职业资格认证<br>（4）制定职业准入制度<br>（5）加强社会保障体系 |
| | 平台型企业 | | 建立中高端技能培训的国家扶持制度 |
| | 社会组织 | | （1）制定技能评价制度<br>（2）建立专业化服务体系<br>（3）创新培训内容和方式 |
| | 全日制教育机构 | | （1）深化校企合作制度<br>（2）学历与职业资格衔接制度<br>（3）创新培训模式 |
| | 新生代农民工个人 | | （1）激活个人动能制度<br>（2）树立典型示范 |
| | 家庭 | | 强化家庭支撑作用 |

# 10.4　新生代农民工职业迁徙能力内部提升路径研究

## 10.4.1　新生代农民工职业迁徙能力阶段性特征

根据孔茗（2020）零工经济下个人持续发展的路径,[①] 本书发现提升新生代农民工的职业迁徙能力的内部路径主要是技能的提升,此路径是定位所处的技能阶段并选择发展的路径,从"初级技能零工—

---

① 孔茗,李好男,梁正强,等. 零工模式:个体在智慧时代的可持续发展之道［J］. 清华管理评论,2020（4）:62-70.

低数字技能型零工"到"中级技能零工—中数字技能型零工"向"高级技能零工—高数字技能型零工"发展，不断提高个人职业迁徙能力和数字技能（见图 10 – 1）。

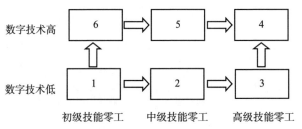

数字技术高　6 → 5 → 4

数字技术低　1 → 2 → 3

初级技能零工　　中级技能零工　　高级技能零工

**图 10 – 1　新生代农民工职业迁徙能力内部提升路径**

平台型灵活就业的新生代农民工要获得可持续的职业发展和职业晋升，提高个体的职业迁徙能力和数字技能是必须走的路径。职业迁徙能力内部提升路径对于新生代农民工来说至关重要，而在职培训作为其中的关键环节，对于他们的技能提升和职业发展具有不可或缺的作用。

## 10.4.2　新生代农民工不同职业发展阶段的培训策略

对于大多数新生代农民工而言，数字经济背景下工作中必须经常面临不同的挑战和困难，而解决这些挑战和困难既没有参照物，又无法与已有经验建立起直接联系，这就需要具备对已有经验和技能的职业迁徙能力和很强的创造能力。

以终身教育的终身性、人人性和平等性为理念导向，遵循人的知识获取与技能成长规律，结合新生代农民工职业发展轨迹（初级技能零工 – 中级技能零工 – 高级技能零工）以及新生代农民工在职业发展不同阶段所需要的职业迁徙能力的差异性，采取个性化订单式培训策略，侧重分类分阶段培养策略①，具体如表 10 - 6 所示。

表 10 - 6　　　　新生代农民工不同职业发展阶段的职业迁徙能力培训策略

| 职业发展（晋升）：初级————————————————————→高级 | | |
|---|---|---|
| 初级技能零工 | 中级技能零工 | 高级技能零工 |
| 特征：门外汉 | 特征：技术能手 | 特征：全面专家 |
| 培训重点：获得职位 | 培训重点：技能提升 | 培训重点：职业发展 |
| 提升可迁徙能力培训内容：基础就业能力、行业通适性能力、基础数字技术能力 | 提升实现迁徙的能力培训内容：社会能力、资源整合利用能力、关系能力、数字技术应用能力、可持续学习和探索能力、开放式创新能力、数字意识态度、方法能力 | 提升实现迁徙的能力培训内容：可持续学习和探索能力、数字意识态度、数字技术应用能力 |
| 培训主体：中、高、本科职业学校等全日制教育机构 | 培训主体：公益、社会培训机构和政府 | 培训主体：以企业为依托的继续教育机制 |
| 培训方式：实操演练 | 培训方式：理论授课 | 培训方式：创新创业 |
| 培训模式："工学一体化"培训模式 | 培训模式："职业培训包"培训模式 | 培训模式："数字经济 + 创新创业"培训模式 |
| 数字技术：低————————————————————————→高 | | |

（1）新生代农民工初级职业成长阶段的培训策略。对于初入职的新生代农民工而言，由于来自农村，他们在成长过程中接受的教育资源相对有限，尤其是职业教育方面的资源。这导致他们在进入职场时，缺乏必要的职业技能和专业知识。很多新生代农民工没有实际的工作经验，对于职场规则、工作流程、行业要求等知之甚少。这种经验的缺乏使得他们在面对工作挑战时显得较为生疏，从而被认为是

---

① 杨晶、赖文燕. 基于粤港澳大湾区产业需求的新生代农民工职业培训模式构建 [J]. 就业与保障，2022（8）：175 - 177.

"门外汉"。尽管一些新生代农民工可能接受了一些基础的职业教育或培训，但这些培训往往内容有限，不能完全满足现代职场的需求。特别是在技术不断更新换代的今天，缺乏系统、专业的职业技能培训，导致他们难以适应新的工作岗位和技术要求。

在初级职业成长阶段，新生代农民工迫切的需求是获得职位。直接参与工作可以提供宝贵的实践经验。这些经验能够让他们更快地了解和适应职场环境，明确自己的职业定位和发展方向。通过实际工作，他们可以更直观地了解所从事行业的具体要求和标准，从而有针对性地提升自己的职业技能和素质。在就业过程中，他们可以通过不断学习和实践，逐步提升自己的职业技能和竞争力，为未来的职业发展打下坚实的基础。在实际工作中遇到的问题和挑战，也可以作为他们进一步学习和提升的动力和方向。对于很多新生代农民工来说，先就业可以带来一定的经济收入，缓解生活压力。在获得一定的工作经验和技能后，他们也可以更自信地选择更适合自己的职业发展方向和岗位。通过先就业，新生代农民工可以更快地适应城市生活和工作节奏，融入社会。

中、高、本科职业学校等全日制教育机构可以通过"工学一体化"培训模式，有效提升新生代农民工的可迁移能力[①]，具体的实施策略如表10-7所示。根据浙江省数智化产业升级和企业用工需求，采用政府、全日制教育机构和企业三方协同资源共享的合作机制，共同参与岗位（专业）设置、培养方案制定、合作培养协议、培训课程研发设计、培训考核、师资队伍建设、实训基地建设等的全过程。

在提升基础就业能力方面，根据农民工的实际需求和就业市场的发展趋势，设置与基础就业相关的培训内容、培训方案和培训课程，

① 朱谈莞．刍论零工经济下人力资源管理面临的挑战与对策——以外卖行业劳动者为例[J]．商讯，2021（3）：194-196.

如基础职业技能、职业素养、求职技巧等。全日制教育机构与行业龙头企业和大企业共建校内实训中心、教学工厂等实训基地，提高新生代农民工的实践能力、人才培养的针对性和实用性。政府部门搭建学习教育平台并动态监控培训质量全过程，有助于保障培训质量、规范培训市场、促进就业与社会稳定以及响应政策需求等方面。

表 10 - 7　　　　　　　　政校企合作"工学一体化"培训模式

| 政校企合作"工学一体化"培训模式 | 共同参与岗位（专业）设置、培养方案制定、合作培养协议、培训课程研发设计、培训考核、师资队伍建设、实训基地建设等的全过程 | 基础就业能力 | 行业通适能力 | 基础数字技术性能力 |
|---|---|---|---|---|
| 合作企业 | | 培训内容大纲和方案 | 校外实训基地 | 企业导师 |
| 全日制教育机构 | | 校企共建校内实训中心、教学工厂等实训基地 | 校企共建的现代学徒中心 | 开设数字技术课程；提升师资数字化水平培训 |
| 政府部门 | | 提供学习平台和动态监控培训质量全过程 | 技能鉴定和结业考核 | 智慧教学平台和数字化资源建设 |

　　在提升行业通适性能力方面，设置跨行业课程，课程内容涉及多个行业的通用技能课程，如沟通技巧、团队协作、问题解决等，以提高新生代农民工在不同行业的适应能力。安排新生代农民工在不同行业的企业进行轮岗实习，让他们亲身体验不同行业的工作环境，增强行业通适性。校企共建的现代学徒中心采用了现代学徒制的培训模式，这一模式结合了学校与企业双方的优势资源，以校企合作为基础，以新生代农民工（学徒）的职业能力培养为核心。通过技能鉴定和结业考核，政府部门可以检验新生代农民工在培训过程中所学技能的掌握情况，从而确保培训效果。这有助于提升新生代农民工的职业技能水平，使他们更好地适应市场需求。

在提升基础数字技术能力方面，开设数字技术基础课程，如计算机基础、办公软件应用、网络基础等，提高新生代农民工的数字技术应用能力。通过模拟实际工作场景，进行数字化操作演练，让新生代农民工在实际操作中掌握数字技术。企业导师负责讲授行业前沿和数字化发展趋势和数字化应用，政府部门搭建智慧教学平台进行数字化资源建设、提供在线学习资源，以便新生代农民工随时随地学习数字技术知识，不断更新自己的技能。

（2）新生代农民工中级职业成长阶段的培训策略。通过初期的技能投入新生代农民工可以实现基本就业，但他们在劳动力市场上面临诸多挑战，常常陷入不利的处境。他们普遍反映，工作条件欠佳、收入水平偏低、工作时间过长以及雇主态度严苛等外部环境问题，这些都成为他们日常生活中的困扰和抱怨的焦点。换句话说，新生代农民工虽然实现了城市就业，却依然承受着来自工作环境、薪酬待遇、工时安排以及劳动关系等多重压力。这些问题不仅影响了他们的生活质量，也在一定程度上制约了其职业发展的顺利进行。面对困境，部分新生代农民工在初入城市工作不久后选择离职，以寻求更理想的就业机会。在这一过程中，他们会进行多次的职业技能提升与再培训。然而，这些培训主要集中在基础岗位技能的传授上，目标主要是帮助他们重新获得就业的能力。但从长远效果来看，虽然这种技能开发有助于他们重新找到工作，但仅仅依靠反复学习低层次的职业技能，并不能从根本上改善他们所面临的不利工作环境和低待遇问题。[①] 换句话说，如果新生代农民工想要真正改变自己在劳动力市场的不利地位，他们需要超越基础技能的培训，追求更高层次、更专业化的技能提升。

在中级职业成长阶段，新生代农民工的迫切需求是改善工作环

---

① 郑爱翔，李黎丹. 新生代农民工市民化进程中的职业技能开发策略及动态演进规律——一项基于扎根理论的研究 [J]. 教育发展研究，2022（3）：25 – 33.

境，专注于专业和行业内深耕，并致力于提升自己在该领域的职业技能，以实现职业成长和发展。原因如下：第一，提升职业竞争力。通过专注于特定行业和深耕专业领域，新生代农民工能够更深入地了解行业动态、市场需求以及技术发展趋势。这种深入了解使他们能够更准确地把握职业机会，从而在激烈的劳动力市场竞争中脱颖而出。第二，实现自我价值。新生代农民工往往有着强烈的自我价值实现愿望。通过不断提升职业技能，他们能够在专业领域内取得更高的成就，从而获得自我满足感和价值感。这种自我价值的实现不仅有助于提升他们的职业满意度，还能够激发他们的工作热情和创造力。第三，改善工作环境和待遇。新生代农民工普遍期望能够改善工作环境和提高薪酬待遇。通过专注于行业和专业技能的提升，他们可以增加自己在工作中的不可替代性，从而有更多的机会获得更好的工作环境和更优厚的薪酬待遇。第四，满足个人成长需求。随着职业生涯的发展，新生代农民工对个人成长的需求也越来越高。他们渴望通过不断学习和实践来提升自己的综合素质，实现从门外汉到熟练者的转变。这种转变不仅能够满足他们的个人成长需求，还能够为他们的职业发展打开更广阔的空间。第五，增强职业安全感。在快速变化的市场环境中，拥有专业技能和行业经验的农民工更容易适应市场变化，抵御职业风险。通过深耕专业领域和提升职业技能，他们可以增强自己的职业安全感，减少因市场波动而带来的职业不稳定性。

公益组织、社会培训机构和政府在新生代农民工技能提升方面均发挥着重要作用。公益组织可以组织针对新生代农民工的免费或低成本职业技能培训，降低他们的经济负担，提供更多的学习机会。公益组织不仅提供技能培训，还致力于构建一个支持新生代农民工的社会网络，包括就业指导、心理咨询等，帮助他们更好地融入社会。社会培训机构通常拥有专业的师资和教学资源，能够提供高质量、专业化的职业技能培训。社会培训机构能够根据新生代农民工的实际需求，提供灵活多样的培训方式，如在线课程、实地操作等，以满足不同学习者的学习风格和时间安排。社会培训机构密切关注市场动态和企业需求，能够及时调整培训内容和方向，确保新生代农民工所学的技能与企业实际需求相匹配。政府通过制定相关政策和规划，明确新生代农民工技能提升的目标和路径，为培训提供指导和支持。政府投入资金和资源，支持公益组织和社会培训机构开展职业技能培训，降低培训成本，提高培训质量。政府对职业技能培训进行监管和评估，确保培训内容的合法性和有效性，保障新生代农民工的权益。

职业培训包根据培训目标和内容的不同可以分为不同的层次，分别为初级、中级、高级、技师、高级技师五个技能等级。这些层次通常与职业技能的复杂性和深度相关，以满足不同水平的新生代农民工的需求①，具体如表 10 – 8 所示。然而，目前国内初级、中级技能的从业者占比较高。为了推动浙江省产业数智化转型升级以及数字经济发展的要求，我们有必要确立相应的标准体系。这个体系可以详尽地拆解为标准包、资源包、课程包和能力包四大部分。标准包主要是制定一套明确、细致的技能标准和行业规范，旨在确保新生代农民工在各个技能等级上都能达到一个统一、高质量的服务水平。通过这套标准，我们可以对从业人员的技能进行客观、公正地评估，从而推动整个行业向更高层次发展。

表 10 – 8　　　　　新生代农民工"职业培训包"培训模式

| 层次 | 名称 | 培训目标和内容 |
| --- | --- | --- |
| 初级 | 指南包 | 培训包使用指南、职业指南、培训机构设置指南 |
| 中级 | 课程包 | 培训要求、课程规范、考核规范、职业技能等级考核规范 |

---

① 韩娟 . 新生代农民工职业培训消费意愿的实证研究——基于亚阶层、职业期待与消费认知的角度 [J]. 教育发展研究，2017，37（5）：53 – 58.

续表

| 层次 | 名称 | 培训目标和内容 |
|------|------|----------------|
| 高级 | 资源包 | 教学资源、学习资源、考核资源、信息资源 |
| 技师 | 能力包 | 社会能力、资源整合利用能力、关系能力、数字技术应用能力、可持续学习和探索能力、开放式创新能力、数字意识态度、方法能力 |
| 高级技师等 | 标准包 | 职业技能等级标准、课程培训标准、考核评价标准、师资配备标准、培训环境标准、培训实训室标准等 |

　　课程包相当于一本全面的操作手册，为新生代农民工提供具体的操作指南和建议。无论是新手还是经验丰富的员工，都可以通过这份指南快速了解并掌握行业最佳实践，提升自己的专业技能和服务质量。资源包则汇集了各种有用的学习资源和辅助材料，包括但不限于在线课程、教学视频、实用工具等。资源包的目的是为家政服务人员提供一个丰富、便捷的学习平台，帮助他们不断提升自己，跟上行业发展的步伐。能力包是为新生代农民工在职业生涯的中级发展阶段所设计的一套能力提升方案。在这个阶段，农民工已经积累了一定的工作经验，但为了适应更高层次的工作要求和实现职业迁徙，他们需要进一步提升自己的专业能力、技术技能以及综合素质。

　　（3）新生代农民工高级职业成长阶段的培训策略。从新生代农民工的视角来看，他们在职业发展的初期，通过技能的学习和投入，成功地实现了就业，并逐步适应了岗位，达到了胜任的水平。其中，有一部分人甚至成为所在领域的专家或者师傅，展现了出色的技能和能力。[①] 然而，随着时间的推移，他们在职业上遇到了瓶颈，难以再有显著的成长，仿佛进入了职业的高原期。同时，随着年龄的增长，他

---

　　① 张太宇，蔡银平，邢永亮. 新生代农民工高质量职业培训的路径探析 [J]. VOCATIONAL AND TECHNICAL EDUCATION，2022，43（9）：55 – 58.

们曾经拥有的年龄和体力优势也在逐渐消失。因此，这部分新生代农民工迫切需要通过更高级的技能培训和开发，来实现技能的升级和职业的进一步发展。此外，随着技术的不断革新与市场环境的持续演变，产业升级的步伐日益加快，这一进程深刻改变了新生代农民工的传统就业版图。面对这一结构性转型，他们被赋予了新的挑战，即需要持续提升自我，增强对新环境的适应力与应变能力，以支持个人职业生涯的进阶，并顺利融入城市生活的节奏。因此，如何在快速变化的环境中捕捉机遇，促进自身职业道路的发展，已成为他们当前亟待解决且至关重要的课题。换句话说，新生代农民工需要找到一种有效的途径，通过进阶式的技能提升和持续的职业发展，来应对技术和市场的变化，实现自身职业生涯的突破和成长。

在高级职业成长阶段，新生代农民工的需求是由技术技能向管理技能的升级换代，从而实现职业或岗位转型。[①] 原因如下：第一，职业发展瓶颈的突破。新生代农民工在技术技能方面达到一定水平后，往往会遇到职业发展的瓶颈。单纯的技术能力提升空间有限，而转向管理岗位可以为他们打开新的职业发展通道，提供更多晋升机会。第二，适应产业升级的需要。随着技术和市场的变化，产业升级对劳动力提出了更高的要求。新生代农民工需要适应这种变化，通过提升管理技能来更好地融入和推动产业升级过程。第三，提升个人竞争力的必然选择。掌握管理技能可以使新生代农民工在职场中更具竞争力。管理能力不仅有助于提升个人工作效率，还能带领团队实现更高效的目标，从而在职场中脱颖而出。第四，满足自我实现的需求。根据马斯洛的需求层次理论，个体在满足基本需求后会追求更高层次的需求，如自我实现。转向管理岗位可以满足新生代农民工对于自我挑

① 郑爱翔，李黎丹. 新生代农民工市民化进程中的职业技能开发策略及动态演进规律——一项基于扎根理论的研究 [J]. 教育发展研究，2022（3）：25 - 33.

战、自我提升和自我实现的内在需求。

以企业为依托的继续教育机制在新生代农民工职业成长的高级阶段发挥重要的作用。企业继续教育机制的最大优势在于其能够将理论与实践紧密结合。在新生代农民工职业成长的高级阶段，他们往往已经具备了一定的基础技能和知识，此时更需要的是将这些技能和知识应用到实际工作中，以及学习如何在实际工作环境中解决问题。企业提供的继续教育能够直接在工作场所进行，使得学习内容与工作内容无缝对接，这种即学即用的模式对于技能提升和职业发展至关重要。企业继续教育机制能够根据企业自身的需求和新生代农民工的个人职业发展目标，提供定制化和个性化的教育服务。在职业成长的高级阶段，新生代农民工的需求更加多样化和专业化，企业可以根据这些具体需求设计培训课程，帮助他们在专业领域内深化和拓展知识，实现个性化的职业发展。以企业为依托的继续教育机制往往与企业的晋升体系相结合。新生代农民工在通过继续教育提升自我能力的同时，也在为自己打开更广阔的晋升空间。在职业成长的高级阶段，这种晋升机制能够成为他们持续学习和进步的动力源泉。

"数字经济 + 创新创业"培训模式是针对拟创业、初创业和创业中的新生代农民工展开的分层次培训，具体内容如表 10 - 9 所示。针对拟创业的新生代农民工的培训。首先为他们提供数字经济的基础知识，包括数字经济的定义、特点、发展趋势等，帮助他们建立对数字经济的整体认知。通过案例分享和创业故事，激发他们的创业激情和动力，培养他们的创业意识和创新精神。提供一些与数字经济相关的初步技能培训，如电子商务基础、社交媒体营销等，为他们未来的创业之路打下坚实基础。针对初创业的新生代农民工的培训，在初创期，他们需要更具体的实战技能。培训可以围绕数字营销、供应链管理、客户服务等关键领域展开，帮助他们更好地运营初创企业。教会他们如何进行市场分析，找准目标市场和客户群体，为产品或服务进行精准定位。普及相关的法律法规知识，帮助他们规避创业过程中的法律风险，并学会进行风险管理。针对创业中的新生代农民工的培训，随着企业规模的扩大，他们需要更高级的管理技能。培训可以涵盖战略管理、人力资源管理、财务管理等方面，提升他们的综合管理能力。鼓励他们不断创新，拓展业务领域。通过分享行业前沿动态和新兴技术，激发他们的创新思维，寻找新的增长点。教会他们如何进行资本运作，了解投融资市场，为企业的快速发展提供资金支持。

表 10 - 9　　　　新生代农民工"数字经济 + 创新创业"培训模式

| 拟创业的新生代农民工 | 初创业的新生代农民工 | 创业中的新生代农民工 |
| --- | --- | --- |
| 意识培养模块<br>创新创业基础课<br>创新创业导师项目<br>创业意识培养<br>创业培育 | 方法训练模块<br>创新创业进阶课<br>创新创业仿真实训项目<br>创业精神培养<br>创业孵化助力 | 实战演练模块<br>创新创业讲堂<br>创新创业基地<br>创业能力培养<br>创业研发 |
| 可持续学习和探索能力、数字意识态度、数字技术应用能力 | | |

# 10.5　新生代农民工职业迁徙能力外部提升路径研究

## 10.5.1　提升新生代农民工职业迁徙能力多元参与主体责任

数字经济发展背景下，新生代农民工在适应产业转型升级方面遇到了挑战，这导致他们面临结构性失业的风险，进而造成其人力资本的贬值。因此，他们不得不调整自己的就业领域，可能转向其他行业，或者接受较低层次的工作，也有可能通过学习新的知识和技能来提升自己的就业层次。这种就业领域的调整，对新生代农民工来说，可能意味着需要迁移到其他地区寻找工作机会，或者面临就业市场的冲击。由于他们的技能水平相对较低，因此更容易失业，并可能成为社会中的弱势群体。在我国产业转型升级的大背景下，政府有责任构建一个由多方共同参与的社会协同治理体系，以提升新生代农民工的职业迁移能力。政府可以通过两个方面来实现这一目标：一是引导市场资源向高端产业流动，通过示范效应来推动整个产业的升级。为了满足高端产业对人才的需求，政府可以将新生代的农民工定位为中高端人才进行培养，同时保持那些已经具有较高人力资本和职业技能的中年新生代农民工的技能水平。[①] 二是从民生的角度出发，帮助那些人力资本和职业技能水平较低的新生代农民工，向他们普及未来的技能，以防止他们被市场淘汰。提升新生代农民工的职业迁移能力是一个涉及多个方面的复杂任务。这需要政府、平台型企业、社会组织、全日制教育机构以及新生代农民工个人和家庭的共同努力。[②] 因此，建立一个包含政府、社会组织、平台型企业、新生代农民工个人和院校等多方协同的社会合作框架，对于提升新生代农民工的职业迁徙能力水平来说，是必不可少的。

新生代农民工职业迁徙能力提升是多元参与主体共同努力的结果，缺一不可。因此，首先需要明确六类行为主体（包括政府、平台型企业、社会组织、全日制教育机构、新生代农民工个人和家庭）在提升新生代农民工职业迁徙能力过程中的功能定位和责任。

（1）政府在新生代农民工职业迁徙能力提升过程中扮演着策划

---

① 贾亚娟，宁泽逵，杨天荣. 基于 AHP 法的新型职业农民胜任素质评价体系的构建 [J]. 西安财经学院学报，2017，30（1）：82 - 90.

② 黄建荣，李国梁. 新生代农民工职业发展的自我干预策略：困境与能力培育 [J]. 学术论坛，2017（5）.

者、引导者、公共职能发挥者、资金和服务提供者、宣传和推广者、激励者以及监管者等多重角色。这些角色的定位旨在推动新生代农民工培训工作的全面发展，提升农民工的职业技能和就业竞争力，从而促进社会的和谐与进步。政府在新生代农民工培训中的定位主要体现在以下几个方面：

第一是策划者和引导者。政府是新生代农民工技能提升培训体系的策划者和引导者。这意味着政府需要制定各种宏观政策，以引导和推动新生代农民工的技能提升培训工作。例如，政府可以通过制定相关政策，鼓励企业和社会组织参与到农民工培训中来，形成多元化的培训格局。

第二是公共职能的发挥者。新生代农民工的技能提升培训具有明显的公共产品特征，因此政府需要发挥其公共职能，确保培训的公平性和普及性。政府应致力于提供均等的培训机会，让每一个新生代农民工都能享受到高质量的培训服务。

第三是资金和服务提供者。政府在新生代农民工技能提升培训中还需要扮演资金和服务提供者的角色。一方面，政府应加大对新生代农民工职业技能培训的投入，提供必要的资金支持。另一方面，政府还需要在技能提升培训过程中提供全面的服务，如组织协调、信息发布、政策咨询等，以确保培训工作的顺利进行。

第四是监管者。政府还需要对新生代农民工技能提升培训工作进行监管，确保其质量和效果。① 例如，政府可以加强对职业技能培训机构的监管，引导其制定符合市场需求的课程大纲，并提供更加实用的职业技能培训服务。同时，政府还可以对培训效果进行评估和反馈，以便及时调整和优化培训策略。

第五是宣传与推广者。政府应通过各种渠道宣传新生代农民工技

---

① 张琼. 大学生职业核心能力培养 ［M］. 上海：同济大学出版社，2010：21 – 23.

能提升培训的重要性和必要性，增强农民工的参与意识和积极性。同时，政府还可以推广成功的培训案例和经验，为其他地区和机构提供借鉴。

第六是激励者。政府在新生代农民工技能提升培训中，既需要维护教育公平，又需要发挥市场激励功能。在维护教育公平方面，政府应确保新生代农民工能够享受到均等的培训机会，不因其社会地位或经济条件而受到歧视或限制。通过制定和执行相关政策，政府可以推动培训机构、企业等提供更多针对农民工的培训项目。政府在制定培训政策时，应注重公平性，避免某些群体或地区在培训资源上过度集中。通过建立公平的选拔和分配机制，确保每一位新生代农民工都能根据自身需求和条件获得相应的培训资源。发挥市场激励功能方面，为了激励更多企业和培训机构参与到新生代农民工的技能提升培训中来，政府可以提供一定的资金支持和优惠政策。例如，对开展农民工培训的企业或机构给予税收减免、补贴等政策支持，降低其培训成本，提高其参与积极性。

（2）平台型企业在新生代农民工职业迁徙能力提升中扮演着职业技能培训的提供者、职业发展的引导者、权益保障的维护者和激励机制的建立者等多重角色。这些角色的发挥将有助于提升新生代农民工的职业迁徙能力，促进他们的个人发展和企业的人才队伍建设。

第一是职业技能培训的提供者。平台型企业是新生代农民工职业技能培训的重要提供者。通过开设各类职业技能培训课程，企业可以帮助农民工提升专业技能和知识水平，从而增强他们的就业竞争力和职业迁徙能力。这种培训不仅涵盖了技术技能，还包括职业素养、安全意识等方面的教育。

第二是职业发展的引导者。平台型企业在新生代农民工的职业发展中起着引导作用。通过为农民工提供明确的职业晋升通道和多元化的职业发展方向，企业可以激发他们的职业发展动力，帮助他们规划职业生涯，实现有序的职业迁徙。

第三是权益保障的维护者。平台型企业在新生代农民工职业迁徙过程中，有责任维护他们的合法权益。企业应依法签订劳动合同，明确双方的权利和义务，确保农民工在工资、福利、保险等方面的权益得到有效保障。同时，企业还应建立有效的劳动保护机制和权益申诉渠道，为农民工提供法律援助和支持。

第四是激励机制的建立者。平台型企业可以通过建立激励机制，如奖励制度、晋升机会等，来激发新生代农民工的工作积极性和创新精神。这些激励机制不仅有助于提高农民工的工作满意度和归属感，还能促进他们在职业迁徙过程中实现自我价值。

（3）随着多元主体参与社会治理模式的推广，社会组织包括社区、行业和培训机构等在新生代农民工职业迁徙能力提升过程中发挥了重要的作用。行业组织、培训机构和社区服务组织应各司其职、协同配合，为新生代农民工提供全方位的支持和服务。

①行业组织。第一是行业标准与规范的制定者。行业组织应制定相关行业的职业技能标准和操作规范，为新生代农民工提供明确的职业技能发展方向，确保他们在职业迁徙过程中具备符合行业要求的能力。

第二是就业信息与资源的整合者。行业组织可以搭建行业内的就业信息平台，整合行业资源，为新生代农民工提供更多就业机会和职业迁徙的路径。通过发布行业内的招聘信息、职业发展动态等，帮助农民工了解行业趋势，作出更明智的职业选择。

第三是行业培训与认证的推动者。行业组织应积极推动行业内的职业技能培训和认证工作，为新生代农民工提供专业化、系统化的培训服务。通过培训，提升农民工的职业技能水平，增强他们在职业迁徙中的竞争力。

②培训机构。第一是职业技能培训的实施者。培训机构应针对新

生代农民工的实际需求，提供多样化、实用性的职业技能培训课程。通过专业培训，帮助农民工掌握一技之长，提升他们在就业市场中的竞争力。

第二是就业指导与咨询的服务者。培训机构不仅要提供技能培训，还应为新生代农民工提供就业指导、职业规划等咨询服务。通过个性化的指导，帮助农民工明确职业目标，制定合理的职业迁徙计划。

第三是与企业对接的桥梁。培训机构应积极与企业建立合作关系，了解企业的用工需求和技能要求，为新生代农民工提供更符合市场需求的培训服务。同时，为企业输送合格的技能人才，促进农民工的职业迁徙和就业。

③社区服务。第一是社区资源整合者。社区服务组织应整合社区内的各类资源，包括教育、就业、文化等方面的资源，为新生代农民工提供全方位的支持和服务。通过优化资源配置，提高农民工的生活质量和职业发展机会。

第二是就业援助与创业扶持的提供者。社区服务组织可以为新生代农民工提供就业援助和创业扶持服务。包括提供就业信息、推荐就业岗位、协助申请就业补贴等。同时，对于有创业意愿的农民工，提供创业指导、资金扶持等支持。

第三是文化融入与心理健康的关怀者。社区服务组织应关注新生代农民工的文化融入和心理健康问题。通过开展文化活动、心理咨询等服务，帮助他们更好地融入城市生活，增强归属感。这有助于他们在职业迁徙过程中保持积极的心态和稳定的情绪。

（4）全日制教育机构在新生代农民工职业迁徙能力提升中扮演着重要角色。它们不仅是专业技能与知识的传授者，还是综合素质与能力的提升者、职业规划与指导的提供者、就业信息与资源的整合者以及终身学习与进修的支持者。通过充分发挥这些角色作用，全日制教育机构可以有效提升新生代农民工的职业迁徙能力。

第一是专业技能与知识的传授者。全日制教育机构作为专业的教育教学单位，具备系统的教学计划和专业的师资队伍。它们应该针对新生代农民工的职业需求，开设相关专业的课程，传授实用的专业技能和知识。通过全日制的学习，农民工可以系统地掌握某一专业领域的知识和技能，为职业迁徙打下坚实的基础。

第二是综合素质与能力的提升者。除了专业技能和知识外，全日制教育机构还应注重提升新生代农民工的综合素质和能力。这包括沟通能力、团队协作能力、创新能力等。全日制教育机构可以通过开设相关课程和实践活动，帮助农民工提升这些能力，使他们在职业迁徙过程中更具竞争力。

第三是职业规划与指导的提供者。全日制教育机构应该为新生代农民工提供职业规划与指导服务。通过专业的职业规划课程或咨询服务，帮助农民工了解自己的职业兴趣、优势和劣势，制定合理的职业目标和迁徙路径。这有助于农民工在职业迁徙过程中更加明确自己的方向和目标。

第四是就业信息与资源的整合者。全日制教育机构可以与企业和行业保持紧密联系，了解就业市场的动态和需求。它们可以为新生代农民工提供就业信息服务，整合各类就业资源，为农民工提供更多就业机会和选择。同时，教育机构还可以组织各类招聘会、人才交流会等活动，促进农民工与企业的对接。

第五是终身学习与进修的支持者。全日制教育机构应该支持新生代农民工的终身学习和进修需求。随着科技的发展和行业的变革，农民工需要不断更新知识和技能以适应新的职业环境。教育机构可以提供灵活多样的学习方式和课程安排，满足农民工在不同阶段的学习需求。

（5）新生代农民工个人在职业迁徙能力提升中应扮演积极学习者、职业规划者、适应变革者的角色。有效地提升自己的职业迁徙能力，实现个人职业发展的目标。

第一是积极学习者。新生代农民工应成为积极的学习者，主动寻求提升自己的职业技能和知识。他们可以利用业余时间参加各类培训课程、技能提升班或在线学习资源，不断更新自己的知识储备，以适应不断变化的劳动市场需求。

第二是职业规划者。个人应成为自身职业规划的制定者和执行者。新生代农民工需要对自己的职业兴趣、能力和市场需求有清晰的认识，并制定可行的职业目标和发展规划。通过设定短期和长期目标，他们可以更好地导航自己的职业发展路径。

第三是适应变革者。面对快速变化的工作环境和技术进步，新生代农民工需要具备灵活适应的能力。他们应保持开放的心态，愿意接受新的挑战和学习机会，不断调整自己的技能和知识以适应新的职业要求。

（6）家庭在新生代农民工职业迁徙能力提升中扮演着支持者与鼓励者、情感寄托与心理疏导者、信息与资源共享者、生活与职业规划的参谋以及技能与知识的辅助学习者等多重角色。通过充分发挥这些角色作用，家庭可以为新生代农民工提供全方位的支持和帮助，助力他们在职业迁徙过程中取得更好的成果。

第一是支持者与鼓励者。家庭是新生代农民工最坚实的后盾。在职业迁徙过程中，家庭成员应给予充分的支持和鼓励，让农民工有信心面对新的职业挑战。家庭成员可以分享成功的案例和经验，激发他们的积极性和动力。

第二是情感寄托与心理疏导者。职业迁徙往往伴随着压力和不确定性，家庭应成为新生代农民工的情感寄托。在面临困难时，家庭成员可以提供心理支持，帮助他们排解压力，保持积极的心态。通过倾听和理解，家庭可以让农民工感受到温暖和关怀。

第三是信息与资源共享者。家庭成员可能拥有不同的职业背景和人脉资源，这些都可以为新生代农民工提供宝贵的职业信息和建议。家庭应成为信息共享的平台，帮助农民工了解更多的职业机会和发展趋势。此外，家庭还可以提供物质资源，如资金支持或生活照顾，以减轻农民工在职业迁徙过程中的负担。

第四是生活与职业规划的参谋。家庭成员可以参与新生代农民工的生活和职业规划讨论，提供建议和意见。通过家庭的集体智慧，帮助农民工制定更合理、更可行的职业目标和发展路径。同时，家庭还可以监督农民工的计划执行情况，确保他们按计划推进职业发展。

第五是技能与知识的辅助学习者。家庭成员中可能有人具备某些专业技能或知识，可以为新生代农民工提供学习上的帮助。例如，家庭成员可以辅导农民工学习新的技能，或与他们分享自己在行业内的经验和见解。这种家庭内部的互助学习有助于农民工更快地掌握新技能，提升职业迁徙能力。

## 10.5.2　新生代农民工职业迁徙能力提升的多元主体协作实施路径

从以上理论总结来看，各个参与主体发挥各自作用，协同合力共同探索和推进新生代农民工职业迁徙能力提升，以便更好地助力国家产业升级和数智经济发展。明确了各个参与主体的不同角色和功能定位后，我们需要进一步明确不同参与主体如何形成协同治理的制度体系和实施路径，这对于指导现实之中新生代农民工职业迁徙能力提升具有重要的现实意义。

为了更好地提升新生代农民工职业迁徙能力，并确保多元参与主体治理的制度体系的协同性和实施效能，我们需要设定明确且具有逻辑性的政策目标。首先，明确各主体职责。清晰界定政府、企业、社会组织等多元参与主体在新生代农民工职业培训与迁徙中的职责，确保各司其职、形成合力。① 其次，建立协同治理机制。构建多元参与主体之间的协同治理机制，通过定期沟通、信息共享和资源整合，提高治理效能和资源利用效率。② 最后强化政策协调与衔接，确保各项政策之间的协调性和衔接性，避免出现政策冲突或重复，从而保障新生代农民工的切身利益。

以新生代农民工持续职业发展为出发点，针对初级、中级和高级技能零工的不同发展阶段，确定初级技能零工投资帮扶、中级技能零工技能进阶和高级技能零工创新引领的政策目标。各个参与主体以政策目标为引领，构建严密的制度体系与高效的运作体系，从而提升新生代农民工职业迁徙能力实施效能。

对于初级技能的零工，重点在于通过投资和教育资源来提供基础的技能培训，帮助他们入门并提升基础技能，以便更好地融入劳动市场。对初级技能的零工进行投资帮扶，可以针对具体个人的技能需求和就业意愿进行精准的培训和指导，从而帮助他们更快地融入就业市场，实现稳定脱贫。通过投资扶贫，提供职业技能培训，可以帮助他们提升就业能力，掌握更多的技能，从而增加他们的就业竞争力，获得更好的工作机会和收入。对于中级技能的零工，重点在于技能进阶。对于已经具备一定基础的中级技能零工，关键在于进一步提升他们的专业技能，使他们能够处理更复杂的工作任务，从而在职场上走得更远。对于高级技能零工，重点在于创新引领。高级技能零工通常已经在各自领域有深厚的技能积累，因此重点应放在培养创新思维和领导能力上，使其成为行业内的引领者和创新者。各个参与主体的政策和制度框架以及实施路径具体如下。

---

① 王佑镁，杨晓兰，胡玮. 从数字素养到数字能力：概念流变、构成要素与整合模型 [J]. 远程教育杂志，2013，31（3）：24-29.

② 赖文燕，杨晶. 新生代农民工培训模式与实施路径研究 [J]. 合作经济与科技，2021（7）：90-91.

（1）政府层面的政策和制度框架。政府层面主要从制定新生代农民工义务教育约束机制、新生代农民工享受教育政策、制定国家职业培训标准和职业资格认证、制定职业准入制度和加强社会福利和社会保障体系等方面提供支持和保障措施。

①新生代农民工义务教育约束机制。政府要制定具体的实施细则，对司法机关、教育行政部门、学校等主体责任作出强制性规定，确定各个责任主体在初等教育、中等教育、高等教育阶段等各个阶段应尽的义务。尤其是在初等教育、中等教育阶段更要有硬约束机制。针对辍学现象，政府在防止和处理辍学现象方面要建立更加完善的法律制度体系，并通过多项政策和措施来确保适龄儿童和少年能够接受并完成义务教育。

②保障新生代农民工享受教育政策。第一是政府应制定相关政策，为新生代农民工子女提供平等的入学机会，解决他们的学籍问题。例如，可以逐步将相关利益从户籍制度中剥离出来，以"税籍与社保"为依据保障新生代农民工及其子女的教育权利。第二是政府和社会各界应加大对农民工子女教育的投入力度。这包括增加教育经费投入，改善农民工子女教育条件，如提升师资力量、更新教育设施等。同时，可以提高教师工资待遇，加强师资队伍建设，以吸引更多优秀的教师资源。第三是建立和完善新生代农民工教育体系。针对新生代农民工的特点和需求，开设相应的课程和培训项目，提高他们的文化素质和职业技能。此外，还可以开展法律知识教育，提升他们的法律意识和维权能力。

③制定国家职业培训标准和职业资格认证。在借鉴英国、德国和澳大利亚等国家经验的基础上，建立和实施新生代农民工的国家职业培训标准和职业准入制度，可以从以下几个方面入手：

第一是立法保障。通过立法手段，明确规定新生代农民工在就业之前必须达到国家所设定的教育水平标准，并且需要成功取得相应的职业技能资格证书。此外，他们还需通过国家组织的相关职业资格考试，以满足这些条件作为被雇佣的先决条件。

第二是细化立法。修订和完善《中华人民共和国劳动法》《中华人民共和国职业教育法》等相关法律法规，明确新生代农民工接受职业培训的权利和义务，细化职业培训标准和职业准入制度的具体实施细则。借鉴国际经验，如澳大利亚的职业教育与培训法律体系，制定专门的《农民工培训权益保护法》，突出和细化对新生代农民工培训合法权益的法律保护。参考德国《联邦职业教育法》和澳大利亚的相关职业教育与培训法律法规，制定或修订我国的相关法律，明确新生代农民工接受职业培训的权利和义务，以及职业准入的具体要求和程序。确保立法具有足够的权威性和可操作性，明确培训职责划分、培训目标、培训主体、培训内容、培训机制和培训评价体系等方面的具体规定。

第三是建立统一的职业培训标准。借鉴英国资格与学分框架（QCF）的经验，建立适合我国国情的职业培训学分体系和单元标准。明确每个职业或岗位所需的学分和单元要求，确保培训内容的全面性和针对性。与行业协会、企业和培训机构紧密合作，共同制定符合行业需求的职业培训标准，确保培训内容与市场需求相一致。学习德国的职业农民认证管理机构模式，建立专门的认证管理机构，负责职业培训标准的实施和监督。确保培训机构和培训内容的合规性，保障培训质量。

④制定职业准入制度。第一是准入要求。明确各职业或岗位的职业准入要求，包括必要的职业资格证书、工作经验等条件。确保只有符合准入要求的新生代农民工才能从事相关工作。逐步扩大职业准入制度的覆盖范围，将更多行业和岗位纳入职业准入范围，提高劳动力市场的整体素质。第二是监管执行。加大劳动监察部门的监管力度，对用人单位执行职业准入制度的情况进行定期检查，确保制度的有效

实施。对违反职业准入制度的用人单位进行严厉处罚，维护劳动力市场的公平性和规范性。第三是激励措施。推行技能补贴政策，具体规定如下：凡参加失业保险满一年的平台型企业在职员工或正在领取失业保险金的新生代农民工，若其获得了技能人员职业资格证书或职业技能等级证书，均有资格申领技能提升补贴。补贴的具体金额依据所获证书的等级而定，通常初级（五级）补贴上限为 1000 元，中级（四级）为 1500 元，高级（三级）则为 2000 元。此外，每人每年享受此项补贴的次数限制为最多三次，且不得对同一职业（工种）的同一等级或更低等级证书重复申领补贴。国家通过税收优惠和财政补贴等方式，支持企业开展新生代农民工职业技能培训，鼓励新生代农民工取得职业资格证书。

⑤加强社会福利和社会保障体系。提升新生代农民工的职业技能，不仅需要加大教育培训的投资力度，同时必须积极开展针对他们的医疗保障、住房、养老等方面的社会福利和社会保障政策的投资，这些都是至关重要的人力资本投资方式和途径。

第一是完善法律法规。制定和完善相关法律法规，明确新生代农民工在社会保障体系中的权益和地位，确保他们有平等的机会享受社会保障服务，如劳动报酬、工作条件、休息休假等。设立法律援助中心，为新生代农民工提供法律咨询和援助服务，帮助他们维护自身权益。

第二是推进制度整合。将城镇居民社会保险和农村居民社会保险制度进行有效整合，逐步建立城乡一体化的社会保障制度框架。这包括养老保险、医疗保险、失业保险等关键领域。

第三是创新政策设计。针对新生代农民工的流动性强、就业不稳定等特点，设计灵活多样的社会保障政策，如建立可转移接续的社会保险制度，方便他们在不同城市间流动时能够保持社会保障的连续性。

（2）平台型企业层面的政策和制度框架。为了加快中高端技能人才的培养进程，并助力低技能新生代农民工群体在高端产业发展中实现职业转型与升级，平台型企业要引导新生代农民工学习最新技术并实现新技术的普及，同时国家要提供扶持制度，鼓励和支持平台型企业开展新技术培训。例如，通过税收减免、资金补贴等方式，降低平台型企业的培训成本。

第一是建立职业技能培训制度。企业应根据自身需求和新生代农民工的特点，制定定制化的职业技能培训计划，将新技术纳入培训内容。这些计划应明确培训目标、内容、方式和时间表，确保培训的系统性和针对性。鼓励企业与职业院校、培训机构等建立合作关系，共同开展新技术培训。通过校企合作，充分利用双方的资源和优势，提升培训效果。在企业内部选拔具有丰富经验和技能的导师，对新生代农民工进行一对一或小组辅导，帮助他们更快地掌握新技术。

第二是激励政策与措施。国家和地方政府可以提供技能提升补贴，鼓励新生代农民工参加新技术培训。企业也可以设立专项基金，对完成培训并取得相应证书的农民工给予奖励。企业应明确将新技术掌握程度作为员工晋升和岗位调整的重要依据。对于在新技术应用方面表现突出的农民工，应给予更多的职业发展机会和薪酬待遇。对于在新技术学习和应用方面取得显著成果的农民工，企业应给予表彰和奖励，以树立榜样，激励更多员工积极参与新技术学习。

（3）社会组织的政策和制度框架。社会组织在新生代农民工职业迁徙能力提升过程中扮演重要的角色。社会组织包括行业协会、社工服务机构和培训机构。行业协会通过制定技能评价制度为企业对人才需求的质量把关，社工服务机构发挥专业服务作用，为新生代农民工提供专业化的高水平服务，通过创新培训内容和方式强化培训的有效性和实操性。

①制定技能评价制度。第一是标准制定与认证。行业协会可以联合政府、企业等各方力量，共同制定适合新生代农民工的职业技能标

准和认证体系，确保培训内容的针对性和实用性。通过认证机制，激励新生代农民工积极参与培训，提升个人技能水平，并获得行业认可的职业资格证书。第二是技能竞赛与展示。组织行业技能竞赛，为新生代农民工提供展示自我、交流经验的平台，激发其学习热情和竞争意识。通过竞赛选拔出优秀选手，可以树立为行业榜样，激励更多人投身技能提升之路。第三是企业合作与对接。加强与企业的合作，了解企业对人才的需求，为新生代农民工提供精准的职业技能培训。协助企业开展新型学徒制培训、岗位技能提升培训等，促进新生代农民工与企业的深度融合。

②建立专业化服务体系。社会服务机构在新生代农民工职业发展的不同阶段，为新生代农民工提升职业能力提供良好的生活和工作环境，以及从心理辅导、生活辅导、危机干预等方面关爱和关心他们，具体如表10-10所示。

表10-10　　　新生代农民工职业发展不同阶段提供的社会服务

| 职业发展阶段 | 教育类型 | 融入阶段 | 社会服务类型 |
|---|---|---|---|
| 初级职业成长阶段 | 职前教育 | 经济融入 | 初级职业技能培训、职业规划和就业服务、心理辅导和生活关怀、法律援助和权益保护、经济融入和建设等。 |
| 中级职业成长阶段 | 在职教育 | 社会融入 | 技能提升培训、职业晋升辅导、社区融入和文化建设、挫折和抗压能力培训等。 |
| 高级职业成长阶段 | 继续教育 | 心理和文化融入 | 创新创业能力培训、职业转型辅导、创业支持和指导、心理健康和情绪支持、心理和文化融入建设等。 |

第一是社会机构在新生代农民工的初级职业成长阶段应提供全方位的服务支持，包括职业技能培训、职业规划和就业指导、心理辅导和生活关怀、法律援助和权益保护以及社会融入和文化建设等，以帮

助他们顺利实现职业成长和社会融入。经济融入是新生代农民工融入城市的基础阶段。在这个阶段，他们主要关注的是如何在城市中找到稳定的工作，获得足够的经济收入以维持生计。这包括提高他们的职业技能、寻找适合的工作岗位、适应城市的工作节奏和生活成本等。经济融入的成功与否，直接影响到他们后续的社会融入和心理融入。

第二是在新生代农民工的中级职业成长阶段，他们往往已经具备了一定的职业技能和工作经验，开始寻求更广阔的发展空间和职业晋升机会。社会机构在新生代农民工的中级职业成长阶段应提供职业技能提升与进阶培训、职业晋升指导、心理辅导与职业发展支持、法律援助与权益保障、社会融入与文化建设以及政策扶持与信息服务等多方面的服务，以支持他们的职业发展和社会融入。社会融入是在经济融入基础上进一步的发展。在这个阶段，新生代农民工开始尝试与城市社会建立更广泛的联系，参与社会活动，与城市居民建立互动关系。这包括他们与同事、邻居、社区组织等的交往，以及参与社区公益活动、文化娱乐活动等。社会融入有助于新生代农民工建立更广泛的社会支持网络，增强他们的社会认同感和归属感。

第三是在新生代农民工的高级职业成长阶段，社会机构应当提供全面而深入的服务，以支持他们在职业生涯中取得更高的成就。社会机构在新生代农民工的高级职业成长阶段应提供创新创业能力培训、职业转型辅导、创业支持和指导、心理健康和情绪支持、心理和文化融入建设等服务。心理和文化融入是新生代农民工融入城市的最高阶段。在这个阶段，他们不仅在经济和社会层面上融入了城市，更重要的是在心理和文化层面上与城市社会达成了认同和共识。这包括他们接受并认同城市的价值观念、生活方式、行为规范等，形成与城市社会相适应的心理状态和文化认同。心理和文化融入的实现，标志着新生代农民工真正成为城市社会的一员。

③创新培训内容和方式。第一是根据市场需求和新生代农民工的

特点，创新培训内容和方式，如引入"互联网＋职业培训"、多媒体资源培训等灵活多样的培训形式。开设电子商务、数字经济、人工智能等新技术新领域的培训课程，满足新生代农民工对高端技能的需求。第二是培训机构应与企业建立紧密的合作关系，共同开展订单式培训、定向培训等，确保培训内容与企业实际需求相衔接。鼓励企业参与培训过程，提供实习实训机会，帮助新生代农民工在实践中提升技能水平。第三是培训机构应建立完善的培训评估体系，对培训效果进行定期评估，确保培训质量。收集新生代农民工对培训的反馈意见，及时调整培训计划和方法，提高培训的针对性和有效性。

（4）全日制教育机构的政策和制度框架。

①深化校企合作制度。借鉴德国"双元制"职业教育的经验，推动校企合作与产教融合。鼓励企业与培训机构建立紧密的合作关系，共同制定培训计划、开发培训课程和提供实践机会。

第一是合作模式。高校与企业合作共建实训基地，模拟真实工作环境，让新生代农民工在实训中掌握职业技能。企业可以提供设备、技术和指导人员，高校则负责实训基地的日常管理和教学安排。高校与企业签订人才培养协议，根据企业需求制定培养计划。学生在校期间除了完成基础理论学习外，还需接受企业定制的专业课程和实践训练，毕业后直接进入企业工作。实行学校导师和企业导师共同指导学生的制度。学校导师负责理论教学，企业导师则负责实践指导和职业规划，确保新生代农民工在理论和实践两方面都能得到充分的指导。

第二是合作内容。高校与企业共同开发专业课程和教材，确保课程内容与企业实际需求紧密对接。企业可以提供行业最新动态和技术标准，高校则负责将这些内容融入课程中。建立校企资源共享机制，包括教学设备、技术资料、实习岗位等。高校可以为企业提供技术支持和智力支持，企业则可以为高校提供实践机会和就业资源。

第三是学徒制标准与国家职业资格框架进行融合和对接。可以借鉴英国、澳大利亚和德国的经验，通过制定明确的培训标准、建立层次递升的学徒制体系以及与国家职业资格框架的紧密衔接等措施来确保学徒能够获得符合市场需求和行业标准的职业技能和资格证书。英国学徒制体系在纵向上包括中级学徒制、高级学徒制、高等学徒制和学位学徒制，这些层次依次递升，形成了一个完整的职业发展路径。每个层次的学徒制都有明确的入职要求、工作角色、学徒时限以及学徒期满时需要达到的知识、技术、能力和行为标准。英国学徒制的各个层次与国家职业资格制度（NVQ）紧密相连。例如，高级学徒制对应 NVQ 3 级，高等学徒制对应 NVQ 4 级、5 级。学徒期满并考核合格后，学徒可以获得国家承认的职业资格证书，这些证书与学术类的资格证书（如 GCSE、A－Level）之间也可以相互转换，从而打破了职业教育与普通教育之间的壁垒。

②学历与职业资格衔接制度。通过引进对应职业内容到学历教育、打通学历和职业资格等级的对应关系以及实施学分银行等灵活学习制度等措施，可以有效提升新生代农民工的职业技能和学历水平，为他们的职业发展创造更加广阔的空间和机会。

第一是引进对应职业内容的学历教育。在学历教育的课程设置中，应充分考虑市场需求和行业标准，引进与职业相关的课程内容和实践环节。通过校企合作、工学结合等方式，使新生代农民工在学习理论知识的同时，也能掌握实际操作技能，为未来的职业发展打下坚实基础。

第二是打通学历和职业资格等级的对应关系。建立学历证书与职业资格证书之间的对应关系，明确不同学历层次所对应的职业资格等级。例如，中等职业教育毕业生应达到国家职业资格四级（中级）水平，高等职业教育毕业生应达到国家职业资格三级（高级）水平等。这样，新生代农民工在完成学历教育后，即可直接获得相应的职业资格证书，无须再进行额外的职业技能鉴定。

第三是实施学分银行等灵活学习制度。借鉴"学分银行"等灵活学习制度，为新生代农民工提供多样化的学习路径和机会。通过累积学分、转换学分等方式，实现学历教育与职业培训之间的有效衔接。同时，鼓励新生代农民工利用业余时间参加各类职业技能培训和继续教育课程，不断提升自身的综合素质和职业技能水平。

③创新培训模式。借助大数据、互联网等新技术创新培训模式，可以有效提升新生代农民工的职业迁徙能力。

第一是在线教育与移动学习。利用互联网和移动技术，开发在线教育平台和移动学习应用，为新生代农民工提供灵活多样的学习方式。他们可以根据自己的时间和地点安排学习，随时随地获取培训资源，提高学习效率。例如，通过直播授课、视频教程、在线互动等方式，让新生代农民工能够接触到更广泛的优质教育资源。

第二是虚拟现实（VR）与增强现实（AR）技术。应用VR和AR技术模拟真实工作场景，为新生代农民工提供沉浸式的学习体验。通过模拟操作、故障排查等训练，他们可以在安全的环境中掌握实践技能，提高应对复杂工作环境的能力。

第三是人工智能（AI）辅助学习。利用AI技术为新生代农民工提供个性化学习路径推荐和智能辅导。AI系统可以根据他们的学习进度和反馈，自动调整学习难度和进度，确保学习效果最大化。同时，AI还可以提供智能答疑服务，解答他们在学习过程中遇到的问题，提高学习效率。

（5）家庭的政策和制度框架。第一是人力资本投入的支持。家庭的经济条件和教育观念直接影响新生代农民工的教育水平。经济条件较好的家庭更有可能为子女提供更好的教育资源，包括基础教育、职业技能培训等，从而提升其职业竞争力。家庭作为新生代农民工的重要社会支持网络，可以通过提供职业信息、分享工作经验等方式，帮助他们明确职业方向，制定职业规划，进而提升其职业能力。

第二是家庭环境的关怀与影响。家庭环境对新生代农民工的心理健康有着深远的影响。温馨和睦的家庭氛围、父母的理解和支持有助于缓解他们在城市生活中的压力和孤独感，增强他们的自信心和抗压能力，从而更好地投入工作和学习。家庭是新生代农民工社交技能培养的重要场所。通过与家庭成员的互动，他们可以学会如何与人沟通、协作，这些社交技能在职场中同样重要，有助于他们建立良好的人际关系，提升团队协作效率。

第三是家庭责任与动力的激发。新生代农民工往往承担着赡养父母、抚养子女等家庭责任。这些责任成为他们努力提升职业能力的强大动力，促使他们更加积极地寻找工作机会、参加职业培训，以获取更高的收入来支撑家庭。在家庭中，新生代农民工往往扮演着多重角色，如子女、父母、配偶等。这些角色认同有助于他们形成稳定的自我认知和价值观，从而在职场中更加明确自己的定位和追求，不断提升自己的职业能力。

第四是社会网络的拓展与利用。家庭社会关系网络是新生代农民工获取就业信息、职业机会的重要渠道。家庭成员的广泛社交可以为他们提供更多的就业信息和资源，帮助他们更快地适应城市生活和工作环境。家庭成员的支持和鼓励是新生代农民工在职业道路上不断前行的重要动力源泉。他们的理解和信任可以让新生代农民工在面对困难和挑战时更加坚定信心，勇往直前。

（6）新生代农民工个人的政策和制度框架。

①激活个人动能制度。在提升新生代农民工的职业迁徙能力方面，关键在于激发他们的内在动力，使其更加积极主动地参与个人技能提升和职业规划。以下是一些具体的策略和方法：

第一是明确职业目标，增强自我驱动力。为新生代农民工提供职业规划服务，帮助他们明确职业目标和发展路径。通过职业测评、一对一咨询等方式，了解他们的兴趣、能力和价值观，引导他们设定切实可行的职业目标。通过分享同行业的成功案例，特别是那些通过不断提升自我实现职业迁徙的农民工故事，激发他们的内在动力，增强实现职业目标的信心。

第二是提供多样化的培训资源和学习机会。根据市场需求和新生代农民工的实际需求，设计多样化的技能培训项目。这些项目应涵盖多个行业领域，采用线上线下相结合的方式，提供灵活多样的学习机会。政府和企业应加大对新生代农民工技能培训的政策支持和资金补贴力度，降低他们的学习成本，减轻经济负担，从而更容易激发他们的学习热情。

第三是强化激励机制，激发学习动力。开展技能竞赛、优秀学员评选等活动，对表现突出的新生代农民工给予物质奖励和精神鼓励，激发他们的学习动力。企业应与培训机构合作，为完成培训并取得优异成绩的农民工提供晋升机会或更好的工作岗位，让他们看到通过努力学习可以实现职业发展的可能。

第四是加强心理健康教育，提升抗压能力。为新生代农民工提供心理健康教育服务，帮助他们缓解在城市生活中的压力和孤独感，提升自信心和抗压能力。这有助于他们保持积极的心态，更好地应对职业迁徙过程中的挑战。构建包括家庭、社区、企业等多方面的支持系统，为新生代农民工提供全方位的支持和帮助。当他们在职业迁徙过程中遇到困难时，能够及时获得帮助和鼓励。

第五是提高新生代农民工个人主观能动性。通过教育和引导，帮助新生代农民工认识到自我提升的重要性，增强他们的自我意识。让他们明白只有不断提升自己的技能和能力，才能更好地适应市场需求和职业发展需要。鼓励新生代农民工培养自主学习能力，学会利用互联网、图书馆等资源进行自我学习和提升。通过自主学习，他们可以更加灵活地安排学习时间和内容，满足个性化的学习需求。

②树立典型示范。表彰在职业培训和就业创业方面取得突出成绩

的新生代农民工,发挥榜样引领作用,是提升新生代农民工职业迁徙能力的有效途径。以下是一些具体策略:

第一是精心筛选典型,确保示范效应。在选择典型时,要紧密结合当前经济社会发展需求和新生代农民工的实际状况,确保所选典型具有代表性和引领性。不仅关注职业技能水平,还要考虑其就业创业成果、社会责任感、创新精神等多方面因素,确保典型人物全面、立体。

第二是广泛宣传表彰,营造学习氛围。利用电视、广播、互联网、社交媒体等多种渠道,对典型人物的事迹进行广泛宣传报道,提高社会知晓度和影响力。通过举办表彰大会、颁发荣誉证书、给予物质奖励等方式,对典型人物进行公开表彰,增强其荣誉感和自豪感,同时激励更多新生代农民工向他们学习。

第三是发挥榜样引领,促进职业迁徙。组织典型人物分享会、交流会等活动,让他们亲自讲述自己的成长经历、职业培训和就业创业过程中的心得体会,为其他新生代农民工提供可借鉴的经验和启示。鼓励典型人物与有需求的新生代农民工建立一对一帮扶关系,通过传帮带的方式,帮助他们提升职业技能、拓宽就业渠道、解决创业难题。

第四是案例示范。以全国总工会每年评选的"全国五一劳动奖章"为例,近年来,越来越多的新生代农民工因其在职业培训和就业创业方面的突出成绩而获得这一殊荣。这些先进典型不仅展示了新生代农民工的奋斗精神和卓越能力,更为广大农民工群体树立了榜样。广泛宣传这些典型人物的事迹和经验,可以激励更多新生代农民工注重技能提升和职业发展,积极参与职业培训和就业创业活动,从而不断提升自身的职业迁徙能力。

# 第 11 章　研究结论与展望

本书全面梳理并深入分析了零工经济、新生代农民工就业演变历程、新生代农民工职业发展路径、职业能力结构以及职业能力开发的国内外研究现状。本章将对前述研究内容进行总结，明确阐述本书的主要研究结论，并探讨其在理论和实践层面的意义。同时，本章也将反思本书研究的不足之处，并在此基础上展望未来可能的研究方向。

## 11.1　研究结论

### 11.1.1　平台型灵活就业的新生代农民工群体的特征

本章通过对问卷数据和访谈数据进行分析，最终形成了平台型灵活就业的新生代农民工个人画像的总体特征、背后驱动新生代农民工选择灵活用工的动机以及新生代农民工选择平台型灵活就业职业发展现状的特征。

平台型灵活就业的新生代农民工的总体特征主要归纳为以下八点：

（1）从人口学特征分析结果来看，新生代农民工灵活就业人员以男性为主，但是女性的占比也在不断上升，学历多在高中以上，未婚和已婚持平。中青年群体以 30 岁为界，由未婚、无生计压力的年轻人和已婚、有养家责任的中年人构成灵活就业的主力军。

（2）从工作状况分析结果来看，大多数平台型灵活就业的新生代农民工就业的行业来源于服务业，他们工作时间长、工作强度大、工作保障低、缺乏职业技术资格证书、收入水平不高、健康状态随着年龄的增长不断下降。

（3）从新生代农民工对平台型灵活就业的认知结果分析，大多数新生代农民工对平台型灵活就业的态度是积极、正向的。

（4）从新生代农民工从业动机的结果分析，新生代农民工选择平台型灵活就业主要有四大动机，分别是获取更高的收入、职业发展机会、入职门槛低和寻求职业过渡。

（5）从新生代农民工不再从事平台型灵活就业的原因分析，近半数的新生代农民工认为目前的工作职业发展有限、缺乏学习机会、职业能力培训与实际工作内容不匹配，这说明新生代农民工顾虑最大的是没有职业发展空间，担忧学习机会培训少，并且缺少匹配的培训内容，将进一步限制自身的职业成长和发展。

（6）从新生代农民工平台型灵活就业的满意度结果分析，收入、职业生涯规划、职业晋升、专业能力提升、职业迁徙能力提升、工作自由度以及奖惩制度对整体工作满意度产生显著的正向影响。体面/社会认可度和归属感/安全感对整体工作满意度产生显著的正向影响。

（7）从平台型灵活用工的新生代农民工的数字素养结构分析，面对大数据、人工智能等技术变革的冲击，新生代农民工存在职业迁徙能力匮乏和数字素养提升的迫切需求。

（8）从平台型灵活用工的新生代农民工对未来职业发展期盼结果分析，大部分新生代农民工希望提高职业转换和职业迁移技能和素质，实现职业晋升和薪酬提升，希望通过创业来解决就业问题，实现自己的职业理想和人生价值。

## 11.1.2　平台型灵活就业的新生代农民工的职业发展特征

本书在调研和访谈的基础上，总结出平台型灵活就业的新生代农民工的职业发展特征，具体体现在以下几个方面：

（1）新生代农民工工作不稳定，职业流动频繁造成职业迁徙能力难养成、职业技能不扎实，最终陷入低技能陷阱。

（2）大多数新生代农民工倾向于选择"快就业"。"快就业"存在就业岗位与技能不匹配、缺乏职业技能培训、缺乏职业发展晋升机会等弊端，严重影响新生代农民工的职业能力提升和职业发展。

（3）大多数新生代农民工渴望通过提高职业转换和职业迁徙技能，实现职业晋升和职业发展，最终实现人生价值。

## 11.1.3　平台型灵活就业的新生代农民工职业迁徙能力提升面临的问题和障碍

本书在分析新生代农民工难于向上流动，在职业能力提升和在职业发展过程中存在着众多隐患的基础上，梳理出平台型灵活就业的新生代农民工职业迁徙能力提升面临的问题和障碍，主要结论有以下几个方面：（1）缺乏系统的、专业的指导，新业态下职业新技能难以获得；（2）职业结构重构，重劳动技能而轻职业迁徙能力；（3）职业生涯规划迷茫，职业成长路径模糊。

主要障碍有以下几个方面：（1）城乡教育资源配置不平衡；（2）社会保障机制尚不完善，成为难以覆盖的死角；（3）教育培训与社会需求严重脱节；（4）企业员工培训的投机性和应急性；（5）自我投资和技能提升意识薄弱。

## 11.1.4　新生代农民工职业迁徙能力现状与社会需求的差异分析

本书在对新生代农民工感知职业迁徙能力以及用人单位评价分析的基础上，对比分析新生代农民工自身及用人单位这两种不同视角下的职业迁徙能力感知和评价的差异，从而更为清晰地把握当前新生代农民工职业迁徙能力现状与社会需求的差异，主要结论如下：

（1）新生代农民工与平台型企业对职业迁徙能力重要度认知差异较大。

（2）新生代农民工与平台型企业对职业迁徙能力满意度评价差异较大。

## 11.1.5　新生代农民工职业迁徙能力构成要素

本书在供给侧与需求侧职业迁徙能力耦合的基础上，总结出新生代农民工职业迁徙能力结构维度，并确定新生代农民工职业迁徙能力结构各维度间关系，以及对新生代农民工就业结果的预测力，主要结论如下：

（1）新生代农民工职业迁徙能力构成维度有基础数字技术能力、基础就业能力、行业通适性能力、社会能力、资源整合利用能力、关系能力、数字技术应用能力、开放式创新能力、数字意识态度、方法能力、可持续学习和探索能力。

（2）新生代农民工职业迁徙能力洋葱模型。以新生代农民工职业迁徙能力的难易程度为划分标准，重点将新生代农民工职业迁徙能力拓展为"基础、核心、拓展、发展"四个等级层次。基础层是最外层，是新生代农民工较容易获得和培养的职业迁徙能力；核心层是次外层，是新生代农民工一般能获得和培养的职业迁徙能力；拓展层是中间层,是新生代农民工较难能获得和培养的职业迁徙能力;发展层是最中心层,是新生代农民工非常难能够获得和培养的职业迁徙能力。

## 11.1.6 新生代农民工职业迁徙能力对其职业成长的影响

本书在实证研究的基础上,总结出新生代农民工职业迁徙能力对其不同发展阶段职业成长的影响,主要结论如下:

(1)随着职业成长的深入,新生代农民工的基础能力虽然仍然重要,但其影响力趋于下降。

(2)核心能力和拓展能力对职业成长的显著性始于中级职业成长阶段,在后续职业成长中演进趋势逐渐递减。

(3)随着职业成长的深入和发展,基础数字技术能力的影响趋于下降,但数字技术应用能力逐步上升。

(4)数字技术应用能力对职业成长的显著性影响始于中级职业成长阶段,在后续职业成长中演进趋势逐渐明显。

(5)随着职业成长的不断深入和发展,硬技能的影响趋于下降,伴随着软技能在后续职业成长中不断上升趋势。

(6)持续学习和探索能力对职业成长的显著性影响始于中级职业成长阶段,在后续的职业成长中呈现由量变向质变的演进趋势。

(7)数字技术应用能力和数字意识态度对高级职业成长影响显著,有利于降低数字控制,走出低技能困境。

## 11.1.7 新生代农民工的职业迁徙能力提升意愿影响因素

本书在实证研究的基础上,总结出新生代农民工的职业迁徙能力提升意愿受到个体因素、职业培训、受教育程度、薪资待遇、就业机会、职业升迁等因素的影响。这些因素相互作用,共同影响着他们的职业成长和发展，主要结论如下：

（1）个体特征、职业培训与受教育经历、薪资待遇与福利、职业升迁、产业升级态度等均与新生代农民工职业迁徙能力提升意愿间呈现出正相关关系。

（2）职业培训与受教育经历与职业升迁、职业升迁与薪资待遇与福利间均存在正相关关系。

（3）新生代农民工的产业升级态度与职业迁徙能力提升意愿间呈现出正相关关系。

（4）新生代农民工的性别、年龄、受教育程度等个体特征与他们的职业迁徙能力提升意愿有较强的关联。

## 11.1.8　新生代农民工职业迁徙能力提升路径

本书根据前期调研基础，分别基于平台型灵活就业的新生代农民工群体的画像和新生代农民工职业培训需求及培训现状两个方面，提出新生代农民工职业迁徙能力提升的内部和外部的可持续发展路径，主要结论如下：

（1）平台型灵活就业的新生代农民工群体的"生活画像"呈现为以男性为主的特点，但是女性的占比也在不断上升；年龄主要集中在 31～40 岁，呈现出青年化趋势，未婚、无生计压力的年轻人和已婚、有养家责任的中年人构成了平台型灵活就业的新生代农民工主力；学历结构相对较高，主要集中在高中及以上学历；大多数平台型灵活就业的新生代农民工来自现代服务行业，他们每周的平均工作时间超过 60 个小时，月收入在 5001～7000 元之间；从身体健康状况来看，相比于已婚、离异和丧偶的新生代农民工，未婚的新生代农民工的身体健康状况最好；职业技能提升和职业发展意愿强烈，期盼高质量地融入城市。

（2）新生代农民工职业画像具有七大特征：一是学习意识强，职业技术资格证书持有率低；二是学历层次提高，新业态转型态度消极；三是渴望自我价值实现，高质量就业满意度低；四是职业智能化数字化，数字技术欠缺；五是职业迁徙能力层次性，职业发展瓶颈突破难；六是职业发展阶段性，低技能发展陷阱；七是职业生涯规划持续性低，职业成长路径模糊。

（3）新生代农民工职业迁徙能力提升内部路径。以终身教育的终身性、人人性和平等性为理念导向，遵循人的知识获取与技能成长规律，结合新生代农民工职业发展轨迹（初级技能零工—中级技能零工—高级技能零工）以及新生代农民工在职业发展不同阶段所需要的职业迁徙能力的差异性，采取个性化订单式培训策略，侧重分类分阶段培养策略，分别在不同职业发展阶段选择不同培训模式，初级职业成长阶段对应"工学一体化"培训模式，中级职业成长阶段对应"职业培训包"培训模式和高级职业成长阶段对应"数字经济＋创新创业"培训模式。

（4）新生代农民工职业迁徙能力提升外部路径。首先明确六类行为主体包括政府、平台型企业、社会组织、全日制教育机构、新生代农民工个人和家庭在提升新生代农民工职业迁徙能力过程中的功能定位和责任。最后建立一个包含政府、社会组织、平台型企业、新生代农民工个人和院校等多方协同共治的社会合作框架以及多元主体协作实施路径。

## 11.2 研究展望

新生代农民工的职业迁徙能力是一个复杂且多维度的问题，是一个受到多种因素影响的动态复杂的过程。目前，尽管已有不少研究开始关注这一领域，但仍存在一些研究不足和研究展望。

本书的不足主要体现在以下几点：

（1）研究对象局限性。本书选取了浙江省内的数字经济发展较快的和灵活就业人数最多的杭州市、宁波市、温州市和绍兴市进行调研。研究对象的局限性可能导致研究结论和数据可比性差。由于不同研究选取的调查对象和采用的方法指标存在差异，导致不同研究之间的结论可比性差，甚至对同一问题得出截然相反的结论，这对研究的深入和政策的实施有一定的影响。

（2）动态变化研究不足。随着社会经济结构的急剧变革和人口结构的新变化，新生代农民工群体内部逐渐出现分层。不同地域、民族、年龄段的新生代农民工在职业迁徙意愿、能力和方式上存在差异，但目前对这些动态变化的研究还不足。

（3）研究方法局限性。在新生代农民工职业迁徙能力的研究中，当前确实以调研和访谈为主要研究方法，这些方法有助于收集大量的一手数据和深入了解研究对象的具体情况。然而，未来研究若侧重于个案研究方法，将能够更深入地挖掘特定情境下的复杂机制，为理论构建和政策制定提供更为细致和深入的洞见。

（4）在研究量表的设计方面，本书尽管已经尽可能多地参考和借鉴了国内外现有的测量题项，但仍包含一部分自行编制的题项。尽管信度检验已经证明了这些自行编制题项的测量可靠性，但仍需要进一步系统性地检验整个量表，以确保其全面性和准确性。

本书对新生代农民工职业迁徙能力做了一些尝试和分析，未来还有很多问题需要进一步探索，具体体现在以下几点：

（1）扩大研究对象范围。一是将研究对象拓展到不同地域的新生代农民工，包括城市、乡村以及不同经济发展水平的地区。通过比较不同地域新生代农民工的职业迁徙能力，可以揭示地域差异对职业迁徙能力的影响。二是将研究对象拓展到不同行业的新生代农民工，包括制造业、服务业、建筑业等。通过比较不同行业新生代农民工的职业迁徙能力，可以分析行业特点对职业迁徙能力的塑造作用。三是将研究对象拓展到不同年龄段、性别、教育背景等的新生代农民工群体。通过比较不同群体之间的职业迁徙能力，可以揭示个体特征对职业迁徙能力的影响。四是对同一批新生代农民工进行长期的跟踪调查，观察他们职业迁徙能力的变化和发展趋势。这有助于了解职业迁徙能力的动态演变过程，以及影响因素的变化和作用机制。通过扩大研究对象范围，未来的研究可以更全面地了解新生代农民工职业迁徙能力的整体状况，揭示不同地域、行业和群体之间的差异和共性，为制定更具针对性和有效性的政策提供科学依据。

（2）推进比较和跟踪研究。针对不同地域、民族、年龄段的新生代农民工进行比较研究，分析他们在职业迁徙意愿、能力和方式上的差异。同时，开展跟踪研究，关注新生代农民工职业迁徙能力的动态变化和发展趋势。

（3）增加提升新生代农民工职业迁徙能力多元参与主体，并研究各个参与主体的政策和制度相互影响的机制。在明确了多元参与主体的角色分工后，需要进一步研究各个参与主体之间的政策和制度如何相互影响，以及这种影响如何作用于新生代农民工的职业迁徙能力。通过深入研究和不断探索实践路径与策略建议，我们有望为新生代农民工的职业迁徙提供更加有力的支持和保障。

# 附件1：浙江省平台型灵活就业的新生代农民工人力资本状况调查问卷

尊敬的受访者：

您好！

零工经济的快速发展为新生代农民工提供了广阔的舞台和无限的可能，新生代农民工已成为推动社会经济发展的重要力量。本问卷旨在全面、深入地了解新生代农民工的人力资本状况，包括性别分布、年龄分布、教育程度、婚姻状况、行业来源、工种分布、月收入、资格证书持有情况、身体健康状况等，以便为政府制定相关政策、平台型企业优化人力资源管理，以及社会各界提供有针对性的服务和支持提供参考依据。您的回答将对改善新生代农民工的工作条件、提升他们高质量就业、促进其职业发展产生积极影响。我们承诺，您的所有回答将仅用于本次调查研究，并将严格保密。请您根据自己的实际情况，真实、客观地填写问卷。

感谢您在百忙之中抽出时间参与本次调查！您的参与和支持是我们开展研究的重要基础。如果您在填写问卷过程中有任何疑问或需要帮助，请随时与我们联系。

问卷填写说明：请在您选中的圆圈处打"√"，或者在"＿＿＿"处填写答案。

## 一、个人基本信息

1. 您的性别是？［单选题］ *

○男

○女

2. 您的年龄是？［单选题］ *

○30 岁以下

○31～40 岁

○41～50 岁

○50 岁以上

3. 你的婚姻状况是？［单选题］ *

○未婚

○已婚

○离异及丧偶

4. 你的受教育程度是？［单选题］ *

○大专及以上

○高中及中专

○初中及以下

5. 你所从事的行业是？［单选题］ *

○现代服务行业

○传统服务行业

○传统制造业

○其他行业＿＿＿＿＿＿＿＿＿

6. 你所从事的市场领域是？［单选题］ *

○知识技能类（猪八戒、知乎、一品威客、金柚小灵等）

○交通出行类（滴滴出行、哈啰打车、高德打车等）

○生活服务类（美团、饿了么、e 代驾、闪送、抖音等）

○其他＿＿＿＿＿＿＿＿＿

7. 你所从事的工种是？[单选题] ＊

○快递员

○外卖骑手

○网约车司机

○网络主播/电商

○平台自媒体创作者

○社群产品代理人

○家政服务人员

○依托于平台的自由职业者

○其他_____

## 二、人力资本现状

1. 您的周工作小时数是？[单选题] ＊

○24 小时及以下

○25～32 小时

○33～40 小时

○41～51 小时

○52 小时及以上

2. 您参加各类社会保险是？（请至少选择一项）[多选题] ＊

○养老保险

○医疗保险

○工伤保险

○失业保险

○生育保险

○住房公积金

○企业年金

3. 您月收入是？[单选题] ＊

○3000 元及以下

○3001～5000 元

○5001～7000 元

○7001～10000 元

○10000 元以上

4. 您身体健康状况是？［单选题］ *

○非常健康

○比较健康

○不健康

5. 您获得职业技术资格证书状况是？［单选题］ *

○无职业技术资格证书

○有职业技术资格证书

6. 您获得职业资格证书的级别是？［单选题］ *

○初级证书

○中级证书

○高级证书

## 三、职业培训现状和需求

1. 培训主要内容有？（至少选择一项）［多选题］ *

○职业技能

○管理技能

○日常工作行为规范

○公司制度和企业文化

○团队精神

○心理健康

○职业素养

○法律知识

2. 培训方式有哪些？（至少选择一项）［多选题］ *

○师徒一对一培训

○课堂授课

○网络授课

○现场实操示范

○参观考察

○工作轮换

○其他

3. 培训地点有哪些？［单选题］ ＊

○工作单位

○培训机构

○专业的学校

○其他

4. 培训次数有几次？［单选题］ ＊

○1～2 次

○3～4 次

○5 次及以上

5. 培训结果认定是？［单选题］ ＊

○结业证书

○技能等级证书

○行业准入资格证书

○没有认定

6. 培训信息来源于哪里？（至少选择一项）［多选题］ ＊

○所在工作单位通知

○身边亲朋好友告知

○政府发布信息

○通过网络等媒体获知

○其他

7. 培训费用谁承担？（至少选择一项）［多选题］ ＊

○户口所在地政府

○用人单位所在地政府

○社会机构

○用人单位

○村集体

○自己

8. 培训主办方是谁？（至少选择一项）［多选题］ *

○户口所在地政府

○用人单位所在地政府

○社会机构

○用人单位

○村集体

○其他

9. 有无必要参加培训［单选题］ *

○很有必要

○没必要

10. 培训方式是？（至少选择一项）［多选题］ *

○脱产培训

○边工作边培训

11. 培训类型是？（至少选择一项）［多选题］ *

○学历教育（中等、高职以及应用型本科职业技术学校）

○技能培训

○其他

# 附件2：浙江省新生代农民平台型灵活就业认知和态度调查问卷

尊敬的受访者：

您好！感谢您在百忙之中抽出宝贵时间参与填写本次调查问卷。本次调查旨在深入了解新生代农民工对平台型灵活就业的认知和态度，包括平台型灵活就业认知、从业动机、从业原因、灵活就业满意度及职业发展现状等。随着数字经济的快速发展，平台型灵活就业作为一种新兴的就业形态，为广大新生代农民工提供了更加灵活多样的工作机会。然而，这一就业模式在实际运作中仍存在诸多挑战与机遇，我们希望通过本次调查，为相关政策制定和平台型企业管理提供有价值的参考依据。

我们承诺，本次调查将采用不记名方式，所有您在问卷中提供的信息将被严格保密，仅用于统计分析和研究目的，不会泄露给任何第三方。请您放心填写，根据自己的真实经历和感受表达意见。

非常感谢您对本次调查的支持与配合！您的回答将直接影响到我们的研究结果，为改善新生代农民工的就业环境和促进平台型灵活就业的健康发展贡献力量。

问卷填写说明：请在您选中的方框/圆圈处打"√"，或者在"＿＿"处填写答案。

## 一、个人基本情况

1. 您的性别？［单选题］ *

○男

○女

2. 你的婚姻状况？［单选题］ *

○已婚

○未婚

3. 您的学历？［单选题］ *

○本科及以上

○大专

○高中及中专

○初中及以下

4. 您的年龄？［单选题］ *

○16～20 岁

○21～25 岁

○26～30 岁

○31～35 岁

○36～41 岁

○41 岁以上

5. 您的工作性质［单选题］ *

○专职

○兼职

6. 您的工种？［单选题］ *

○快递员

○外卖骑手

○网约车司机

○网络主播/电商

○平台自媒体创作者

○社群产品代理人

○家政服务人员

○依托于平台的自由职业者

7. 您的工作年限？［单选题］ *

○1 年以下

○1～3 年

○3～5 年

○5～10 年

8. 您的工作收入？［单选题］ *

○1600～3000 元

○3001～4000 元

○4001～6000 元

○6001～8000 元

○8001～10000 元

○10001～15000 元

○15000 元以上

9. 您的工作岗位？［单选题］ *

○无技术或一线业务人员

○基层技术或基层管理人员

○中层技术或中层管理人员

○高层技术或高层管理人员

**二、新生代农民工对平台型灵活就业的认知分析**

您对平台型灵活就业的看法是？［多选题］ *

□平台型灵活就业可以满足追求自由工作方式的想法

□平台型灵活就业的就业机会多

□平台型灵活就业就是失业/待业期间的有效过渡

□平台型灵活就业等同于低端工作

□平台型灵活就业等同于临时工/兼职

□平台型灵活就业是一种收入没有保障的工作

□平台型灵活就业是一种创业，未来将是一份很好的事业

□平台型灵活就业是被动的选择

□平台型灵活就业可以提供一份收入，实现自身的价值

□平台型灵活就业可以提升自身的职业能力

□平台型灵活就业实时监控是对时间的侵占

□平台型灵活就业社会保障不足

## 三、平台型灵活就业的新生代农民工动机分析

您选择平台型灵活就业的动机是？［多选题］ *

□就业困难

□入职门槛低且进出机制灵活

□社会发展潮流

□工作时间弹性自由

□寻求职业过渡

□疫情期间公司倒闭/收入下降/生意不好做

□工作收入与投入成正比、多劳多得、劳动薪酬透明工资实时结算

□正规就业岗位工资低，平台收入相对较高

□积累工作经验

□有职业发展机会

□能学习新技术

□能开阔眼界

□家庭经济压力大

□能与自己的兴趣结合，做喜欢的事情

□实现自身价值

□工作氛围好

□无其他工作机会，只能从事这份工作

## 四、新生代农民工不再从事平台型灵活就业的原因分析

您不再从事平台型灵活就业的原因是？[多选题] *

□平台实时监控灵活自由度低

□顾客评价机制不合理

□奖惩机制不公平

□收入不稳定

□公司没有缴纳社保

□职业发展受限

□职业能力培训不匹配

□家人不支持、不理解

□工作强度大，收入低

□不太体面，社会认可度低

□缺少归属感/安全感

□缺少学习机会

□相关权益得不到有效维护

## 五、新生代农民工平台型灵活就业的满意度分析

1. 您对工作整体满意度如何？[单选题] *

非常不满意　○1○2○3○4○5 非常满意

2. 您对收入满意度如何？[单选题] *

非常不满意　○1○2○3○4○5 非常满意

3. 您对职业生涯规划满意度如何？[单选题] *

非常不满意　○1○2○3○4○5 非常满意

4. 您对职业晋升满意度如何？[单选题] *

非常不满意　○1○2○3○4○5 非常满意

5. 您对专业能力提升满意度如何？[单选题] *

非常不满意　　○1○2○3○4○5 非常满意

6. 您对职业迁移能力提升满意度如何？［单选题］　*

非常不满意　　○1○2○3○4○5 非常满意

7. 您对工作自由度满意度如何？［单选题］　*

非常不满意　　○1○2○3○4○5 非常满意

8. 您对奖惩机制满意度如何？［单选题］　*

非常不满意　　○1○2○3○4○5 非常满意

9. 您对体面/社会认可度满意度如何？［单选题］　*

非常不满意　　○1○2○3○4○5 非常满意

10. 您对归属感/安全感满意度如何？［单选题］　*

非常不满意　　○1○2○3○4○5 非常满意

## 六、新生代农民工的职业发展现状分析

1. 您工作过的城市数量是？［单选题］　*

○1 个

○2 个

○3 个

○4 个及以上

2. 您初次就业的职业种类是？［单选题］　*

○专业技术类

○非专业技术类

○经商

○其他_____

3. 您结束初次职业主要原因是？［单选题］　*

○个人发展因素

○环境待遇因素

○职业培训因素

○其他因素

4. 您的职业流动困境是？［单选题］ *

○职业间转换的能力缺乏

○跨界职业能力缺乏

○职业能力与职业成长不匹配

○就业岗位与职业技能不匹配

5. 您的职业规划现状是？［单选题］ *

○我已有清晰的职业规划

○我正在探索职业规划

○我不会做职业规划

○没有必要定制职业规划

6. 您对未来职业发展的期盼是？［单选题］ *

○提高职业转换技能和素质

○获得更好的职业发展机会

○获得更好的薪资待遇

○成为企业的骨干

○成为企业的管理人员

○自己创业做老板

○不确定

**七、新生代农民工对平台型企业的职业生涯规划的满意度零工经济下新生代农民工的职业发展轨迹**

1. 您对平台型企业职业发展规划了解程度是？［矩阵量表题］ *

| 项目 | 非常了解 | 了解 | 一般 | 不了解 | 非常不了解 |
|---|---|---|---|---|---|
| 对企业相关培训体系总体情况了解程度 | ○ | ○ | ○ | ○ | ○ |
| 对企业人才培养项目了解程度 | ○ | ○ | ○ | ○ | ○ |
| 对企业后备储备干部计划了解程度 | ○ | ○ | ○ | ○ | ○ |

续表

| 项目 | 非常了解 | 了解 | 一般 | 不了解 | 非常不了解 |
|---|---|---|---|---|---|
| 对企业考核机制了解程度 | ○ | ○ | ○ | ○ | ○ |
| 对企业岗位序列设置了解程度 | ○ | ○ | ○ | ○ | ○ |
| 对企业绩效构成情况了解程度 | ○ | ○ | ○ | ○ | ○ |

2. 您对职业生涯发展满意程度是？［矩阵量表题］ *

| 项目 | 非常满意 | 满意 | 一般 | 不满意 | 非常不满意 |
|---|---|---|---|---|---|
| 对企业相关培训体系总体情况满意程度 | ○ | ○ | ○ | ○ | ○ |
| 对企业人才培养项目满意程度 | ○ | ○ | ○ | ○ | ○ |
| 对企业后备储备干部计划满意程度 | ○ | ○ | ○ | ○ | ○ |
| 对企业考核机制满意程度 | ○ | ○ | ○ | ○ | ○ |
| 对企业岗位序列设置满意程度 | ○ | ○ | ○ | ○ | ○ |
| 对企业绩效构成情况满意程度 | ○ | ○ | ○ | ○ | ○ |

3. 您对职业生涯发展相关因素的认可度是？［矩阵量表题］ *

| 项目 | 非常好 | 好 | 一般 | 不好 | 非常不好 |
|---|---|---|---|---|---|
| 对企业绩效机制激励作用的看法 | ○ | ○ | ○ | ○ | ○ |
| 对企业绩效构成合理程度的看法 | ○ | ○ | ○ | ○ | ○ |
| 对企业晋升机会的看法 | ○ | ○ | ○ | ○ | ○ |
| 对企业职业成长规划的看法 | ○ | ○ | ○ | ○ | ○ |
| 在工作中感受到被重视与关怀的程度 | ○ | ○ | ○ | ○ | ○ |
| 对企业未来的发展愿景和信心 | ○ | ○ | ○ | ○ | ○ |

# 附件3：浙江省新生代农民工 职业迁徙能力提升 障碍调查问卷

　　您好！首先，衷心感谢您抽出宝贵的时间参与填写本次调查问卷。随着经济的快速发展和产业结构的不断调整，新生代农民工已成为我国劳动力市场的重要组成部分。然而大多数新生代农民工难于向上流动，在职业能力提升和职业发展过程中存在着众多隐患，这些问题直接影响了他们的职业发展与高质量就业。本次调查旨在深入了解当前新生代农民工在职业迁徙能力提升过程中所面临的提升障碍，以期为政策制定者、企业及社会各界提供科学依据，共同推动新生代农民工的职业发展与迁徙能力提升。

　　我们承诺，本次调查将严格保护您的个人隐私和信息安全。您在问卷中提供的所有信息仅用于统计研究目的，绝不会泄露给任何第三方。同时，本问卷不会要求您提供任何能够识别个人身份的信息，确保您的回答真实可靠。非常感谢您对本次调查的支持与配合！

　　问卷填写说明：请在您选中的圆圈处打"√"，或者在"＿＿＿"处填写答案。

　　1. 您的性别是？［单选题］ *

　　○男

　　○女

2. 您的受教育水平是？［单选题］ *

○初中及以下

○高中、中专、技校

○大专及以上

3. 你的工种类型是？［单选题］ *

○快递员

○外卖骑手

○网约车司机

○网络主播/电商

○平台自媒体创作者

○社群产品代理人

○家政服务人员

○其他_____

4. 我国农村教育存在的主要问题是什么？（至少选择一项）［多选题］ *

○学校硬件设备落后

○师资水平落后

○缺乏职业教育

○课程单一

○学生辍学率高

○父母不重视素质教育

○管理机制不健全

○其他问题

5. 社会组织开展的活动对你们的影响大吗？［单选题］ *

○说不清

○同意

○不同意

6. 目前需要的培训内容是什么？（至少选择一项）［多选题］ ＊

○专业能力培训

○职业素养培训

○职业安全教育培训

○创业知识培训

○社会和情感技能培训

○数字技能和数字素养培训

○职业迁徙能力培训

○其他方面的培训

7. 您最后获得的职业技术等级是由谁来培训的？［单选题］ ＊

○自学

○政府

○平台型企业

○社会团体（公益组织）

○职业技术学校

○其他

8. 您愿意从事紧缺行业的态度是？［单选题］ ＊

○愿意从事紧缺行业

○无所谓

○不愿意从事紧缺行业

# 附件4：浙江省新生代农民工对职业迁徙能力感知情况访谈提纲

您好，课题组正在开展一项关于新生代农民工对职业迁徙能力感知情况的调查，了解浙江省新生代农民工对获得高质量充分就业所需能力与素质的认知，探讨成功实现高质量充分就业，新生代农民工所具备的职业迁徙能力中的关键能力与素质，以及他们自身为实现职业转化、晋升和成长所做的准备与期望的支持，同时收集他们对培养职业迁徙能力有效途径的看法。

1. 您认为获得高质量充分就业（比如：高薪、稳定、满意的工作等），需要具备哪些能力和素质？

_____

_____

_____

2. 你认为那些获得较高薪、稳定工作的新生代农民工，大都具备哪些能力和素质？

_____

_____

_____

3. 为了更好地实现在不同行业间的职业转化、职业晋升和职业成长，自己还需要做哪些准备，提升哪些能力？在这个过程中，你最期望谁或什么部门给你提供一些什么支持和帮助？

_____

_____

_____

    4. 您认为培养职业迁徙能力的有效途径有哪些？

_____

_____

_____

    5. 其他需要的补充说明。

_____

_____

_____

# 附件5：新生代农民工职业迁徙能力调查问卷（新生代农民工）

　　您好，为了更好地了解新生代农民工对其自身职业迁徙能力的感知情况，特编制此问卷并开展调研。我们承诺，本次调查将严格保护您的个人隐私和信息安全。您在问卷中提供的所有信息仅用于统计研究目的，绝不会透露给任何第三方。同时，本问卷不会要求您提供任何能够识别个人身份的信息，确保您的回答真实可靠。非常感谢您对本次调查的支持与配合！

　　问卷填写说明：请在您选中的圆圈处打"√"，或者在"＿＿＿"处填写答案。

　　1. 您的性别：［单选题］ *

　　○男

　　○女

　　2. 你的工种？［单选题］ *

　　○快递员

　　○外卖骑手

　　○网约车司机

　　○网络主播/电商

　　○平台自媒体创作者

　　○社群产品代理人

○家政服务人员

○依托于平台的自由职业者

3. 您的工作岗位？［单选题］ ＊

○无技术或一线业务人员

○基层技术或管理人员

○中层技术或管理人员

○高层技术或管理人员

4. 作为新生代农民工，您认为以下职业迁徙能力的重要程度是？

［矩阵量表题］

| 项目 | 非常不重要 | 不重要 | 一般 | 重要 | 非常重要 |
|---|---|---|---|---|---|
| 数字获取能力 | ○ | ○ | ○ | ○ | ○ |
| 数字使用能力 | ○ | ○ | ○ | ○ | ○ |
| 数字社交能力 | ○ | ○ | ○ | ○ | ○ |
| 专业知识掌握能力 | ○ | ○ | ○ | ○ | ○ |
| 岗位技能掌握能力 | ○ | ○ | ○ | ○ | ○ |
| 操作设备工具能力 | ○ | ○ | ○ | ○ | ○ |
| 工作流程熟知能力 | ○ | ○ | ○ | ○ | ○ |
| 工作规章制度遵守能力 | ○ | ○ | ○ | ○ | ○ |
| 处理突发和异常情况能力 | ○ | ○ | ○ | ○ | ○ |
| 交往能力 | ○ | ○ | ○ | ○ | ○ |
| 口头表达能力 | ○ | ○ | ○ | ○ | ○ |
| 冲突管理能力 | ○ | ○ | ○ | ○ | ○ |
| 主动学习的能力 | ○ | ○ | ○ | ○ | ○ |
| 环境变化思考能力 | ○ | ○ | ○ | ○ | ○ |
| 知识技能反思能力 | ○ | ○ | ○ | ○ | ○ |
| 知识技能识别能力 | ○ | ○ | ○ | ○ | ○ |

续表

| 项目 | 非常不重要 | 不重要 | 一般 | 重要 | 非常重要 |
|---|---|---|---|---|---|
| 资源使用能力 | ○ | ○ | ○ | ○ | ○ |
| 资源整合能力 | ○ | ○ | ○ | ○ | ○ |
| 资源拼凑能力 | ○ | ○ | ○ | ○ | ○ |
| 关系联络能力 | ○ | ○ | ○ | ○ | ○ |
| 关系沟通互动能力 | ○ | ○ | ○ | ○ | ○ |
| 关系维护能力 | ○ | ○ | ○ | ○ | ○ |
| 团队合作能力 | ○ | ○ | ○ | ○ | ○ |
| 数字分析能力 | ○ | ○ | ○ | ○ | ○ |
| 数字创意能力 | ○ | ○ | ○ | ○ | ○ |
| 数字安全与健康能力 | ○ | ○ | ○ | ○ | ○ |
| 数字伦理与道德能力 | ○ | ○ | ○ | ○ | ○ |
| 知识技能创新能力 | ○ | ○ | ○ | ○ | ○ |
| 工作方法创新能力 | ○ | ○ | ○ | ○ | ○ |
| 产品创新能力 | ○ | ○ | ○ | ○ | ○ |
| 应变能力 | ○ | ○ | ○ | ○ | ○ |
| 问题分析和解决的能力 | ○ | ○ | ○ | ○ | ○ |
| 适应能力 | ○ | ○ | ○ | ○ | ○ |
| 决策能力 | ○ | ○ | ○ | ○ | ○ |
| 财务管理能力 | ○ | ○ | ○ | ○ | ○ |
| 领导能力 | ○ | ○ | ○ | ○ | ○ |
| 压力管理能力 | ○ | ○ | ○ | ○ | ○ |
| 自我规划与管理能力 | ○ | ○ | ○ | ○ | ○ |
| 服从能力 | ○ | ○ | ○ | ○ | ○ |

5. 作为新生代农民工，您对自身的职业迁徙能力评价是？［矩阵量表题］ *

| 项目 | 很不满意 | 不满意 | 一般 | 满意 | 很满意 |
|---|---|---|---|---|---|
| 数字获取能力 | ○ | ○ | ○ | ○ | ○ |
| 数字使用能力 | ○ | ○ | ○ | ○ | ○ |
| 数字社交能力 | ○ | ○ | ○ | ○ | ○ |
| 专业知识掌握能力 | ○ | ○ | ○ | ○ | ○ |
| 岗位技能掌握能力 | ○ | ○ | ○ | ○ | ○ |
| 操作设备工具能力 | ○ | ○ | ○ | ○ | ○ |
| 工作流程熟知能力 | ○ | ○ | ○ | ○ | ○ |
| 工作规章制度遵守能力 | ○ | ○ | ○ | ○ | ○ |
| 处理突发和异常情况能力 | ○ | ○ | ○ | ○ | ○ |
| 交往能力 | ○ | ○ | ○ | ○ | ○ |
| 口头表达能力 | ○ | ○ | ○ | ○ | ○ |
| 冲突管理能力 | ○ | ○ | ○ | ○ | ○ |
| 主动学习的能力 | ○ | ○ | ○ | ○ | ○ |
| 环境变化思考能力 | ○ | ○ | ○ | ○ | ○ |
| 知识技能反思能力 | ○ | ○ | ○ | ○ | ○ |
| 知识技能识别能力 | ○ | ○ | ○ | ○ | ○ |
| 资源使用能力 | ○ | ○ | ○ | ○ | ○ |
| 资源整合能力 | ○ | ○ | ○ | ○ | ○ |
| 资源拼凑能力 | ○ | ○ | ○ | ○ | ○ |
| 关系联络能力 | ○ | ○ | ○ | ○ | ○ |
| 关系沟通互动能力 | ○ | ○ | ○ | ○ | ○ |
| 关系维护能力 | ○ | ○ | ○ | ○ | ○ |
| 团队合作能力 | ○ | ○ | ○ | ○ | ○ |
| 数字分析能力 | ○ | ○ | ○ | ○ | ○ |

续表

| 项目 | 很不满意 | 不满意 | 一般 | 满意 | 很满意 |
|---|---|---|---|---|---|
| 数字创意能力 | ○ | ○ | ○ | ○ | ○ |
| 数字安全与健康能力 | ○ | ○ | ○ | ○ | ○ |
| 数字伦理与道德能力 | ○ | ○ | ○ | ○ | ○ |
| 知识技能创新能力 | ○ | ○ | ○ | ○ | ○ |
| 工作方法创新能力 | ○ | ○ | ○ | ○ | ○ |
| 产品创新能力 | ○ | ○ | ○ | ○ | ○ |
| 应变能力 | ○ | ○ | ○ | ○ | ○ |
| 问题分析和解决的能力 | ○ | ○ | ○ | ○ | ○ |
| 适应能力 | ○ | ○ | ○ | ○ | ○ |
| 决策能力 | ○ | ○ | ○ | ○ | ○ |
| 财务管理能力 | ○ | ○ | ○ | ○ | ○ |
| 领导能力 | ○ | ○ | ○ | ○ | ○ |
| 压力管理能力 | ○ | ○ | ○ | ○ | ○ |
| 自我规划与管理能力 | ○ | ○ | ○ | ○ | ○ |
| 服从能力 | ○ | ○ | ○ | ○ | ○ |

# 附件 6：新生代农民工职业迁徙能力调查问卷（平台型企业）

　　您好，为了更好地了解平台型企业对新生代农民工职业迁徙能力的评价，特编制此问卷并开展调研。我们承诺，本次调查将严格保护您的个人隐私和信息安全。您在问卷中提供的所有信息仅用于统计研究目的，绝不会透露给任何第三方。同时，本问卷不会要求您提供任何能够识别个人身份的信息，确保您的回答真实可靠。非常感谢您对本次调查的支持与配合！

　　问卷填写说明：请在您选中的圆圈处打"√"，或者在"＿＿＿＿"处填写答案。

　　1. 您的性别：［单选题］

　　○男

　　○女

　　2. 贵单位所属的市场领域？［单选题］*

　　○知识技能类（猪八戒、知乎、一品威客、金柚小灵等）

　　○交通出行类（滴滴出行、哈啰打车、高德打车等）

　　○生活服务类（美团、饿了么、e代驾、闪送、抖音等）

　　○其他＿＿＿＿＿＿＿＿＿＿＿＿＿＿＿＿

　　3. 贵单位的单位性质？［单选题］*

　　○国有企业

　　○民营企业

○外资和合资企业

○政府机构及事业单位

4. 作为用人单位,您认为新生代农民工以下各个职业迁徙能力的重要程度是?[矩阵量表题]

| 项目 | 非常不重要 | 不重要 | 一般 | 重要 | 非常重要 |
|---|---|---|---|---|---|
| 数字获取能力 | ○ | ○ | ○ | ○ | ○ |
| 数字使用能力 | ○ | ○ | ○ | ○ | ○ |
| 数字社交能力 | ○ | ○ | ○ | ○ | ○ |
| 专业知识掌握能力 | ○ | ○ | ○ | ○ | ○ |
| 岗位技能掌握能力 | ○ | ○ | ○ | ○ | ○ |
| 操作设备工具能力 | ○ | ○ | ○ | ○ | ○ |
| 工作流程熟知能力 | ○ | ○ | ○ | ○ | ○ |
| 工作规章制度遵守能力 | ○ | ○ | ○ | ○ | ○ |
| 处理突发和异常情况能力 | ○ | ○ | ○ | ○ | ○ |
| 交往能力 | ○ | ○ | ○ | ○ | ○ |
| 口头表达能力 | ○ | ○ | ○ | ○ | ○ |
| 冲突管理能力 | ○ | ○ | ○ | ○ | ○ |
| 主动学习的能力 | ○ | ○ | ○ | ○ | ○ |
| 环境变化思考能力 | ○ | ○ | ○ | ○ | ○ |
| 知识技能反思能力 | ○ | ○ | ○ | ○ | ○ |
| 知识技能识别能力 | ○ | ○ | ○ | ○ | ○ |
| 资源使用能力 | ○ | ○ | ○ | ○ | ○ |
| 资源整合能力 | ○ | ○ | ○ | ○ | ○ |
| 资源拼凑能力 | ○ | ○ | ○ | ○ | ○ |
| 关系联络能力 | ○ | ○ | ○ | ○ | ○ |
| 关系沟通互动能力 | ○ | ○ | ○ | ○ | ○ |
| 关系维护能力 | ○ | ○ | ○ | ○ | ○ |
| 团队合作能力 | ○ | ○ | ○ | ○ | ○ |

续表

| 项目 | 非常不重要 | 不重要 | 一般 | 重要 | 非常重要 |
|------|------------|--------|------|------|----------|
| 数字分析能力 | ○ | ○ | ○ | ○ | ○ |
| 数字创意能力 | ○ | ○ | ○ | ○ | ○ |
| 数字安全与健康能力 | ○ | ○ | ○ | ○ | ○ |
| 数字伦理与道德能力 | ○ | ○ | ○ | ○ | ○ |
| 知识技能创新能力 | ○ | ○ | ○ | ○ | ○ |
| 工作方法创新能力 | ○ | ○ | ○ | ○ | ○ |
| 产品创新能力 | ○ | ○ | ○ | ○ | ○ |
| 应变能力 | ○ | ○ | ○ | ○ | ○ |
| 问题分析和解决的能力 | ○ | ○ | ○ | ○ | ○ |
| 适应能力 | ○ | ○ | ○ | ○ | ○ |
| 决策能力 | ○ | ○ | ○ | ○ | ○ |
| 财务管理能力 | ○ | ○ | ○ | ○ | ○ |
| 领导能力 | ○ | ○ | ○ | ○ | ○ |
| 压力管理能力 | ○ | ○ | ○ | ○ | ○ |
| 自我规划与管理能力 | ○ | ○ | ○ | ○ | ○ |
| 服从能力 | ○ | ○ | ○ | ○ | ○ |

5. 您对单位里的新生代农民工以下职业迁徙能力的评价如何？
［矩阵量表题］ *

| 项目 | 很不满意 | 不满意 | 一般 | 满意 | 很满意 |
|------|----------|--------|------|------|--------|
| 数字获取能力 | ○ | ○ | ○ | ○ | ○ |
| 数字使用能力 | ○ | ○ | ○ | ○ | ○ |
| 数字社交能力 | ○ | ○ | ○ | ○ | ○ |
| 专业知识掌握能力 | ○ | ○ | ○ | ○ | ○ |
| 岗位技能掌握能力 | ○ | ○ | ○ | ○ | ○ |
| 操作设备工具能力 | ○ | ○ | ○ | ○ | ○ |

续表

| 项目 | 很不满意 | 不满意 | 一般 | 满意 | 很满意 |
|---|---|---|---|---|---|
| 工作流程熟知能力 | ○ | ○ | ○ | ○ | ○ |
| 工作规章制度遵守能力 | ○ | ○ | ○ | ○ | ○ |
| 处理突发和异常情况能力 | ○ | ○ | ○ | ○ | ○ |
| 交往能力 | ○ | ○ | ○ | ○ | ○ |
| 口头表达能力 | ○ | ○ | ○ | ○ | ○ |
| 冲突管理能力 | ○ | ○ | ○ | ○ | ○ |
| 主动学习的能力 | ○ | ○ | ○ | ○ | ○ |
| 环境变化思考能力 | ○ | ○ | ○ | ○ | ○ |
| 知识技能反思能力 | ○ | ○ | ○ | ○ | ○ |
| 知识技能识别能力 | ○ | ○ | ○ | ○ | ○ |
| 资源使用能力 | ○ | ○ | ○ | ○ | ○ |
| 资源整合能力 | ○ | ○ | ○ | ○ | ○ |
| 资源拼凑能力 | ○ | ○ | ○ | ○ | ○ |
| 关系联络能力 | ○ | ○ | ○ | ○ | ○ |
| 关系沟通互动能力 | ○ | ○ | ○ | ○ | ○ |
| 关系维护能力 | ○ | ○ | ○ | ○ | ○ |
| 团队合作能力 | ○ | ○ | ○ | ○ | ○ |
| 数字分析能力 | ○ | ○ | ○ | ○ | ○ |
| 数字创意能力 | ○ | ○ | ○ | ○ | ○ |
| 数字安全与健康能力 | ○ | ○ | ○ | ○ | ○ |
| 数字伦理与道德能力 | ○ | ○ | ○ | ○ | ○ |
| 知识技能创新能力 | ○ | ○ | ○ | ○ | ○ |
| 工作方法创新能力 | ○ | ○ | ○ | ○ | ○ |
| 产品创新能力 | ○ | ○ | ○ | ○ | ○ |
| 应变能力 | ○ | ○ | ○ | ○ | ○ |
| 问题分析和解决的能力 | ○ | ○ | ○ | ○ | ○ |
| 适应能力 | ○ | ○ | ○ | ○ | ○ |

续表

| 项目 | 很不满意 | 不满意 | 一般 | 满意 | 很满意 |
|------|----------|--------|------|------|--------|
| 决策能力 | ○ | ○ | ○ | ○ | ○ |
| 财务管理能力 | ○ | ○ | ○ | ○ | ○ |
| 领导能力 | ○ | ○ | ○ | ○ | ○ |
| 压力管理能力 | ○ | ○ | ○ | ○ | ○ |
| 自我规划与管理能力 | ○ | ○ | ○ | ○ | ○ |
| 服从能力 | ○ | ○ | ○ | ○ | ○ |

# 附件7：新生代农民工职业迁徙能力调查问卷

您好，为了更好地了解新生代农民工职业迁徙能力的现状，特编制此问卷并开展调研。我们承诺，本次调查将严格保护您的个人隐私和信息安全。您在问卷中提供的所有信息仅用于统计研究目的，绝不会透露给任何第三方。同时，本问卷不会要求您提供任何能够识别个人身份的信息，确保您的回答真实可靠。非常感谢您对本次调查的支持与配合！

问卷填写说明：请在您选中的圆圈处打"√"，或者在"＿＿"处填写答案。

1. 您的性别？［单选题］ ＊
〇男
〇女

2. 你的婚姻状况？［单选题］ ＊
〇已婚
〇未婚

3. 您的学历？［单选题］ ＊
〇本科及以上
〇大专
〇高中及中专
〇初中及以下

4. 您的年龄？［单选题］ ＊

○16～20 岁

○21～25 岁

○26～30 岁

○31～35 岁

○36～41 岁

○41 岁以上

5. 您的工作性质［单选题］ ＊

○专职

○兼职

6. 您的工种？［单选题］ ＊

○快递员

○外卖骑手

○网约车司机

○网络主播/电商

○平台自媒体创作者

○社群产品代理人

○家政服务人员

○依托于平台的自由职业者

7. 您的工作年限？［单选题］ ＊

○1 年以下

○1～3 年

○3～5 年

○5～10 年

8. 您的工作收入？［单选题］ ＊

○1600～3000 元

○3001～4000 元

○4001～6000 元

○6001～8000 元

○8001～10000 元

○10001～15000 元

○15000 元以上

9. 您的工作岗位？［单选题］ *

○无技术或一线业务人员

○基层技术或基层管理人员

○中层技术或中层管理人员

○高层技术或高层管理人员

10. 基础数字技术能力［矩阵量表题］ *

| 项目 | 很不符合 | 不符合 | 一般 | 符合 | 很符合 |
|---|---|---|---|---|---|
| 我具有使用数字工具搜寻数据信息并对数字内容进行有效识别的知识能力 | ○ | ○ | ○ | ○ | ○ |
| 我熟练使用数字工具和平台 | ○ | ○ | ○ | ○ | ○ |
| 我具有使用数字工具和数字平台完成互动交流、信息传递与资源共享的基本能力 | ○ | ○ | ○ | ○ | ○ |

11. 基础就业能力［矩阵量表题］ *

| 项目 | 很不符合 | 不符合 | 一般 | 符合 | 很符合 |
|---|---|---|---|---|---|
| 我掌握工作所需要的文化知识 | ○ | ○ | ○ | ○ | ○ |
| 我掌握能够满足岗位需要的专业技能 | ○ | ○ | ○ | ○ | ○ |

## 12. 行业通适性能力 [矩阵量表题] *

| 项目 | 很不符合 | 不符合 | 一般 | 符合 | 很符合 |
|---|---|---|---|---|---|
| 我能够在工作中熟练操作设备工具 | ○ | ○ | ○ | ○ | ○ |
| 我熟知工作各项流程 | ○ | ○ | ○ | ○ | ○ |
| 我在日常工作中严格遵守公司的规章制度和规范 | ○ | ○ | ○ | ○ | ○ |
| 遇到突发事件和异常情况时，我表现出良好的应对能力，并作出准确、明智的决策 | ○ | ○ | ○ | ○ | ○ |

## 13. 社会能力 [矩阵量表题] *

| 项目 | 很不符合 | 不符合 | 一般 | 符合 | 很符合 |
|---|---|---|---|---|---|
| 我有较强的与客户和同事交往能力 | ○ | ○ | ○ | ○ | ○ |
| 我有较强的口头表达能力 | ○ | ○ | ○ | ○ | ○ |
| 我能处理好与同事或客户之间的矛盾和冲突 | ○ | ○ | ○ | ○ | ○ |
| 压力过大时我能够控制情绪、保持冷静 | ○ | ○ | ○ | ○ | ○ |
| 我能很好地服从公司安排 | ○ | ○ | ○ | ○ | ○ |

## 14. 可持续学习和探索能力 [矩阵量表题] *

| 项目 | 很不符合 | 不符合 | 一般 | 符合 | 很符合 |
|---|---|---|---|---|---|
| 我能够主动学习新的知识和新技术并迅速应用到工作中 | ○ | ○ | ○ | ○ | ○ |
| 我会定期思考职业环境变化对个人职业发展的影响 | ○ | ○ | ○ | ○ | ○ |

续表

| 项目 | 很不符合 | 不符合 | 一般 | 符合 | 很符合 |
|---|---|---|---|---|---|
| 为了满足职业发展需求，我经常思考现有知识技能的不足 | ○ | ○ | ○ | ○ | ○ |
| 我能够识别有发展潜力以及有价值的知识技能 | ○ | ○ | ○ | ○ | ○ |
| 能够设定职业生涯规划目标和方向并进行自我管理 | ○ | ○ | ○ | ○ | ○ |

## 15. 资源整合利用能力 ［矩阵量表题］ *

| 项目 | 很不符合 | 不符合 | 一般 | 符合 | 很符合 |
|---|---|---|---|---|---|
| 我能使用现有的资源处理新问题 | ○ | ○ | ○ | ○ | ○ |
| 我能整合现有的资源应对新的挑战 | ○ | ○ | ○ | ○ | ○ |
| 我能拼凑现有的资源应对更大的挑战 | ○ | ○ | ○ | ○ | ○ |

## 16. 关系管理能力 ［矩阵量表题］ *

| 项目 | 很不符合 | 不符合 | 一般 | 符合 | 很符合 |
|---|---|---|---|---|---|
| 我能够与客户或同事保持密切的联系 | ○ | ○ | ○ | ○ | ○ |
| 我能够与客户或同事相互有效沟通并相互提供帮助 | ○ | ○ | ○ | ○ | ○ |
| 我能从双赢的角度来思考如何发展双方互惠互利的关系 | ○ | ○ | ○ | ○ | ○ |
| 我能与跨行业的单位、部门的同事和客户建立协同合作关系 | ○ | ○ | ○ | ○ | ○ |

## 17. 数字技术应用能力 ［矩阵量表题］ *

| 项目 | 很不符合 | 不符合 | 一般 | 符合 | 很符合 |
|---|---|---|---|---|---|
| 我能对数据进行定性和定量分析 | ○ | ○ | ○ | ○ | ○ |
| 我能进行数字化包装和内容编辑，并能进行创意化表达、输出和传播 | ○ | ○ | ○ | ○ | ○ |

## 18. 数字意识态度 ［矩阵量表题］ *

| 项目 | 很不符合 | 不符合 | 一般 | 符合 | 很符合 |
|---|---|---|---|---|---|
| 我能够保护个体的数据、信息和隐私，合理健康地使用数字工具 | ○ | ○ | ○ | ○ | ○ |
| 我能在数字生活世界中履行数字责任、遵守数字法则和遵循数字礼仪 | ○ | ○ | ○ | ○ | ○ |

## 19. 开放式创新能力 ［矩阵量表题］ *

| 项目 | 很不符合 | 不符合 | 一般 | 符合 | 很符合 |
|---|---|---|---|---|---|
| 我会利用已有的技术来增加、改良或者创新产品或服务的功能和种类 | ○ | ○ | ○ | ○ | ○ |
| 我会主动思考能够提高工作效率的新方法 | ○ | ○ | ○ | ○ | ○ |
| 我会非常重视开发全新的技术、产品和服务 | ○ | ○ | ○ | ○ | ○ |

## 20. 方法能力［矩阵量表题］ *

| 项目 | 很不符合 | 不符合 | 一般 | 符合 | 很符合 |
|---|---|---|---|---|---|
| 我能够分析工作中出现的问题并迅速解决 | ○ | ○ | ○ | ○ | ○ |
| 我能在不同岗位和职业之间转换快速地适应 | ○ | ○ | ○ | ○ | ○ |
| 我能够对大量决策方案的优缺点进行比较，之后确定决策 | ○ | ○ | ○ | ○ | ○ |
| 我能通过控制开支和优化流程等手段实现利润最大化 | ○ | ○ | ○ | ○ | ○ |
| 我具备一定的领导能力，能够在某些情况下带领团队或指导他人 | ○ | ○ | ○ | ○ | ○ |

# 附件8：浙江省新生代农民工职业迁徙能力提升意愿调查问卷

　　您好，本次调查旨在深入了解浙江省新生代农民工对于职业迁徙能力提升的意愿和态度，以期为政府、企业以及社会各界提供有针对性的建议和支持，共同推动新生代农民工的职业发展与成长。我们承诺，本次调查将严格保护您的个人隐私和信息安全。您在问卷中提供的所有信息仅用于统计研究目的，绝不会泄露给任何第三方。同时，本问卷不会要求您提供任何能够识别个人身份的信息，确保您的回答真实可靠。非常感谢您对本次调查的支持与配合！

　　问卷填写说明：请在您选中的圆圈处打"√"，或者在"＿＿"处填写答案。

　　1. 您的性别？［单选题］ ＊
　　○男
　　○女

　　2. 你的婚姻状况？［单选题］ ＊
　　○已婚
　　○未婚

　　3. 您的学历？［单选题］ ＊
　　○本科及以上
　　○大专

○高中及中专

○初中及以下

4. 您的年龄？［单选题］ *

○16～20 岁

○21～25 岁

○26～30 岁

○31～35 岁

○36～41 岁

○41 岁以上

5. 您的工作性质［单选题］ *

○专职

○兼职

6. 您的工种？［单选题］ *

○快递员

○外卖骑手

○网约车司机

○网络主播/电商

○平台自媒体创作者

○社群产品代理人

○家政服务人员

○依托于平台的自由职业者

7. 您的工作年限？［单选题］ *

○1 年以下

○1～3 年

○3～5 年

○5～10 年

8. 您的工作收入？［单选题］ *

○1600～3000 元

○3001～4000 元

○4001～6000 元

○6001～8000 元

○8001～10000 元

○10001～15000 元

○15000 元以上

9. 您的工作岗位？［单选题］ *

○无技术或一线业务人员

○基层技术或基层管理人员

○中层技术或中层管理人员

○高层技术或高层管理人员

10. 个体特征［矩阵量表题］ *

| 项目 | 非常不同意 | 不同意 | 一般 | 同意 | 非常同意 |
|---|---|---|---|---|---|
| 新生代农民工年龄对职业迁徙能力提升意愿有很大影响 | ○ | ○ | ○ | ○ | ○ |
| 新生代农民工性别对职业迁徙能力提升意愿有很大影响 | ○ | ○ | ○ | ○ | ○ |
| 新生代农民工受教育经历对职业迁徙能力提升意愿有很大影响 | ○ | ○ | ○ | ○ | ○ |

11. 职业培训及受教育经历［矩阵量表题］ *

| 项目 | 非常不同意 | 不同意 | 一般 | 同意 | 非常同意 |
|---|---|---|---|---|---|
| 社会组织所提供的职业技能培训对职业迁徙能力提升意愿有很大影响 | ○ | ○ | ○ | ○ | ○ |

续表

| 项目 | 非常不同意 | 不同意 | 一般 | 同意 | 非常同意 |
|---|---|---|---|---|---|
| 社会组织所提供的教育机会对职业迁徙能力提升意愿有很大影响 | ○ | ○ | ○ | ○ | ○ |
| 高职院校提供的职业教育和技能培训对职业迁徙能力提升意愿有很大影响 | ○ | ○ | ○ | ○ | ○ |
| 高职院校提供的学历培训对职业迁徙能力提升意愿有很大影响 | ○ | ○ | ○ | ○ | ○ |
| 平台型企业提供的岗位培训对职业迁徙能力提升意愿有很大影响 | ○ | ○ | ○ | ○ | ○ |
| 平台型企业提供的技能证书培训对职业迁徙能力提升意愿有很大影响 | ○ | ○ | ○ | ○ | ○ |
| 平台型企业提供的晋升培训对职业迁徙能力提升意愿有很大影响 | ○ | ○ | ○ | ○ | ○ |
| 社区提供的创新创业培训对职业迁徙能力提升意愿有很大影响 | ○ | ○ | ○ | ○ | ○ |

## 12. 职业升迁［矩阵量表题］ *

| 项目 | 非常不同意 | 不同意 | 一般 | 同意 | 非常同意 |
|---|---|---|---|---|---|
| 平台型企业提供的职务晋升岗位对职业迁徙能力提升意愿有很大影响 | ○ | ○ | ○ | ○ | ○ |
| 平台型企业提供的职称晋升岗位对职业迁徙能力提升意愿有很大影响 | ○ | ○ | ○ | ○ | ○ |

| 项目 | 非常不同意 | 不同意 | 一般 | 同意 | 非常同意 |
|------|:---:|:---:|:---:|:---:|:---:|
| 鼓励和扶持创业政策对职业迁徙能力提升意愿有很大影响 | ○ | ○ | ○ | ○ | ○ |

## 13. 薪资待遇及福利 ［矩阵量表题］ *

| 项目 | 非常不同意 | 不同意 | 一般 | 同意 | 非常同意 |
|------|:---:|:---:|:---:|:---:|:---:|
| 平台型企业薪资政策与员工职业技能挂钩对职业迁徙能力提升意愿有很大影响 | ○ | ○ | ○ | ○ | ○ |
| 平台型企业五险一金的权益保障水平对职业迁徙能力提升意愿有很大影响 | ○ | ○ | ○ | ○ | ○ |
| 平台型企业基本工资水平对职业迁徙能力提升意愿有很大影响 | ○ | ○ | ○ | ○ | ○ |

## 14. 产业升级态度 ［矩阵量表题］ *

| 项目 | 非常不同意 | 不同意 | 一般 | 同意 | 非常同意 |
|------|:---:|:---:|:---:|:---:|:---:|
| 数字赋能产业升级所产生的就业机会对职业迁徙能力提升意愿有很大影响 | ○ | ○ | ○ | ○ | ○ |
| 数字赋能产业升级所产生的就业信心对职业迁徙能力提升意愿有很大影响 | ○ | ○ | ○ | ○ | ○ |
| 数字赋能产业升级所产生的就业风险对职业迁徙能力提升意愿有很大影响 | ○ | ○ | ○ | ○ | ○ |

续表

| 项目 | 非常不同意 | 不同意 | 一般 | 同意 | 非常同意 |
|---|---|---|---|---|---|
| 数字赋能产业升级所导致的技能提升对职业迁徙能力提升意愿有很大影响 | ○ | ○ | ○ | ○ | ○ |

## 15. 职业迁移能力提升意愿 [矩阵量表题] *

| 项目 | 非常不愿意 | 不愿意 | 基本愿意 | 愿意 | 非常愿意 |
|---|---|---|---|---|---|
| 到更高待遇的跨行业和跨岗位发展的希望对职业迁徙能力提升意愿有很大影响 | ○ | ○ | ○ | ○ | ○ |
| 到更有发展空间的跨行业和跨岗位发展的希望对职业迁徙能力提升意愿有很大影响 | ○ | ○ | ○ | ○ | ○ |

# 附件9：浙江省新生代农民工职业迁徙能力培训状况访谈提纲

　　您好，课题组正在开展一项关于新生代农民工职业迁徙能力教育培训状况的调查，主要目的是了解新生代农民工在提升职业迁徙能力教育培训方面的一些有成效的做法等基本信息。想问您几个问题，您的回答可以帮助我们了解新生代农民工职业迁徙能力的培训需求、探索新的培训模式和方法，提高培训效率，为浙江省培训政策和教育政策提供有价值的意见或建议。本调查数据仅用于课题研究，请您放心填写，谢谢您的配合。

　　1. 您认为平台灵活就业的新生代农民工受教育水平如何？有没有必要参加培训和获取职业资格证书？

_____

_____

_____

　　2. 您认为怎么解决平台灵活就业的新生代农民工职业迁徙能力欠缺的问题？应该采取怎样的培训？

_____

_____

_____

3. 您认为平台灵活就业的新生代农民工的培训该由哪些人和哪些部门来负责开展培训，培训费用由谁来承担？

_____

_____

_____

4. 您认为提升平台灵活就业的新生代农民工的职业迁徙能力的有效培训途径有哪些？

_____

_____

_____

5. 您认为在提升平台灵活就业的新生代农民工职业迁徙能力的培训方面，国家应该出台和实施哪些社会政策？

_____

_____

_____

6. 您认为平台灵活就业的新生代农民工的培训方式和培训时间安排怎么样？

_____

_____

_____

# 参 考 文 献

[1] 陈嘉茜，赵曙明，丁晨，等．零工工作者体面劳动感知对其工作投入的影响——一个被调节的中介效应模型 [J]．经济与管理研究，2022（10）：75 – 87.

[2] 陈向明．扎根理论的思路和方法 [J]．教育研究与实验，1999（4）：58 – 63.

[3] 陈向明．扎根理论在中国教育研究中的运用探索 [J]．北京大学教育评论，2015，13（1）：2 – 15.

[4] 陈向明．质的研究方法与社会科学研究 [M]．北京：教育科学出版社，2000：332.

[5] 陈至发，陈野，赵欢君，等．新生代农民工就业能力提升意愿的影响因素——基于浙江问卷调查数据的实证分析 [J]．嘉兴学院学报，2020（4）：73 – 79.

[6] 陈智慧．基于职业能力发展的高职教育文化基础课的改革 [J]．中国高教研究，2010（10）：92 – 93.

[7] 邓秋萍．零工经济视角下三代农民工非农就业发展研究 [D]．舟山：浙江海洋大学，2022.

[8] 邓泽民，陈庆合，刘文卿．职业能力的概念、特征及其形成规律的研究 [J]．煤炭高等教育，2002（2）：104 – 107.

[9] 丁守海，夏璋煦．新经济下灵活就业的内涵变迁与规制原则 [J]．江海学刊，2022（9）：32 – 35.

[10] 韩长赋. 中国农民工的发展与终结 [M]. 北京：中国人民大学出版，2007：54.

[11] 韩娟. 新生代农民工职业培训消费意愿的实证研究——基于亚阶层、职业期待与消费认知的角度 [J]. 教育发展研究，2017，37 (5)：53-58.

[12] 韩小红. 提升山东高职市场营销专业职业核心竞争力的路径研究 [J]. 中国市场，2016 (31).

[13] 郝建彬. 数字经济释放中国就业新红利 [J]. 中国就业，2018 (9)：7-9.

[14] 黄建荣，李国梁. 新生代农民工职业发展的自我干预策略：困境与能力培育 [J]. 学术论坛，2017 (5).

[15] 纪韶，朱志胜. 外出农民工职业流动轨迹与向上发展促进机制研究——基于北京市的调研数据 [J]. 北京社会科学，2015 (1).

[16] 贾亚娟，宁泽逵，杨天荣. 基于 AHP 法的新型职业农民胜任素质评价体系的构建 [J]. 西安财经学院学报，2017，30 (1)：82-90.

[17] 姜大为. 新生代农民工职业发展的"天花板"效应研究的文献综述 [J]. 价值工程，2019，38 (24)：296-298.

[18] 姜大源. 当代德国职业教育主流教学思想研究——理论、实践与创新 [M]. 北京：清华大学出版社，2007：24-26，95-99.

[19] 蒋乃平. 对综合职业能力内涵的再思考 [J]. 职业技术教育，2001 (10)：18-20.

[20] 金迪，蒋剑勇. 基于社会嵌入理论的农民创业机理研究 [J]. 管理世界，2014 (12)：180-181.

[21] 金广. 新职业生涯时代职业核心能力初探 [J]. 创新创业，2020 (4)：173-174.

[22] 金菊，苏红，廉永生. 新就业形态文献研究综述 [J]. 商业经

济，2021（1）：145-147.

［23］ 孔茗，李好男，梁正强，等 . 零工模式：个体在智慧时代的可持续发展之道［J］. 清华管理评论，2020（4）：62-70.

［24］ 赖文燕，杨晶 . 新生代农民工培训模式与实施路径研究［J］. 合作经济与科技，2021（7）：90-91.

［25］ 李怀康 . 职业核心能力开发报告［J］. 天津职业大学学报，2007（1）：4-8.

［26］ 李晋宏 . 职业锚、职业特征与工作满意感之间的关系研究［D］. 杭州：浙江大学，2006.

［27］ 李晓曼，孟续铎，郑祁 . 我国非正规就业市场的功能定位与政策选择［J］. 中国人力资源开发，2019，36（6）：79-87.

［28］ 林舒心，卢鑫杰 . 共享经济平台型灵活就业模式研究［J］. 商业经济，2020，527（7）：138-139.

［29］ 刘传江 . 新生代农民工的特点、挑战与市民化［J］. 人口研究，2010（2）：34-39.

［30］ 刘世闵，李志伟 . 质化研究必备工具：NVivo10 之图解与应用［M］. 北京：经济日报出版社，2017：66.

［31］ 毛新年 . 刍议高职院校大学生职业能力培养［J］. 中国高教研究，2009（9）：90-91.

［32］ 沙占华，赵颖霞 . 自我发展能力：农民工市民化的内在驱动力［J］. 农村经济，2013（8）：112-115.

［33］ 沈锦浩 . 网约工：新生代农民工就业的新选择与新风险［J］. 长白学刊，2020（3）：120-127.

［34］ 宋国学 . 基于可雇佣性视角的大学生职业能力结构及其维度研究［J］. 中国软科学，2008（12）：129-138.

［35］ 苏岚岚，彭艳玲 . 数字化教育、数字素养与农民数字生活［J］. 华南农业大学学报：社会科学版，2021（3）：27-40.

[36] 王峰. 基于供需耦合的大学生就业能力结构优化及实证研究 [D]. 徐州：中国矿业大学，2018.

[37] 王福强. 建设先行示范区背景下《粤港澳大湾区发展规划纲要》解读 [J]. 特区实践与理论，2019 (5)：63 – 67.

[38] 王嘉箐. 新业态下劳动者灵活就业研究 [D]. 沈阳：东北财经大学，2021.

[39] 王娟. 高质量发展背景下的新就业形态：内涵、影响及发展对策 [J]. 学术交流，2019 (3)：131 – 141.

[40] 王圣元，陈万明，赵彤. 零工经济：新经济时代的灵活就业生态系统 [M]. 南京：东南大学出版社，2018：78.

[41] 王文娟，赵鹏军，施梅. 三甲医院员工职业生涯规划研究 [J]. 中国卫生产业，2020 (6)：25 – 27.

[42] 王星. 零工技能：劳动者"选择的自由"的关键 [J]. 圆桌，2020 (7)：29 – 31.

[43] 王佑镁，杨晓兰，胡玮. 从数字素养到数字能力：概念流变、构成要素与整合模型 [J]. 远程教育杂志，2013，31 (3)：24 – 29.

[44] 魏晨. 新生代农民工工作流动状况及其影响因素分析 [J]. 劳动经济，2013 (5)：15 – 18.

[45] 翁清雄. 职业成长对员工承诺与离职的作用机理研究 [D]. 武汉：华中科技大学，2009.

[46] 吴静，张天怡，周嘉南. 基于扎根理论的零工参与动机演化机制研究—以平台司机为例 [J]. 中国人力资源开发，2021 (9)：110 – 123.

[47] 吴明隆. SPSS 统计应用实务 [M]. 北京：中国铁道出版社，2000：77.

[48] 吴明隆. 问卷统计分析实务——SPSS 操作与应用 [M]. 重庆：重庆大学出版社，2010：60.

[49] 吴晓义."情境—达标"式职业能力开发模式研究 [D].长春：东北师范大学，2006.

[50] 武小龙，王涵.农民数字素养：框架体系、驱动效应及培育路径——胜任素质理论的分析视角 [J].电子政务，2023 (3)：125 - 138.

[51] 徐建平，张雪岩，胡潼.量化和质性研究的超越：混合方法研究类型及应用 [J].苏州大学学报（教育科学版），2019 (1)：50 - 59.

[52] 徐玲.基于职业锚理论的企业知识型员工激励机制研究 [D].洛阳：河南科技大学，2015.

[53] 许汉泽.全面推进乡村振兴中欠发达地区就业政策精细化——基于劳动力类型的分析 [J].贵州社会科学，2023 (1)：161 - 168.

[54] 闫晓，婧杨，楠刘辉，等.基于职业锚的医生职业生涯规划研究 [J].人力资源管理，2022 (11)：63 - 66.

[55] 杨晶、赖文燕.基于粤港澳大湾区产业需求的新生代农民工职业培训模式构建 [J].就业与保障，2022 (8)：175 - 177.

[56] 杨黎明.关于学生职业能力的发展 [J].职教论坛，2011 (3)：4 - 15.

[57] 杨伟国，吴清军，张建国，等.中国灵活用工发展报告 (2022) 多元化用工的效率、灵活性与合规 [M].北京：社会科学文献出版社，2021：95.

[58] 杨燕绥、赵建国.灵活用工与弹性就业机制 [M].北京：中国劳动社会保障出版社，2006：68.

[59] 殷红霞，宋会芳.新生代农民工职业转换的影响因素分析 [J].统计与信息论坛，2014 (6)：98 - 102.

[60] 银平均.新生代农民工的教育培训 [M].北京：社会科学文献出版社，2019：22.

[61] 尹德挺，史毅，高亚慧．新生代农民工人力资本问题研究 ［M］．北京：中国社会科学出版社，2020：33．

[62] 俞林，张路遥，许敏．新型城镇化进程中新生代农民工职业转换能力驱动因素 ［J］．人口与经济，2016 (6)：102 - 113．

[63] 詹婧，王艺，孟续铎．互联网平台使灵活就业者产生了分化了吗？——传统与新兴灵活就业者的异质性 ［J］．中国人力资源开发，2018 (1)：134 - 146．

[64] 张成刚．共享经济平台劳动者就业及劳动关系现状——基于北京市多平台的调查研究 ［J］．中国劳动关系学报，2018 (6)：61 - 70．

[65] 张成刚．问题与对策：我国新就业形态发展中的公共政策研究 ［J］．中国人力资源开发，2019，36 (2)：74 - 82．

[66] 张成刚．新就业形态的类别特征与发展策略 ［J］．学习与实践，2018 (6)：14 - 20．

[67] 张弛．基于企业视角的高技能人才职业能力培养研究 ［D］．天津：天津大学，2014．

[68] 张宏如，李群，彭伟．供给侧改革视阈中的新生代农民工就业转型研究 ［J］．管理世界，2017 (6)：170 - 171．

[69] 张科丽，丁佳妮．提高新生代农民工就业质量的职业资格认证体系研究 ［J］．山西农经，2021 (13)：8 - 10．

[70] 张玲，陈至发．新时代农民工职业发展路径选择及群体差异 ［J］．嘉兴学院学报，2021 (1)：1 - 9．

[71] 张琼．大学生职业核心能力培养 ［M］．上海：同济大学出版社，2010：21 - 23．

[72] 张太宇，蔡银平，邢永亮．新生代农民工高质量职业培训的路径探析 ［J］．Vocational and Technical Education，2022，43 (9)：55 - 58．

[73] 张文彤. SPSS 统计分析基础教程（第 3 版高等学校教材）[M].
北京：高等教育出版社，2017：106.

[74] 张夏恒. 零工经济发展问题研究 [J]. 数字经济，2020（8）：
46 – 53.

[75] 张学英、李彦颖. 新生代农民工在职培训满意度研究 [J]. 职
教论坛，2019（6）：77 – 84.

[76] 张学英. 新时期产业工人技能形成：农民工的视角 [M]. 天
津：南开大学出版社，2023：67.

[77] 张元. 职业院校学生职业能力的获得及其培养 [J]. 高等教育
究，2008（7）：68 – 71.

[78] 赵宝柱. 新生代农民工培训：意愿与行动 [M]. 北京：中国社
会科学出版社，2016：55.

[79] 赵继新，傀立峥. 零工经济下平台企业用工模式研究 [J]. 北
方工业大学学报，2022，34（6）：28 – 36.

[80] 郑爱翔，蒋宏成，刘艳，等. 基于混合研究方法的新生代农民
工职业能力结构维度研究 [J]. 农村教育，2022，43（7）：
59 – 65.

[81] 郑爱翔，李黎丹. 新生代农民工市民化进程中的职业技能开发
策略及动态演进规律——一项基于扎根理论的研究 [J]. 教育
发展研究，2022（3）：25 – 33.

[82] 郑爱翔，李肖夫. 新生代农民工市民化进程中职业能力动态演进
[J]. 华南农业大学学报（社会科学版），2019（1）：33 – 43.

[83] 郑爱翔，吴兆明，唐羚，等. 农民工职业能力开发研究综
述——研究特征、热点及主题演进 [J]. 成人教育，2019
（11）：39 – 45.

[84] 郑爱翔. 新生代农民工职业自我效能对其市民化意愿的影响机
制研究：一个有调节的中介效应模型 [J]. 农业技术经济，

2018（8）：44 – 53.

［85］郑爱翔，张红芳．新生代农民工职业能力开发与就业风险应对
［J］．河北师范大学学报教育科学版，2023，25（3）：67 – 74.

［86］郑祁，杨伟国．零工经济前沿研究述评［J］．中国人力资源开
发，2019（5）：106 – 115.

［87］中华人民共和国人力资源和社会保障部．人力资源和社会保障
部关于印发《新生代农民工职业技能提升计划（2019—2022
年)》的通知：人社部发〔2019〕5 号［A/OL］．中华人民共和
国人力资源和社会保障部网站，2019 – 01 – 09.

［88］周化明．中国农民工职业发展问题研究［D］．长沙：湖南农业
大学，2012.

［89］周俊．问卷数据分析：破解 SPSS 软件的六类分析思路．第 2 版
［M］．北京：电子工业出版社，2020：4.

［90］朱菲．平台经济灵活就业人员劳动权益保护问题研究［D］．青
岛：青岛科技大学，2022.

［91］朱谈莞．刍论零工经济下人力资源管理面临的挑战与对策——
以外卖行业劳动者为例［J］．商讯，2021（3）：194 – 196.

［92］朱文婷，王文志，刘霄引，等．数字经济下灵活就业者工作满
意度影响因素研究–以网约车司机群体为例［J］．人力资源，
2021（12）：62 – 66.

［93］ANDERSON N R，WEST M A. Measuring climate for work group in-
novation：development and validation of the team climate inventory
［J］. Journal of Organizational Behavior，1998，19（3）：235 – 258.

［94］ANDREWS J，HIGSON H. Graduate Employability，Soft Skills Ver-
sus Hard Business Knowledge：A European Study［J］. Higher Edu-
cation in Europe，2008，33（4）：411 – 422.

［95］BORGMANN A. Technology and the character of contemporary life：

A philosophy inquiry ［M］. London: The University of Chicago Press, 1984: 42.

［96］ CARMELI A, GEFEN D. The relationship between work commitment models and employee withdrawal intentions ［J］. Journal of Managerial Psychology, 2005, 20 （2）: 63 – 95.

［97］ CARMELIET P, DORY, HERBERT J M, et al. Role of HIF – 1 alpha in hypoxia-mediated apoptosis, cell proliferation and tumour angiogenesis ［J］. Nature, 1998, 394 （6692）: 485 – 490.

［98］ EISENHARDT K M, Martin J A. Dynamic capabilities: What are They? ［J］. Strategic Management Journal, 2000, （21）: 1105 – 1121.

［99］ HERR E L. Counseling for personal flexibility in a global economy ［J］. Educational and Vocational Guidance, 1992, 53: 5 – 16.

［100］ L Y WU. Applicability of the Resource-based and Dynamic-capability Views Under Environmental Volatility ［J］. Journal of Business Research, 2010, 63 （1）: 27 – 31.

［101］ MARTIN C J. The Sharing Economy: A Pathway to Sustainability or a Nightmarish Form of Neoliberal Capitalism? ［J］. Ecological Economics, 2016 （1）: 149 – 159.

［102］ MICHAEL D S M, ALEXANDER V. An alternative look at temporary workers, their choices, and the growth in temporary employment ［J］. Journal of Labor Research, 2001, 12 （2）: 373 – 390.

［103］ NKEREUWEM E E. Job performance attributions and career advancement prospects for women in the academic libraries ［J］. Librarian Career Development, 1996, 4 （1）: 18 – 24.

［104］ PAVLOU P A, SAWY O A E. Understanding the Elusive Black Box of Dynamic Capabilities ［J］. Decision Sciences, 2011, 42 （1）: 239 – 273.

[105] PRIETO I M, REVILLA E, RODRÍGUEZ – PRADO B. Building Dynamic Capabilities in Product Development: How do Contextual Antecedents Matter? [J]. Scandinavian Journal of Management, 2009, 25 (3): 313 – 326.

[106] SCHEIN E H. Career dynamic: matching individual and organization needs, reading [M]. Boston: Addison – Wesley Publishing Company, 1978: 34.

[107] STRAUSS A & CORBIN J. Basics of qualitative research: grounded theory procedures and techniques [M]. SAGE Publications, 1990: 129 – 135.

[108] TEECE D J, PISANO G, Shuen A. Dynamic capabilities and Strategic Management [J]. Strategic Management Journal, 1997, (18): 509 – 533.

[109] THOMAS N. Part-time employment: Reasons, demographics, and trends [J]. Journal of Labor Research, 1995, 16 (3): 275 – 291.

[110] THURMAN, J E, TRAH G. Part-time work in international perspective [J]. International Labor Review, 1990, 129 (1): 23 – 27.

[111] VANESA B – M, ÓSCAR F B, LEOPOLDO J G – G. Explaining the Causes and Effects of Dynamic Capabilities Generation: A Multiple – Indicator Multiple – Cause Modelling Approach [J]. British Journal of Management, 2013, 24 (4): 571 – 591.

[112] VERONA G, RAVASI D. Unbundling Dynamic Capabilities an Exploratory Study of Continuous Product Innovation [J]. Industrial and Corporate Change, 2003, 12 (3): 577 – 606.

[113] WINTER S G. The Satisfying Principle in Capability Learning [J]. Strategic Management Journal, 2000, 21 (3): 981 – 996.

# 后　　记

　　本书是基于笔者主持的 2021 年度浙江省哲学社会科学规划重点课题"数字经济下新生代农民工职业迁徙能力动态演进及提升策略研究"的研究成果。该项目自 2021 年立项起，历经四年的不懈努力，直至 2025 年终于完成了本书的撰写。回顾这段研究历程，我深刻体会到其中的艰辛与挑战，至今仍历历在目。

　　首先，数据的更新是一个持续且复杂的过程。鉴于本书涉及数字经济和新生代农民工这两个快速发展的领域，相关数据和信息变化迅速。为了确保研究的准确性和时效性，我必须不断地追踪和更新最新的数据。然而，这不仅需要大量的时间和精力，还需要我时刻保持对这两个领域的敏感度和洞察力。其次，数据的采集也是一项艰巨的任务。由于新生代农民工群体的特殊性和复杂性，他们的就业和职业能力数据往往分散在多个部门和机构中，且格式和统计标准不一。为了获取全面、准确的数据，我不得不进行大量的调查和访谈，同时还要与多个部门和机构进行沟通和协调。这一过程不仅耗时耗力，还需要我们具备扎实的统计和调查技能，更锻炼了我的沟通与协调能力。最后，数据的整理和分析也是一项极具挑战性的工作。在收集到大量的数据后，我需要进行清洗、整理和分析，以提取出有价值的信息和结论。然而，这一过程往往需要运用复杂的统计方法和分析工具，同时还要进行多次的验证和修正。这不仅对我的统计和分析能力提出了高要求，还需要我具备严谨的学术态度和科学的研究方法。

撰写本书的过程中，我得到了来自各方的支持与帮助。首先，我满怀感激之情，要向我的伴侣——我的丈夫，以及我挚爱的双亲表达最深的谢意。他们在学术科研的道路上给予了我坚定不移的支持，是家庭中的坚强后盾，让我得以将更多的精力倾注于研究之中，无后顾之忧。我的父母，他们不仅是我生命中最坚实的依靠，更是我学术征途上的灯塔，他们的鼓励与扶持，如同温暖的阳光，照亮我前行的每一步。

特别感谢我的公公婆婆，像大多数农民工一样，用他们的双手和汗水，在城市的每一个角落默默耕耘，为城市的建设和发展贡献了自己的力量。然而，在光鲜亮丽的城市背后，他们也面临着诸多挑战和困境，技能水平的限制、职业发展的瓶颈、权益保障的缺失等问题不仅影响着他们的生活质量，也牵动着整个社会的神经。因此，我深感有责任去深入了解这一群体，探索提升他们职业迁徙能力的有效途径，为他们争取更多的关注和支持。他们不仅为我提供了宝贵的第一手资料和真实的生活体验，更以他们的亲身经历和感悟，为我提供了深刻的启示和思考。每当我遇到困惑或瓶颈时，他们总是以乐观的态度和坚定的信念鼓励我，让我有了继续前行的动力。

同时，我还要感谢在研究过程中给予我指导和帮助的专家学者们。他们的专业知识和独到见解，为我打开了新的研究视角，使我在探索的道路上少走了许多弯路。此外，我还要感谢那些愿意接受我访谈、提供数据和案例的新生代农民工朋友们。他们的真诚和信任，让我更加深入地了解了这一群体的真实生活和内心世界，也为本书的写作提供了丰富的素材和依据。

回顾这段研究旅程，我深感收获良多。我不仅更加深入地了解了新生代农民工这一群体，也对自己的研究能力和学术素养有了新的认识和提升。更重要的是，我希望本书的出版，能够引起社会各界对新生代农民工职业迁徙能力提升的关注和重视，为他们的职业发展和生活改善贡献一份力量。未来，我将继续关注和研究新生代农民工相关领域的问题，努力为这一群体的福祉和社会的进步贡献自己的绵薄之力。同时，我也期待着与更多志同道合的人携手共进，共同为构建更加和谐、公正、包容的社会而努力。

尽管我在撰写过程中付出了极大的努力，但鉴于研究领域的复杂性与数据的动态性，书中难免存在疏漏之处。因此，我诚挚地恳请各位学者与专业人士在阅读本书时，能够不吝赐教，提出宝贵的意见和建议。您的每一条建议都将是我未来研究与改进的重要参考。

总之，专著的出版之路，确是一条充满挑战与不易的旅程。从最初的选题构思，到资料的搜集与整理，再到内容的撰写与修订，每一个环节都凝聚了无数的心血与汗水。尤其是当面对数据的繁琐核对、理论的深入剖析以及文字的反复推敲时，更是考验着我的耐心与毅力。而在这个过程中，外界的干扰、时间的紧迫以及自我期望的压力，无一不成为阻碍我前行的巨石。但正是这些不易，才使得专著的出版显得尤为珍贵。它不仅是对我学术成果的肯定，更是对我在那段艰难岁月中不懈努力的最好见证，也是我对新生代农民工职业能力提升问题的一份贡献。我希望这本书能够为政府、企业以及社会各界提供有益的参考与借鉴，共同推动新生代农民工的职业发展与社会进步。

崔 娜

2025 年 1 月